资本君的攻守道

ZIBENJUN DE GONGSHOUDAO

张兴彬 著

中国政法大学出版社

2018·北京

声　明　1. 版权所有，侵权必究。

　　　　　2. 如有缺页、倒装问题，由出版社负责退换。

图书在版编目（ＣＩＰ）数据

资本君的攻守道/张兴彬著.—北京：中国政法大学出版社，2018.4
ISBN 978-7-5620-8216-3

Ⅰ.①资… Ⅱ.①张… Ⅲ.①经济学—通俗读物 Ⅳ.①F0-49

中国版本图书馆CIP数据核字(2018)第075112号

出 版 者	中国政法大学出版社	
地　　址	北京市海淀区西土城路25号	
邮　　箱	fadapress@163.com	
网　　址	http://www.cuplpress.com（网络实名：中国政法大学出版社）	
电　　话	010-58908435(第一编辑部) 58908334(邮购部)	
承　　印	固安华明印业有限公司	
开　　本	720mm×960mm　1/16	
印　　张	14.75	
字　　数	220千字	
版　　次	2018年4月第1版	
印　　次	2018年4月第1次印刷	
定　　价	49.00元	

序　言
Preface

当我看到这本有关政治经济学的书稿时，首先让我感兴趣的是作者的跨界，因为作者是一位从事法律工作多年的律师、仲裁员，但细思一番倒觉正常。因为经济基础决定法的产生，法保障经济的运行，二者联系紧密；且当代西方经济学的一个重要学术流派就是法律经济学，史上不少在政治经济学领域卓越非凡的大师，都与法律有着或多或少的缘分。如，经济学鼻祖、《国富论》作者亚当·斯密的父亲就是一位律师；而《资本论》的作者马克思，在柏林大学求学时也是从学习法律开始的。

由人及书，本书确有独到之处。首先，本书以东方哲学作为研究政治经济社会问题的根基，通篇贯穿着中国道家思想，是一次别出心裁的探索。我们过去接触到的经济学著作鲜有从广博精深的传统文化中汲取养分、寻找解决方案的。其次，本书的语言风格轻松明快，把原本严肃刻板的政治经济学词汇进行了拟人化处理，如"资本君""货币小子""剩余价值哥"等；另外，书中还引用了不少历史典故和名人轶事，让人更容易接受，更有兴趣看，这也是一种打破常规的尝试。再次，本书兼具理论与实务，介绍了如何有效协调劳资关系、构想了化解经济危机的方法、分析了供给侧结构性改革、研判了地缘政治问题等，具有一定的现实指导意义，可以作为相关部门制定政策方略的有益参考。最后，本书还从人工智能的发展现状出发，大胆设想了未来社会生产与物质生活状态。

当前，全国上下已掀起学习宣传贯彻党的十九大精神的热潮。学懂弄通做实党的十九大精神，就要牢牢把握习近平新时代中国特色社会主义思想这一灵魂和主线，其中一个重要方面就是坚持"四个自信"，即"中国特色社会主义道路自信、理论自信、制度自信、文化自信"。文化自信，是更基础、更广泛、更深厚的自信。中国特色社会主义的文化自信，首先就是对中华民族古代文化思想的传承与发展。本书的精髓就在于植根中华传统文化，为化解全球性经济社会危机贡献中国智慧和方案，这是文化自信的生动体现，也是丰富发展马克思主义政治经济学的有益探索。习近平总书记在 2016 年 5 月 17 日主持召开哲学社会科学工作座谈会中谈道："马克思主义是随着时代、实践、科学发展而不断发展的开放的理论体系，它并没有结束真理，而是开辟了通向真理的道路……把坚持马克思主义和发展马克思主义统一起来，结合新的实践不断作出新的理论创造，这是马克思主义永葆生机活力的奥妙所在。"本书立足于马克思主义指导，为当前的经济社会问题"把脉"，提出了独到的见解和主张，值得品读。[1]

于北京·国务院发展研究中心

---

[1] 序言的作者孟春于 2004 年 1 月至今，担任国务院发展研究中心宏观部副部长、研究员、博士生导师；兼任中国科学院大学中国 PPP 研究中心主任、北京大学中国公共财政研究中心研究员。

前言
Preface

本书自第一版出版后,不少书店脱销,网友求购不得。有鉴于此,笔者应邀推出了这个版本。此版相较第一版做了不少调整,行文风格也一改此前教科书般的严肃,作了不少轻松的处理,语言更接地气,可读性进一步增强。

笔者别开生面,用中华传统学说为当前的经济社会问题"把脉",提出了不少独到的见解,因此本书也被推荐到了国务院发展研究中心宏观部。与很多经济学著作不同的是,本书并非就经济论经济,而是直指问题的要害,认为所有的经济社会问题背后都是人的问题,所以开篇就探究人性。而"天人合一"的东方哲学,让我们更加明白"人身小宇宙,宇宙大人身"的道理,故只有从研究万物之灵的人类出发,了解"善治病者,必医其受病之处;善救弊者,必塞其起弊之源"的根本内涵,才能打通化解经济社会危机的"任督二脉"。

众所周知,经济和政治是密切相关的,二者如同鸟之两翼、车之双轮,缺一不可。所以,要想通透宏观经济之情势,除了必须了解世界主要货币间的攻守博弈外,还得知晓国际地缘政治的风谲云诡。因此,本书分析了在美元霸权的当下,守成大国与新兴大国间发生"货币战争"的必然性,以及世界各主要大国在国际地缘政治中的合纵连横术,并着重研判了身处"四战之地"的中国应把握的攻守之道。《孙子兵法·军形篇》曰:"善守者,藏于九地之下;善攻者,动于九天之上。……故善战者,立于不败之地，而不失敌之败也。是故胜兵先胜而后求战，败兵先战而后求胜。"故，攻守有道，动静兼备，方能阴阳转换，资本突围，终至大国崛起。本书还分析了在科技高度发达的未来，人工智能遍及生产服务各个领域，人类不再需要劳动之时，全社会将实现按需分配的可能性，并由此展望人类未来的简史。

笔者从中华传统的阴阳互变、返璞归真、物极必反的辩证思想出发，分析了宇宙之中万物众象的存亡之道、变化之理。老子说："天下皆知美之为美，斯恶已。皆知善之为善，斯不善已。故有无相生，难易相成，长短相形，高下相倾，音声相和，前后相随。"道家认为，一切事物均具有正反两面，并能由对立而相互转化，此所谓"正复为奇，善复为妖""祸兮福之所倚，福兮祸之所伏"也。故，天地万物皆由物性相对的各种物象形态所构成，彼此相辅相成，循环往复，如春、夏、秋、冬，阴、阳、寒、暑皆是周而复始、去而复来的。被誉为"群经之首、大道之源"的《易经》所谓的"剥极必复、否极泰来"，说的也正是此理。

中国道家的返璞归真、物极必反与佛家所说的"九九归一、终成正果"有着异曲同工之妙。在这里，"九"是最大的，也是终极的。"九九归一"即万物众象从来处来，往去处去，终归本初状态，但这种循环往复，不是原地轮回，而是由起点到终点，再由终点到新的起点的归原过程，如此循环不尽，以至无穷。因此研究万物众象之资本与经济，也应从道源始发，终归于道。如此分析经济社会和资本循环，更能体悟"人法地、地法天、天法道、道法自然"的上古思想，这也是修真证道的不二法门，更是千古不易的规矩法则。

本书通篇贯穿了中国道家哲学思想，以《道德经》等经典著作的精神为依归，糅合了阴阳五行学说，从全新的视角来审视货币资本、劳资关系、剩余价值、按需分配、地缘政治、国家消亡、人类命运等。自远古而始，至千年之后，这既是对传统经济学的一个继承，更是一次全新的探索。虽不敢说"为天地立心，为生民立命，为往圣继绝学，为万世开太平"，但的确涉及了宇宙天地、人性善恶、先贤古籍、危机化解、未来开

启等诸多方面的内容,可谓"天地人"三才尽在其中。正所谓:

观天地,万物众象终返璞归真;
察世人,是非善恶始起心动念。
谈经济,阴阳和合承五行生克;
论政理,道法自然达无为而治。

不要人夸好颜色,只留清气满乾坤!愿大家审问之、慎思之、明辨之,达至开卷有益、掩卷有味。

张兴彬
于清华大学深圳研究生院
2017 年 12 月 14 日

目 录 Contents

第一章 经济是一种很玄的东西 ········· 1
 一、"看不见的手"的道行 ········· 1
 二、首富的买卖里有阴阳 ········· 6
 三、经济运转中的阴阳五行 ········· 12

第二章 当心资本君背后那家伙 ········· 20
 一、人之初的性事 ········· 20
 二、为私欲而辩护 ········· 27
 三、经济人的终极利好 ········· 32

第三章 厉害了我的资本君 ········· 39
 一、货币小子的宿命 ········· 39
 二、资本君原始积累那些事儿 ········· 46
 三、行走在道上的资本君 ········· 54

第四章 剩余价值哥在喊冤 ········· 61
 一、不想赚剩余价值就是"耍流氓" ········· 61
 二、剧情反转劳资易位取利 ········· 67
 三、剩余价值靠什么刷存在感 ········· 71

第五章　劳资挥袂论剑动天下 ·················· 76
一、过招从相面识人开始 ·················· 76
二、相爱相杀决胜 KPI ·················· 84
三、侠之大者为国为民 ·················· 93

第六章　别让经济危机那厮跑了 ·················· 99
一、高房价或触发中国式经济危机 ·················· 99
二、经济危机那厮的"七寸"在哪里 ·················· 107
三、团灭经济危机，我们是认真的 ·················· 113

第七章　治大国若烹小鲜 ·················· 121
一、上层建筑与经济基础的雌雄双修 ·················· 121
二、供需两侧改革的平衡术 ·················· 128
三、无为而治之道 ·················· 135

第八章　大国较劲为哪般 ·················· 150
一、友谊的小船说翻就翻 ·················· 150
二、硝烟弥漫的"货币战争" ·················· 159
三、"四战之地"的中国地缘政治 ·················· 169

第九章　资本君、国家和国民的"铁三角" ·················· 180
一、资本君是神一样的存在 ·················· 180
二、国家与国民的友情岁月 ·················· 189
三、活在无国界星球上的人们 ·················· 198

第十章　人类的未来简史 ·················· 207
一、我们和人工智能有个约会 ·················· 207
二、全面机器人时代的按需分配 ·················· 211
三、敢问路在何方 ·················· 219

第一章
经济是一种很玄的东西

一、"看不见的手"的道行

高智商的你想必思考过这个问题：在市场自由竞争的环境下，纵贯南北横跨东西的不同商家，为何销售相同商品，但价格却相差无几呢？而更为神奇的是，这些商品的价格忽涨忽跌，众商家都在整齐划一地"执行"着来自市场的"命令"。这个过程，既无官方刚性规定，又无行业统一标准，这种看似无组织无纪律的个体逐利行为，竟然很默契地配合着整个市场的供求变化，让商品价格适时适度地动态变化着。

这个看似神秘的现象，在被誉为经济学之父的亚当·斯密的著作《道德情操论》和《国富论》中都有所涉及，他称这是因为有一只"看不见的手"在主导着市场秩序。"看不见的手"是一个隐喻，用来描述这样一种原理：由于个人行为的非故意的结果，一种能产生善果的社会秩序出现了。虽然这只"看不见的手"名动天下，但是在《道德情操论》和《国富论》中却都只提到过一次。因为这两本书，江湖上还生出了"亚当·斯密问题"，也就是斯密的《国富论》与《道德情操论》之间，经济学与伦理学之间的关系究竟如何的问题。"亚当·斯密问题"包含了经济学与伦理学之间的关系，更重要的是蕴含了人性的利己与利他的关系。

关于这只"看不见的手"，亚当·斯密说："每个人都试图用他的资本，来使其生产品得到最大的价值。一般来说，他并不企图增进公共福利，也不清楚增进的公共福利有多少，他所追求的仅仅是他个人的安乐，个人的利益，但当他这样做的时候，就会有一双看不见的手引导他去达到另一个目标，而这个目标绝不是他所追求的东西。由于追逐他个人的利益，他经常促进了社会利益，其效果比他真正想促进社会效益时所得到的效果更大。"显然，亚当·斯密把这只"看不见的手"描述为了一种自然的，不可抗拒的神秘力量，但这个神秘的力量或者说这只"看不见的手"究竟是什么，他却并未对此作出明确的回答。由此，江湖上的各门各派就见仁见智，莫衷一是了。有的学者认为，"看不见的手"的实质，其本体是市场机制，进一步讲，就是客观的经济规律，包括价值规律、供求规律、竞争规律等。那么问题又来了，世间为何会存在如此神奇的经济规律呢，又是谁在主导着它们呢？

其实，亚当·斯密认为神秘的力量，不可理解之奇妙现象，早在两千多年前，中国先秦道家学派创始人，东方哲学的开山鼻祖老子，就已经给出了破解之法，那就是"道"。老子说："道，可道，非常道；名，可名，非常名。此两者同出而异名，同谓之玄。玄之又玄，众妙之门。"意思就是说：道，可知而可行，但非恒久不变之道；名，可以据实而定，但非恒久不变之名。道与名这两者出处相同，名称不同却又被共同评价为玄妙之事，玄妙而又玄妙啊，这是解开所有奥妙的门径。所以，要想透视这只"看不见的手"，要想破解它的各种玄妙，就得从"众妙之门"的"道"入手。

老子说："道生一，一生二，二生三，三生万物。"老子认为道生成天地万物的过程是由一而二，由二至三，再由三到万。所谓"一"就是混沌一气；所谓"二"就是"阴阳二气"；所谓"三"，就是由阴阳二气产生的"天地人"三才；有了三才就产生了万物。"天生四时，地生万物。春道生，万物荣；夏道长，万物成；秋道敛，万物盈；冬道藏，万物静。盈则藏，藏则复起"（《六韬·守国第八》）。"天地载道，道存则万物生，道失则万物灭"（《处世悬镜》），意即道生成万物之后，又作为天地万物存在的根据而蕴涵于天地万物自身之中，道是普遍存在的，无间不入，无所不包。道虽存在于天地万物之中，但它不同于可感觉的具体事物，它是视之不见、听之不闻、搏之不得的，是构成天地万物共同本质的东西。所以，"道"存在于人类语言及图文之外，心灵可以感知而无法言传和图示。不能靠感觉器官去体认，也难以用普通字词去表示，只能用比喻和描述来说明它的存在。

可见，老子《道德经》之"道德"与亚当·斯密《道德情操论》中的"道德"是不一样的，前者研究的是宏观哲学，后者分析的却是人情伦理。《道德经》主要论述"道"与"德"："道"不仅是宇宙之道、自然之道，还是个人修行之道；"德"却不是我们生活中常说的道德或德行，而是修道者所应必备的特殊的世界观、方法论以及为人处世的方法。老子的本意，就是要教给世人修道的方法，德是基础，道是德的升华。没有德的基础，齐家、治国、平天下很可能都会失败，就更不可能达至"修真证道"的境界了。

正因为老子谓之道，玄之妙之，目不可见、耳不可闻、言不可传，凡人智慧难以企及，以至中国儒家学派创始人孔子都要向老子问道。老子对孔子说："道深沉矣似海，高大矣似山，遍布环宇矣而无处不在，周流不息矣而无物不至，求之而不可得，论之而不可及也！道者，生育天地而不衰败、资助万物而不匮乏者也；天得之而高，地得之而厚，日月得之而行，四时得之而序，万物得之而形。"老子又说："由宇宙本始观之，万物皆气化而成、气化而灭也。人之生也，气之聚也；人之死也，气之散也。"孔子闻之，觉己为鹊，飞于枝头；觉己为鱼，游于江湖；觉己为蜂，采蜜花丛；觉己为人，求道于老聃。不禁心旷神达，说："吾三十而立，四十而不惑，今五十一方知造化为何物矣！造我为鹊则顺鹊性而化，造我为鱼则顺鱼性而化，造我为蜂则顺蜂性而化，造我为人则顺人性而化。鹊、鱼、蜂、人不同，然顺自然本性变化却相同；顺本性而变化，即顺道而行也；立身于不同之中，游神于大同之境，则合于大道也。我日日求道，不知道即在吾身！"可见，这位高智商，快反应的孔夫子的确参悟到了老子所谓的"道"。

老子说："人法地，地法天，天法道，道法自然"（《道德经》第二十五章）。此处的"法"为动词，即效法、因循、遵守之意。因此，可以理解为，道是创造天地万物的原始之母，人要效法地，地要效法天，天要效法道，道要效法自然。"道法自然"，道是终极的、绝对的，没有"外"，所以"道"就是"自然"。"自然"意即不干预，任其自由发展，不勉强，不假人工造作。故，道家于事，顺其自然，不为物累，以一种不刻意的态度而为之。道家没有太多欲望和情绪，贵本而舍末，提出绝圣弃智、绝仁弃义、绝巧弃利的观点，要求"为学日益，为道日损。损之又损，以至于无为"。所以，人们应该承应天道、理解人道、体会事道，但这不是认命，更不是无所作为，而是要掌握应用好这个规律。如此，便可达至人与自然和谐共处的自然而然状态。

"道"是中国古代哲学的基本范畴，道包含天道、地道、人道。《易经》的谦卦的彖辞中有一句话："天道下济而光明，地道卑而上行。天道亏盈而益谦，地道变盈而流谦，鬼神害盈而福谦，人道恶盈而好谦。"在《易传》中"道"的意义是多样的，把它统一到一起就是"三才之道"，即天道、地道、人道。《易传》中所谓"天人合一"就是"三才之道"的合一。《易经》认为：形而上者谓之道，形而下者谓之器。通常的理解是，大道无形，故曰形而上，器用之物为有形，是为形而下。把道视为无形的抽象规律，与有形的具体事物区别开来。因此，老子所说的"道"，是宇宙的本原和普遍规律；孔子所说的"道"，是"中庸之道"，是一种方法；佛家所说的"道"，是"中道"，意谓达到佛教最高理想的涅槃境地的八种方法和途径。

众所周知，中国先秦时期"诸子百家"中的法家与道家分别代表着中国思想的两个极端。道家认为，人本来是天真的；法家则认为，人本来是邪恶的。道家主张绝对的个人自由，法家主张绝对的社会控制。但是，这些分歧并不能阻止二者在某些方面的高度契合。战国末期著名思想家，法家学派代表人物韩非，就是汲取并发展了老子的朴素辩证法，提出了关于道、德、理三者互相关系的学说，辩证地处理了它们的关系。他认为，"道者，万物之始……万物之源"，是"万物之所然也""万理之所稽也"。他把"道"视为物质世界的普遍规律，天地万物存在与发展的总依据。他还认为，"道"是终极范畴，是万物的普遍规律，而万物的特殊本质就是"德"，"德者，道之功"；万物的特殊规律就是"理"，道是"万物之所稽"，"万物各异理而道尽稽万物之理"。把道、德、理的关系视为物质世界的普遍性与特殊性、无限性与有限性的辩证统一。

由上观之,"道"有四层意思:一是本原,道是天地万物之母,天地万物都由道演化而来。老子指出,"无名,天地之始,有名万物之母"(《道德经》第一章),"玄之又玄,众妙之门","玄牝之门,是谓天地根","天下有始,以为天下母"。就是说,道是天下万物的本原,这里"始""母""根""门"等都含有本原初始的意思。二是过程,道不是静态之形体,而是动态之过程,具体表现就是从道生一开始,到生万物的过程;在这一过程中,道循环往复,周行而不殆,它的运动周期是"大曰逝,逝曰远,远曰反"(《道德经》第二十五章),它从离开,到远逝,远到极致又返回来,复归于道。三是规律,道是一切运动变化的规律,是天地万物演化的终极原因。老子认为,"道者万物之奥",就是说,道是万物众象运动变化的规律。道存在于一切事物现象之中,贯穿其始终,万物众象从道起源,最终又复归于道,"夫物芸芸,各复归其根,归根曰静,复命曰常"(《道德经》第十六章),循环往复,归根复返是事物发展的永恒规律。作为规律的道,看不见,听不着,触又不可及也。所谓"夷、希、微",是"无状之状,无物之象",但万物众象却都受到它的支配和制约,不可抗拒,不能违反。处事时须做到,"为无为,事无事,味无味。大小多少,报怨以德"(《道德经》第六十三章)。以无为的态度去有所作为,以不滋事来处理事,以恬淡无味当作有味,大生于小,多生于少,处理事情的时候最好从简单入手,以小见大,以少见多,用"德"来和解怨仇。四是法则,老子把道视为必须遵循的法则,他说,"故从事于道者,道者同于道",他要求人们要坚持,遵循道的法则。又说,"执古之道,以御今之有,以知古始,是谓道纪",意思是要遵循古代的法则,驾驭现实的实有,以认识历史的规律,这就是遵循道的法则的具体表现。是否按道的原则办事,结果是不一样的。"天下有道,却走马以粪,天下无道,戎马生于郊",坚持道的原则,天下和平安定,放弃道的原则,则会陷于兵荒马乱之中。按道的法则去做,道自然会成全你,即"同于道者,道亦乐得之"。老子认为道的最高原则是"不争之德",即"天之道,利而不害;圣人之道,为而不争"。他认为,天道是不争的,不会与任何事物争名夺利,只会利于万物众象;人应该取法于道,效法于圣人,因为圣人的法则是施舍,而不是争夺。

最后，我们必须回应开篇就提出的问题，即亚当·斯密所说的那只"看不见的手"到底是如何运行的？其实答案已经出来了，因为"看不见的手"也只是万物众象之一，自然蕴含在"道"中，同时又贯彻着"道"的规矩法则，所以它的运行与"道"相同。而"道"的运行，又与天地宇宙的阴阳平衡相伴始终，因此市场经济中的供需两端就是阴阳两极，要想供需适度，商品价格适中，就必须保持阴阳平衡，否则一旦严重失衡，就会出现一次大的经济危机来使其恢复平衡。当然，经济危机这种破坏性的复平行为，给社会造成的损害也是极其惨重的，所以我们要寻找到根治它的良方，这其中的关键就是要找到让经济发展保持平衡的方法，这在后面的章节里会专门介绍。总之，天地万物皆由道而生，循道而动，逆道则夭亡，概莫能外。道之宏大而无外，道之精微而无内，泛存于万物众象之中，须臾不得离分。

二、首富的买卖里有阴阳

大家都不会否认，做生意、搞买卖也是有规律可循的，如果不明就里瞎折腾就会事倍功半，甚至徒劳无功，赔了夫人又折兵。其实，关于做买卖的方法和规律，早在两千多年前的中国西汉时期，被后世尊为太史公的著名史学家司马迁就在其传世名作《史记·货殖列传》中进行了高度提炼和总结。其中就列举了一位杰出大商人白圭的生意经。白圭是西周人，也是当时的全国首富。当魏文侯在位时，当时著名政治家李克致力于开发土地资源，而白圭却喜欢观察市场行情和年景丰歉的变化，所以当货物过剩低价抛售时，他就收购；当货物不足高价索求时，他就出售。谷物成熟时，他买进粮食，出售丝、漆；蚕茧结成时，他买进绢帛棉絮，出售粮食。他了解，太岁在卯位时，五谷丰收；转年年景会不好。太岁在午宫时，会发生旱灾；转年年景会很好。太岁在酉位时，五谷丰收；转年年景会变坏。太岁在子位时，天下会大旱；转年年景会很好，有雨水。太岁复至卯位时，他囤积的货物大致比常年要增加一倍。要增长钱财收入，他便收购质次的谷物；要增长谷子石斗的容量，他便去买上等的谷物。他能不讲究吃喝，并控制嗜好，节省穿戴，与雇用的奴仆同甘共苦，捕捉赚钱的时机就像猛兽猛禽捕捉食物那样迅捷。因此他说:"我干经商致富之事,就像伊尹、吕尚筹划谋略,孙子、吴起用兵打仗,商鞅推行变法那样。所以,如果一个人的智慧够不上随机应变,勇气够不上果敢决断,仁德不能够正确取舍,强健不能够有所坚守,虽然他想学习我的经商致富之术,我终究不会教给他的。"因而,天下人谈论经商致富之道都效法白圭。白圭大概是有所尝试,尝试而能有所成就,这不是马虎随便行事就能成的。

可见,白圭生意经的核心就是"人弃我取,人取我予"。他认为商业成功的第一要素就是要善于观察市场的变化,总结其规律,并充分利用好这个时刻处于动态变化中的市场规律,若能做到未雨绸缪,那更是善之善者也。这个市场规律就是,当有大量的人抛弃某类商品时,其价格必降,而此时抄底杀入,买价最低。时移世易,经过一段时间的调整,由于持有该种商品的商家很少,消费者在市场上难觅其踪,该类商品的价格自然水涨船高,此时再销售,自然能赚到巨大的差额利润。这其实就是庄家们熟悉的"高抛低吸,买跌杀涨"。

中国历史上有"汉初三杰",即萧何、张良、韩信,为史所称道。同样地,越王勾践"十年生聚、十年教训",也有三杰辅佐,即文种、范蠡和计然。在吴越相争中,文种直接管理越国政务,范蠡以军事辅佐勾践,计然的主要贡献则是在经济方面。《史记·货殖列传》中对此有所记载,该书提到计然的观点有:买卖货物,凡属容易腐败和腐蚀的物品不要久藏,切忌冒险囤居以求高价。研究商品过剩或短缺的情况,就会懂得物价涨跌的道理。物价贵到极点,就会返归于贱;物价贱到极点,就要返归于贵。当货物贵到极点时,要及时卖出,视同粪土;当货物贱到极点时,要及时购进,视同珠宝。货物钱币的流通周转要如同流水那样。勾践照计然的策略治国十年,终于报仇雪耻,灭掉吴国,继而耀武扬威于中原,号称"春秋五霸"之一。

可见,市场变化的规律就是:跌到极致就会涨,涨到极限就会跌。当人们都不敢买的时候,就是买入的最好时机,反之,当人们都在抢购之时,就是卖出的绝佳机会。不要去刻意寻求具体的买入或卖出的理由,因为一旦有具体的缘由时,众人皆知,商机已失。所以,真正的商机是在把握市场变化规律的前提下，提前大胆地反方向操作，这样盈利的机会就会被抓住。在这点上，研究一下计然的时用观点，会受益匪浅。他认为：知道要打仗，就要做好战备；了解货物何时为人需求购用，才算懂得商品货物。善于将时与用二者相对照，那么各种货物的供需行情就能看得很清楚。所以，岁在金时，就丰收；岁在水时，就歉收；岁在木时，就饥馑；岁在火时，就干旱。旱时，就要备船以待涝；涝时，就要备车以待旱，这样做符合事物发展的规律。

白圭、计然的上述生意经，被当今华人首富李嘉诚学到了家。他在一次接受媒体采访时说："我做生意的原则，一方面是对于债务和贷款问题要非常小心，如履薄冰。另一方面，我在地产经营上步步为营。如果地产价格太高，到老百姓买不起的时候经营就有风险了。我不会冒险去赚最后一个铜板。"他认为，贪婪是最真实的贫穷，满足才是最真实的财富。任何一种行业，如有一窝蜂的趋势，过度发展，就会造成摧残。好的时候不要看得太好，坏的时候也不要看得太坏。最重要的是要有远见，杀鸡取卵是短视的行为。或许他的这些辩证阴阳观，就是他现在要大量套现抛售资产，撤资到英国去的原因吧。

显然，不管是古代的白圭、计然，还是当代的李嘉诚，都很好地把握了"时用关系"。"时用关系"指的是，消费者需要某个商品的时间和这个商品存量处于充足的时间，往往不会是同一时间。商品充足之时，往往消费需求不足，价格自然就会走低，反之，当消费者都在抢购某种商品之际，往往是该种商品货源不足之时，商品价格当然会走高。善于把握商机的人，就会很好地利用这个时间差，在商品供给充足，价格下跌的时候买入，然后静待市场供求朝反方向变化，一旦该商品价格高起，就开始卖出囤积的商品。因为他们相信，随着时间的推移，一切都会变化，这其中就包括商品的价格在内，所以时间就会制造出价格差来，不需要商人去预测什么利多利空，只需等待即可！

通过以上分析，不难发现，计然的"贵极则贱，贱极则贵"、白圭的"人弃我取，人取我予"的观点，与李嘉诚的"不冒险赚取最后一个铜板"的道理，其实是一致的。这正是道家哲学中的物极必反，否极泰来之意。道家认为，谓阴阳互动，欲触极则而反。由此循环相生，不熄不灭在其固有法则之中。若遇极而反者，则出。若出者，必须创造出更大的反极才能入。此时，或许空间已有不同。道家认为，福可为祸，正可为奇，善可为妖，事物发展到极限就会向相反方面转化。

现在，我们又回到"道"上来。师从计然，被后世尊为"商圣"的范蠡认为，人事必须"因阴阳之恒，顺天地之常"，违反客观规律，必然招致灾祸。"夫人事必将与天地相参，然后乃可以成功。"他说的天道主要指阳至而阴，阴至而阳，盈缩转化，周旋无尽的矛盾运动法则。天时于己不利时要主动退避，天时对己有利时要积极进取。阴阳观是中国古人对宇宙万物相反相成的性质的一种抽象，也是宇宙对立统一及思维法则的哲学范畴。阴阳，表示万物众象皆两两对应，相反相成的对立统一，也就是老子所说的"万物负阴而抱阳"。阴阳的位置是不断变化、周而复始、循环往复的。我们所能看见的事物，为阴内阳外，这就是聚合生成，阳居于上的是正物质，反之则为反物质。

按道家阴阳学说，有物质就有反物质，因为万物负阴而抱阳。现代科学研究表明，关于反物质的猜想，已经初步得到科学证实。爱因斯坦曾经根据相对论预言过反物质的存在，他说："对于一个质量为 m，所带电荷为 e 的物质，一定存在一个质量为 m，所带电荷为 -e 的物质（即反物质）。"按照物理学家的设想，宇宙诞生之初曾经产生了等量的物质与反物质，而两者一旦接触便会相互湮灭抵消，发生爆炸并产生巨大能量。1932 年，瑞典裔美国物理学家卡尔·大卫·安德森在实验中证实了正电子的存在，因此获得了 1936 年诺贝尔物理学奖。1955 年，美国物理学家西格雷等人，用人工的方法获得了反质子。此后人们逐渐认识到，不仅质子和电子，所有的微观粒子都有各自的反粒子。2010 年 11 月 17 日，欧洲研究人员在科学史上首次成功"抓住"微量反物质。

可见，任何事物都是阴阳互变，对立统一的，阴极而阳生，阳消则阴长。仰观宇宙浩渺，俯察万物精微，无不变化于倏忽之间。的确，变化是永恒的，世界上唯一不变的，就是变化本身。古希腊哲学家赫拉克利特说，"人不能两次踏进同一条河流"，讲的就是一切事物都处在不断运动变化之中。"物之生也，若骤若驰，无动而不变，无时而不移"（《庄子·秋水》），即万物众象无时无刻不处在运动变化之中，人们的认知是非常有局限性的，况且世间万物众象都是"方生方死，方死方生，方可方不可，方不可方可；因是因非，因非因是。是以圣人不由而照之于天，亦因是也"（《庄子·内篇·齐物论第二》）。例如，按人的平均寿命75岁来计算，人从出生的那一刻，其实就已经开始了生命的减法，活一天就少一天，活一年就少一年，这不正是"方生方死，方死方生"吗？庄子认为："天下莫不沉浮，终身不故，阴阳四时运行，各得其序"（《庄子·外篇知北游第二十二》）。即天下万物没有不变化的，它们不会一直静止固定，阴阳四时的运行有自己的规律。

《周易·系辞上》说"一阴一阳之谓道"，意思是说，一阴一阳就是太极生两仪，再生四象，继之生八卦至六十四卦，乃至成之与天高的道路，始终以"一阴一阳"继续垒生并承继"生爻"的过程叫做"善"，使"一阴一阳"继续垒生至天高，而成就万物的秉性叫做"道性"，事物都有阴阳两个方面、两种力量，相反相成，相互推移，不可偏废，构成事物的本性及其运动的法则。无论自然、人事，都表现此道。且看《伏羲六十四卦次序图》，从下往上数，第一层是太极，第二层是一阴一阳，也被称作两仪，第三层是由第二层所生之一阴一阳即四象，第四层又是由第三层所生之八卦……层层皆是一阳生出一阴一阳，一阴也同时生出一阴一阳，这就是阴阳变化的路径，故称"一阴一阳之谓道"。如此，生生不息，无休无止，与天齐与地厚，故称"成之者性也"，这里的"性"指的是"道性"。每一层的生化过程都是一阴一阳的生化，至简至易；每一层的生化都是承继了前一层的生化规律并予以延续，故称"继之者善也"。世间万事万物的生长变化都是从细微到显著以至于质变，所以老子说："图难于其易，为大于其细……天下难事必作于易，天下大事必作于细。"

战国时期儒家学者们所著的《易传》也提出了关于道的学说，认为道就是对立面相互转化的普遍规律，万物众象都有阴阳两个方面、两种力量，相反相成，相互推移，不可偏废，构成事物或现象的本性及其运动的法则。无论自然、人事，都表现此道。我们应该承应天道，理解人道，体会事道。这不是认命，更不是无所做为，而是要按照这个规律行事，往小处说是修身齐家，往大处讲则是兼济天下，福泽众生。

北宋理学开山祖师周敦颐在其《太极图说》中讲道：无极而太极。太极动而生阳，动极而静，静而生阴，静极复动。一动一静，互为其根。分阴分阳，两仪立焉。阳变阴合，而生水火木金土。五气顺布，四时行焉。五行一阴阳也，阴阳一太极也，太极本无极也。故曰："立天之道，曰阴与阳。立地之道，曰柔与刚。立人之道，曰仁与义。"又曰："'原始反终，故知死生之说。'大哉易也，斯之至矣。"在无极状态，却有道在其中，理在其中，神在其中，无影无形，遵循自然规律，使宇宙有序地出现，有序地形成，不乱方寸。物极必反，出现了阴阳二气，这就是太初，起初阴阳二气是极其微弱的。阳动而阴静，这就是自然之道。随着阳动的增强，阴静也相对的加大，阴阳是互为依存，互为补充的。当阴阳两仪形成时，宇宙呈混沌状态，阴中有阳，阳中有阴，宇宙是从混沌之中而生的。在混沌之中，生出了五气：金、木、水、火、土，宇宙五气顺布，各含一性，万事万物都源自于五行。这样就进入了太始阶段，星云等形成了，云气之中含有五行，尚未形成有形状的元素，但已经分出了阴阳，分出了五行，给物质的出现创造了必要的条件。易是从无极向太极转化的过程，是太极向无极的转化过程，世间万事万物都包含于易理之中。太极的运动规律是普遍存在的，万物皆太极，太极形式是生命实体的基本形式。太极就是构成物质的基本元素，是形与神的结合体，是阴与阳的并存状，二者缺一不可。

故，万物众象，皆属阴阳。"阳"代表正面，代表刚强，代表动；"阴"代表反面，代表柔弱，代表静。阳遇阴则通，阴遇阳则明。阴阳作为代表事物的两种属性，既是对立的，又是统一的，相互依存、相互化育，此消就彼长，由此构成了事物不断发展变化的内在因素。客观世界众象繁生，日新月异，皆因阴阳对立统一之故。所以，万千物象的发展变化最终都维系着阴阳的动态平衡，一旦阴阳失衡就会发生变异，只有恢复平衡才能生生不息。大自然阴阳失衡就会发生灾祸，社会政经阴阳失衡就会引发动荡冲突乃至战争，人体阴阳失衡就会生病，而协调阴阳、恢复平衡则是治疗前述问题的不二法门。

总之，我们在探讨的经济社会问题之时也必须明白其中存在的阴阳之道。而经济问题，其核心就是买卖交易问题，前面已经说了，做生意、搞买卖是有规律可循的，要想获得长期稳定的丰厚利润，就要把握市场变化规律，了解交易双方的阴阳互变之道。买卖双方谁为阳，谁又为阴呢？这就要看谁处于交易的主动地位，主动者为阳，被动者则为阴。当商品处于供大于求、商品价格有下降趋势，买的人少，卖的人多，买方有交易价格主动权的时候，就是买方市场。此时，买方就在交易上处于有利地位，有任意挑选商品的主动权，买方可以用"阳"来表示，卖方则为"阴"。反之，当商品供不应求、商品价格有上涨趋势，买的人多，卖的人少，买方几乎没有挑选商品余地的时候，就是卖方市场。此时，买方处于交易的被动地位，买方可以用"阴"来表示，卖方则为"阳"。买方市场和卖方市场，是随着市场需求和供给的变化，在不同时刻、不同地区、不同产品上时常变化的。因此，商家只要把握好商品的"时用关系"，洞悉买卖双方的阴阳互变规律，提前布局，静待变化，不管所处的大环境是买方市场，还是卖方市场，皆可游刃有余，载誉而归。

三、经济运转中的阴阳五行

老子说"万物负阴而抱阳"，是说万物都是阴阳并存的合体，二者须守衡，不可偏废。前面已经说过，阴阳之间是消长转化的关系，是互根互制、对立统一的关系，阳极则阴生，阴极则阳长。中医学认为，阴阳平衡是生命活力的根本。阴阳平衡则人健康、有神；阴阳失衡人就会患病、早衰，甚至死亡。《素问·生气通天论》中记载："阴平阳秘，精神乃治，阴阳离决，精气乃绝"，意思是说，阴与阳相互对抗、相互制约和相互排斥，以求其统一，取得阴阳之间的相对的动态平衡，称之为"阴平阳秘"。阴者藏精而起极也，阳者卫外而为固也。真阴要有收敛收藏阴精的作用，并能滋养真阳、收敛真阳（阴平）；真阳要有生长生发抵御外邪的作用，并不让真阴外泄而固束真阴

（阳秘）。"阴平阳秘"中的平、秘都是一个意思：平衡。"阴平"即阴气平顺，"阳秘"即阳气固守，是阴阳互相调节而维持的相对平衡。

中医学以阴阳五行作为理论基础，将人体看成是气、形、神的统一体，中医治疗在于协助恢复人体的阴阳平衡。通过"望闻问切"四诊合参的方法，探求病因、病性、病位，分析病机及人体内五脏六腑、经络关节、气血津液的变化，判断邪正消长，进而得出病名，归纳出症型，以辨证论治原则，制定"汗、吐、下、和、温、清、补、消"等治法，使用中药、针灸、推拿、按摩、拔罐、气功、食疗等多种治疗手段，使人体达到阴阳调和而康复。

这里讲阴阳平衡的问题，之所以言及中医，是因为中医学认为人是自然界的一个组成部分，人与自然是一个整体，由阴阳两大类物质构成，阴阳二气相互对立而又相互依存，并时刻都在运动变化之中。故，中医强调"天人合一""天人相应"的整体观及辨证论治法。中医学反对"头痛医头，脚痛治脚"，治病救人要从整个人体的阴阳平衡来调理，切忌攻其一点，不及其余，而是要有整体观、大局观。中医学认为，在正常生理状态下，两者处于一种动态的平衡之中，一旦这种动态平衡受到破坏，即呈现病理状态。而在治疗疾病，纠正阴阳失衡时并非采取孤立静止的看问题的方法，多从动态的角度出发，即强调"恒动观"。

中医学说的阴阳与五行是相提并论的。古人认为，天下万物皆由五类元素组成，分别是金、木、水、火、土，彼此之间存在相生相克的关系。《尚书·洪范》中说："五行，一曰水，二曰火，三曰木，四曰金，五曰土。水曰润下，火曰炎上，木曰曲直，金曰从革，土爰稼穑。"木，具有生发，条达的特性；火，具有炎热，向上的特性；土，具有长养、化育的特性；金，具有清静、收杀的特性；水，具有寒冷、向下的特性。五行学说认为，事物与事物之间存在着一种联系，这种联系促进着事物的发展变化。五行之间存在着相生相克的规律。五行相生，即木生火，火生土，土生金，金生水，水生木。五行相克，即木克土，土克水，水克火，火克金，金克木。相生，含有互相滋生，促进助长的意思。相克，含有互相制约、克制和抑制的意思。相生相克，像阴阳一样，是事物不可分割的两个方面。没有生，就没有事物的发生和成长；没有克，就不能维持事物的发展和变化中的平衡与协调。没有相生就没有相克，没有相克就没有相生，这种生中有克，克中有生，相反相成，互相为用的关系推动和维持事物的正常生长、发展和变化。例如，木克土，土生金，金又克木；火克金，金生水，水又克火；土克水，水生木，木又克土；金克木，木生火，火又克金；水克火，火生土，土又克水。可见，五行中任何一种元素对其他某种元素形成克制时，被克制的这种元素所生助的另一种元素又反过来克制该元素。反之亦同，五行中任何一种被生助的元素，一定会克制另一种试图克制生助自己的那种元素，从而使"五行"之间的生克始终处于一个动态的平衡之中。这便是所谓的制中有化、化中有制的道理。所以，万物众象都必须生中有克，克中有生，相辅相成，方能平衡发展。因此，一味相生并非善哉善哉。正所谓"造化之机不可无生，亦不可无制，无生而发育无由，无制则亢而为害"（《类经图翼》）。

五行于中医则体现了具备这五种属性的人体五大系统的相互关系。"木火土金水"这五个符号，分别代表肝心脾肺肾所统领的五大系统。中医不是研究微观的病毒细菌如何作用于人体，而是研究人体整体的各个系统之间的关系，并且通过中药、按摩、针灸、甚至心理作用去调节各个系统之间的平衡，以此保持身体健康。五行的交互作用包括：相生、相克、制化、胜复、相侮、相乘、母子相及。其中前六种交互作用，主要是指相生相克，讲求平衡，是说代表金、木、水、火、土五种属性的物质，互相生发以及互相克制的关系，引申为物质之间的辩证关系，一物降一物；最后一种"母子相及"，此处的"及"是连累的意思。母子相及包括母病及子和子病及母两类，皆属于五行之间的相克的异常变化。母病及子，指五行中作为母的一行异常，必然影响作为子的一行，结果母子皆异常。例如，水生木，水为母，木为子。若水不足，无力生子，则木干枯，结果水竭木枯，母子俱衰（临床称"水不涵木"）。子病及母，指五行中作为子的一行异常，会影响到作为母的一行，结果母子皆异常。例如，木生火，木为母，火为子。若火太旺，势必会耗木过多，而导致木之不足；而木不足，生火无力，火势亦衰，结果子耗母太过，母子皆不足。

中医专家认为，疾病的发生，从根本上说，乃阴阳的相对平衡遭到破坏，出现偏胜偏衰的结果。因此，调和阴阳，补偏救弊，恢复二者的相对平衡，促进阴阳的平和状态（阴平阳秘），即为中医诊疗必须遵循的总纲。在和调阴阳的过程中，又须时刻注重适度的原则。在正常的生理状态下，人体之所以不发病就是"和平"机制在发挥作用，但这种"调和"的能力并不是无限的。人在漫长的日常生活工作中，一旦体力、脑力、生活习惯和外界环境对身体的影响超过一定限度，随着阴阳的消长转化，机体自身的"调和"已不能再恢复生理之常，即阴阳失去其"和平"，疾病便会随之产生。所谓"和平"即调和致平，即人依靠自身脏腑、经脉、气血的功能活动及调节的能力，通过阴阳调和，达到形神协调平衡。所以说，万病的发病机制均是阴阳失和所致，若阴阳长期失和就会出现阴阳互损的局面。"阳损及阴"是指由于阳气虚损较甚，无阳则阴无以化，久则累及阴精生化不足，从而在阳虚基础上又导致阴液的亏少，形成了以阳虚为主的阴阳两虚病理状态；"阴损及阳"则是说由于阴液或阴精亏耗较甚，无阴则阳无以生，累及阳气气化不足，或阳气失其依附而耗散，从而在阴虚的基础上又导致阳气虚亏，形成了以阴虚为主的阴阳两虚病理状态。当然，也正是因为这一根本性的病机，我们身上可能出现的生理、心理疾病也都可以从调节阴阳入手加以治疗。

由此可见，"阴阳五行"是适用于天地万物的规律，是一个兼收并蓄的哲学科学体系，其理论博大精深。现代哲学的基本观点和原理，其实都是在证明或阐述阴阳五行学说的科学性。因为阴阳五行从不同认识层面将万物众象有机地衔接，形成一种反映物象在一定的存在形式中，能在时空上一脉相承的动态变化的思维体系，继而达到无限接近真理的高度！所以，我们在研究经济运行时也离不开"阴阳五行"理论，只有明白其中生克制化的道理后，才能更好地协调平衡经济发展，服务家国天下。

《易经》第一卦"乾卦"中的"天行健"这个"行"，就是代表运动的意思，就是"动能"，宇宙万物间最大的互相关系，就在于这个动能。这个"动能"以金、木、水、火、土作代表，它和卦象一样，只是传统的表达符号，并非具体指这五种物质。《易经》有云，先有天地，然后万物生焉。人为万物之灵，与天地并列而为三。乾为天、为父；坤为地、为母。人为天地所生，"故人者，其天地之德，阴阳之交，鬼神之会，五行之秀气也；故人者，天地之心也，五行之端也"。

所以，人类经济社会的发展，就是人类在顺天时、应地利的自然环境下，遵循道法自然的原则而进行的创造与发展。英国古典政治经济学的创始人威廉·配第认为，"劳动是财富之父，土地是财富之母"，这个观点把人类劳动和土地资源视为创造财富的两大核心要素，同时也是对人类劳动在经济社会发展中的最高价值判断。因此，如果按五行之金木水火土来划分，那么土地等具有生发作用的自然资源就属"土"，而自然资源开发和利用需要人类劳动的支撑，所以说人类劳动生助属土的自然资源，故人类劳动属"火"，这其中包含着刀耕火种之意。当人类劳动与自然资源相结合后，生产出来的产品自然就属"金"。产品从生产环节进入流通环节的目的是创造财富产生收益，按五行金生水的观点，可以把这些收益和财富归属为"水"，中国民间也有"山主人丁，水主财"之说。财富必须时时都处于运转之中才能作为资本持续逐利，而社会总的财富增加却需要扩大生产规模和提高生产效率，这就需要投入资本研发更为先进的劳动工具来支撑，这些劳动工具可以说是生之于水的"木"。自然资源的开发利用程度，除了劳动者的劳动过程外，还需要借助强大的劳动工具。可以说，劳动工具在某种程度上决定着人类劳动的效能，自工业革命以来，日新月异的技术革新让人类劳动如虎添翼，工作效率越来越高。现在，人工智能技术突飞猛进，相信在不久的将来，人类劳动必将发生质的飞跃。所以，从人类劳动效能这个层面上来讲，属木的劳动工具生助属火的人类劳动；人类劳动的对象是属土的自然资源，而对自然资源的开发利用程度，又与人类的劳动技能和劳动工具息息相关，是为火生土。在这里，还须特别说明的是，虽然劳动工具属木，它能生助人类的劳动过程，但是，人类的劳动过程，除了需要劳动工具配合外，更需要人类自身的存在，所以人类自身也属木；人类自身为了维持身体机能和繁衍后代所需的各种消费品属水，水代表财富，它生助属木的人类本身。

从五行相生来看，属土的自然资源生助属金的劳动产品，属金的劳动产品通过商品流通环节获取属水的资本财富，属水的社会财富继而又参与到属木的劳动工具的更新改造之中，而后属木的劳动工具又与属火的人类劳动一起，通过劳动者在生产环节的整合加工能力，直接影响着属土的自然资源的开发利用。如此，五行相生，周而复始，循环往复；反之就是五行相克，事物间呈现出相互制约或抑制的关系，即属木的劳动工具会制约或抑制属土的自然资源的开发利用程度，而自然资源的开发利用程度又制约着属水的社会财富的多寡与分配；而属水的社会财富的丰盈程度与分配机制，又制约着属火的人类劳动的分工和强度；继而属火的人类劳动效能，又直接制约着属金的劳动产品的丰富程度和技术含量；属金的劳动产品中本身就包含着属木的劳动工具，二者制化关系显而易见，无需赘述。这种相生相克的规律，体现了万物众象阴阳互根，阴阳相成之理。因此，经济社会的可持续健康发展必须把握好其间的相生相克、阴阳平衡，否则就会陷入长期的阴阳互损困局而难以修复。

大自然中的万物众象皆具灵性，都自带发展进化的能力，因为五行各元素始终处于动态平衡的发展中，当相生的力量占主导时，事物就处于进化之中，反之则相反。例如，土生金，但土又受木克制；但土所生的金对木形成克制，所以可以进行平衡。虽然金还会生水，而水又对木形成生助，木的发展尽管对土不利，然而土所生的金克木是直接发生的，由金生水后再生助木则是间接发生的。因此，自然中进化的力量是处于主导地位的。

以这一理论观于宏观经济，对研究国民经济是大有裨益的。经济学上常把投资、消费、出口比喻为拉动GDP增长的"三驾马车"，这是对经济增长原理最生动的表述。其中投资是经济增长的发动机，消费则是拉动内需的助推器，出口当然就是平衡经济发展的调节器。世界银行经济顾问钱纳里、著名经济学家塞尔奎因等人的实证研究表明，投资和消费都增加1%的情况下，GDP能分别增加0.265%和0.755%，可见消费相比投资而言，其对国民经济的拉动力更强，有近三倍的差距。因此在制定国民经济规划时，应以居民消费作为根据，同时兼顾投资与出口，方可实现协调发展。

我们再从前述阴阳五行关系来看，众所周知，政府投资以资源类和基建类为主，具有承载生化受纳的作用，五行归属"土"。而产品的出口创汇，则体现为产品出口和创汇增收两个环节，产品出口是指产品经生产物流，被终端市场接收的过程，体现的是事物的收敛的作用，五行属"金"；创汇增收，自然是基于"金"的作用，以利润的形式再回复的投资主体，五行属"水"。至于居民消费，其包含的内容也是相当丰富的，既包括居民为了维持自身劳动能力的延续所必需的衣食住行消费，也包括其组建家庭、生养子女等消费，具有明显的伸展生发作用，五行属"木"，正好符合水生木的观点。五行中木生火，劳动者得益于消费的供给，有了持续劳动的能力，劳动创造价值的过程就属火，这在前文已经说过。

我们已经知道，五行生克关系中木克土，若事物能维持正常的生克关系，那么这是有助于事物整体发展的。如果投资（属土）与消费（属木）关系失衡，不管是投资过度，还是消费过度都不是好事，都会出现"五行乘侮"的乱象。五行乘侮即五行相乘和五行相侮，是五行相克关系中，在外界因素的影响下所产生的反常状态，是五行间不正常的相克。相乘与相侮的主要区别在于，前者是按五行的相克次序发生过度的克制，后者是与五行相克次序发生相反方向的克制现象。两者之间联系是，在发生相乘时，也可同时发生相侮；发生相侮时，也可同时发生相乘。例如，木过强时，木既可以乘土，又可以侮金；金虚时，既可受到木侮，又可受到火乘。因而相乘与相侮之间存在着密切的联系。各位，现在问题又来了，一旦这种乱象发生，我们又该如何应对呢？

试分析一下：当民众衣食住行消费与劳动工具改善性消费过度时，就是"木气"太过，不仅银行中难有存款，甚至会提前透支消费（如分期付款买房、买车或其他大件商品消费等），这势必让民众背上沉重的债务负担。此时，民众就很难再有余钱投资创业或消费其他商品，资源的开发利用便严重迟滞，"土气"呈过弱的症状。当资源不能被开发利用，资本不能有效流动时，国家的财政税收就会急剧减退，以致政府无钱投资。由于政府掌握着铸币权，当政府都无钱可用时，势必会加大印钞力度以刺激经济，这时市场流动性太强，物价又会飞涨，"水气"自然过盛。五行中水是克火的，当水气过盛之时，物价通胀之际，民众就无力购买生活必需品维持劳动者（属木）本身，木气衰竭。木气不支，就难以生助劳动力（属火），继而严重阻碍劳动产品（属金）的生产。可见，"一气"过盛或过虚，都会牵一发而动全身，影响整体经济体系的正常运转。

我们还可以从反方向来分析一下，当一国内需性消费（属木）不足时，就加剧了经济增长对投资（属土）和出口创汇（属水）的依赖性；而一旦某国外贸顺差过大，即出口明显大于进口，这就意味着该国用资源换来了一大堆外国货币，若该外国货币贬值，持币国的购买力就会下降，能换回来的实物资产就会减少，同时本国的物资流出缺口太大的话，能供本国的居民消费的商品（属木）就少了。所以，一味靠投资（属土）和出口产品（属金）拉动经济增长，就难以扩大民众内需性消费（属木）需求，自然就难以提高民众的整体生活水平，不利于改善民生，终致"国进民退"现象的出现。因此，要保持长期稳定的经济增长，必须扩大内需性消费（属木），鼓励合理投资（属土），促使国民经济良性循环，以提高民众生活水平。

总之，在自由竞争的市场环境下，前述的各个经济活动环节在市场机制正常发挥作用的情况下，是能够自然进化和协调发展的。但是，如果市场机制的阴阳五行一旦遭到破坏，那么整个经济体系的平衡就会被打破，经济的发展就会偏离正轨或倒退，甚至最终演变成颠覆性的经济危机。

第二章
当心资本君背后那家伙

一、人之初的性事

看了第一章，是不是觉得有点累了，阴阳五行搞得大家不仅觉得玄，而且还感受到了些许眩，对不对？其实完全可以理解，因为阴阳五行是中华民族老祖宗留下的宝贵遗产，着实有点晦涩难懂，研究起来自然要费点脑筋，加上本书创新的理念也很多，感觉有点眩就再正常不过了。

接下来，咱们要研究研究人类自身，因为不管什么经济社会问题，其背后的主角都是人，只有把人性搞清楚整明白，才能更好地解决经济社会问题，否则只能像某些经济学家一样，纠结在经济社会问题的表面而无法深入，更不可能开出除病去疴的药方。平时大家都喜欢说透过现象看本质，其实一切经济社会问题的要害，都是如何搞定人的问题。所以，唯有认识人类本身，才能站在更高的角度来看人类所面临的经济社会问题，也才能收到醍醐灌顶的功效。好了，人已经出场了。

资本是逐利的，其实是人在逐利！

资本是血腥的，其实血腥的是人！

资本的每个毛孔都滴着血，其实是人的毛孔在滴血！

可见，资本君是替人背了锅，被人给利用了，人用资本赚了钱，最后还把骂名转嫁到资本头上！

大家注意到没有，不知从什么时候开始，我们的生活中出现了"无商不奸"这个词，意思简单明了，就是说商人都是奸诈的。这当然是一个贬义词。这或许是因为一些不法商人为暴利所驱使，坑蒙拐骗，产销假冒伪劣商品，甚至连婴幼儿的食品都不放过，伤天害理，以致遭到消费者大骂奸商吧。其实，合法的经济行为是生意人牟取利润的正当行为，其核心目标自然是追求利润。商人为了实现利益最大化，在合法的前提下，使出投机取巧式的"奸"，其实是一种聪明，也是其获利的重要手段，这无可厚非。尽管大家都知道"在商言商"的道理，但经商之人，也是有境界之分和格局之别的，这与其生意大小、钱财多寡无关。所以，我们生活中才会有生意人、商人和企业家的不同称谓。生意人唯利是图，有钱就赚；商人有所为，有所不为；而企业家必须担当起社会责任，创造价值，完善社会。

所以，同样是经商之人，但做人的差距却天差地别。那这差距是与生俱来的呢，还是后天形成的呢？要准确回答这个问题，就需要对"人之初"的人性问题进行研究了。在中国历史上关于人的先天本性，有性善、性恶、无所谓善恶三种观点。

1. 人性善。"人之初，性本善；性相近，习相远；苟不教，性乃迁；教之道，贵以专；昔孟母，择邻处；子不学，断机杼。"此语出自《三字经》，自南宋以来已有七百多年的历史，可谓家喻户晓，脍炙人口，开篇即言人性之善源自天生本初。战国时期儒家学派代表人物孟子就认为人性向善；性善是出于人的本性、天性，其称之为"良知""良能"。《孟子·尽心上》说："人之所不学而能者，其良能也；所不虑而知者，其良知也。孩提之童无不知爱其亲者，及其长也，无不知敬其兄也。"孟子以性善论作为根据，在政治上主张实行仁政。

孔子曰，性相近，承认有人性，但未说人性是什么。孟子说，人性善。在《孟子·告子上》中，孟子提出："水信无分于东西，无分于上下乎？人性之善也，犹水之就下也。人无有不善，水无有不下。今夫水，搏而跃之，可使过颡；激而行之，可使在山。是岂水之性哉？其势则然也。人之可使为不善，其性亦犹是也"；"乃若其情，则可以为善矣，乃所谓善也。若夫为不善，非才之罪也。恻隐之心，人皆有之；羞恶之心，人皆有之；恭敬之心，人皆有之；是非之心，人皆有之。恻隐之心，仁也；羞恶之心，义也；恭敬之心，礼也；是非之心，智也。仁义礼智，非由外铄我也，我固有之也，弗思耳矣。"孟子的意思是说："水的确无所谓向东流向西流，但是，也无所谓向上流向下流。人性向善，就像水往低处流一样。人性没有不善良的，水没有不向低处流的。当然，如果水受拍打而飞溅起来，能使它高过额头；加压迫使它倒行，能使它流上山冈。这难道是水的本性吗？形势迫使它如此的。人也可以迫使他做坏事，本性的改变也像这样。"

"孟子道性善，言必称尧舜"，孟子所说的"人性"是人之所以为人的特性，即"仁义礼智信"，这是人不同于禽兽的特性。因此虽然孟子也认识到了人是有欲望的，但是他并不把荀子所说的"饥而欲饱，寒而欲暖，劳而欲休。目好色，口好味，心好利，骨体肤理好愉佚"纳入人性的范畴。孟子的"人性善"是说，人人具有成为一个善良人的潜能。否则为什么道德规范可以为人们普遍地接受呢？为什么谦谦君子能够受到众人景仰呢？因为人具有恻隐之心、羞恶之心、恭敬之心、是非之心。所以孟子说每个人都具备成为道德君子的可能性，即"人人皆可以为尧舜"。孟子极力宣扬"人性善"，虽遭不少人反对，亦毫不退缩。后来程颐称赞孟子说："孟子有大功于世，以其言性善也。"

2. 人性恶。这也是中国古代人性论的重要学说之一，认为人的本性具有恶的道德价值，战国末期的荀子倡导这种理论。性恶论认为人性本恶，强调道德教育的必要性，性善论认为人性本善，注重道德修养的自觉性，二者既互相对立，又相辅相成，对后世人性学说产生了重大影响。

荀子认为，人之命在天，"无天地，恶生"（《荀子·礼论》），天地者，"万物各得其和以生，各得其养以成。天职既立，天功既成，形具而神生"（《荀子·天论》）。既然人是由天而生的，人情也就出于天情，同于天情。出于天情同于天情的人情就叫做"性"。所以荀子说："生之所以然者谓之性"，"不事而自然谓之性"，"性者，天之就也；情者，性之质也"（《荀子·正名》）。荀子说："好恶、喜怒、哀乐，夫是之谓天情。"又说："性之好恶、喜怒、哀乐，谓之情。"荀子认为人性只限于食色、喜怒、好恶、利欲等情绪欲望，不论"君子""小人"都一样。所以荀子说，"人之性恶，其善者，伪也"（《荀子·性恶》），意思是说人的本性是"恶"的，所有的"善"都是人为的结果；他认为，"人之生固小人，无师无法则唯利之见耳"（《荀子·荣辱》），意思是说人一出生下来时就是小人，不用向别人模仿学习就唯利是图，自私自利，至于君子的仁义，是由后天所学、所行、所为而获得的。

荀子还说过这样一句话"涂之人可以为禹"（《荀子·性恶》），意思是说，路上的普通人通过教育，都可以成为大禹那样的圣人。貌似这与荀子自己主张的"人性恶"是背道而驰的，因为他得出了和孟子一样的观点，即"人人皆可以为尧舜"。其实，荀子虽然主张"人性恶"，但并不代表他看不到人是可以向善的，就像孟子也能够看到，人会因为环境的影响和欲望的折磨而丧失善心一样。这恰好符合中国道家阴阳转化的观点，即"人性恶"中有"人性善"的基因，反之亦然。因此，荀子说："凡禹之所以为禹者，以其为仁义法正也。然则仁义法正有可知可能之理，然而涂之人也，皆有可以知仁义法正之质，皆有可以能仁义法正之具，然则其可以为禹明矣。""质"是素质，潜质；"具"是能力。所以荀子像孟子一样认为每个人都可能成为具有"仁义法正"的圣人。

法家代表人物韩非主张人性恶，并且比荀子更加鲜明彻底。他认为，既然人性本恶，那么就只有接受其恶的本性，唯其如此，才合乎天意；人性是自然而成的，现行政治政策就必须以人的本性为依据，要因循它，而不是对它加以否定。韩非也说："凡治天下必因人情。人情者有好恶，故赏罚可用。赏罚可用则禁令可立，而治道具矣。"法家明确表示不要亲情，不要恩惠，因为亲情和恩惠会连带出许多复杂的因素，把社会秩序搞乱。人是自为的，亦即利己的，因此不可能使人利他。但是恰恰是因为有人的"利己"存在，才可以使人由利己转为"为公"和"利他"。因为人为了利己，就必须依循国家政策的引导，也必须躲避国家法律的惩罚。于是，利己转而成了利他。法家是最强调国家秩序的，而法家的人性论理论基础则是毫不隐讳地承认利己，承认性恶。

孟子主张人们自觉地修养道德。因为"故苟得其养，无物不长；苟失其养，无物不消"。他自己也说"吾善养吾浩然之气"。同时他劝告统治者施行"仁政"，希望君主成为道德典范。而荀子、韩非则主张运用法律的手段来惩治违背道德的人，使人们因为畏惧而遵守道德，主张"立君上之势以临之，明礼义以化之，起法正以治之，重刑罚以禁之，使天下皆出于治，合于善也，是圣王之治而礼义之化也"（《荀子·性恶》）。可见，虽然孟子与荀子提出的治民之法不同，但可谓是殊途同归，目标都是使人民得到教化，使社会达至和谐。从这一点来看，孟子好像"慈母"，荀子好像"严父"，慈母和严父的教育方式虽不同，但宽严相济，相得益彰。

3. 人性无所谓善恶。战国时期思想家告子认为，人性无善无不善。在人性的本质、内容与价值观方面，告子以人的自然本性为人性本质，以食色为代表的感官需求和欲望为人性内容，以"性无善无不善"排除人性的伦理价值的两面性，持守人性价值的中立性。在义之于人是内在的还是外在的方面，亦即义的成因方面，告子力主"义外"，宣称仁由己而发，义因彼而生；仁为我固有，义非我预有，犹彼白而我白之，从其白于外也，并举例论证曰："吾弟则爱之，秦人之弟则不爱也，是以我为悦者也，故谓之内；长楚人之长，亦长吾之长，是以长为悦者也，故谓之外也"（《孟子·告子上》）。这是说，属于仁的"爱"发自于我，属于义的"长"（尊敬）产生于对方年长。

中国明代思想家、军事家、心学集大成者王阳明，将心学精髓提炼成"无善无恶心之体，有善有恶意之动，知善知恶是良知，为善去恶是格物"这四句口诀，认为人性本无善恶之分，善恶皆在一念之间。他认为"良知"是心之本体，无善无恶就是没有私心物欲遮蔽的心，这是"天理"，存在于"情感未发"之时，是"无善无恶"的，也是人们应追求的理想境界。而当人们产生意念活动时，把这种意念加在事物之上，就有了是非善恶的差别。

那到底人性是如孟子所言的天生善良，还是如荀子主张的天生邪恶，抑或如告子、王阳明倡导的无所谓善也无所谓恶呢？这是一个很难说得清的问题，以致一直争论至今。那么，老子对此有何看法呢？老子在《道德经》中说"故圣人云：我无为，而民自化；我好静，而民自正；我无事，而民自富；我无欲，而民自朴"，王弼对此注解为："上之所欲，民从之速也。我之所欲唯无欲,而民亦无欲而自朴也。无为、好静、无事、无欲,崇本以息末也"。老子的观点还是道法自然、无为而治,认为人性是可以自化自朴的,可以回归到最原始的本初。本初当然还是自然无为、无思无欲的。故可以推知老子认为人之初的本性是非善非恶的,人性后天的变化皆因周围环境影响所致。

马克思的观点更接近于告子、王阳明的说法,他认为人性既不是本恶,也不是本善,人是生活在社会中的,具有社会性,既要满足自身基本需要,又要对社会有所贡献,人就是社会关系的综合体。《马克思恩格斯选集》有言,"人的本质不是单个人所固有的抽象物,在其现实性上,它是一切社会关系的总和"。恩格斯认为:"人类社会和动物界的本质区别在于,动物顶多只能采集,而人类则能生产"。意思是说,能够进行生产,通过能动地改造自然界取得物质生活资料以满足自身的需要,是人的根本。而在生产劳动的基础上,人就必然会产生一种新的、动物所没有的属性,这就是人的社会性。正如马克思所说的:人们"如果不以一定的方式结合起来共同活动和互相交换其活动,就不能进行生产。为了进行生产,人们便发生一定的联系和关系;只有在这些社会联系和社会关系的范围内,才会有他们对自然界的关系,才会有生产"。这就是说,人类的生产只能是一种社会活动,不可能是一种孤立的个人行为,要进行生产,人们之间就必然要结成一定的社会关系。因此,马克思主义认为:只有反映人们在社会中所结成的各种社会关系的社会性,才真正标志着人和动物之间的本质区别,才是人的根本属性。人所具有的社会关系,是在物质生产基础上形成的一个多层次的复杂结构的总和,它决定着人的本质。人与人之间的社会关系是极其复杂的,包括经济关系、政治关系、思想关系等多方面的内容。马克思认为,在人们的社会关系中,起决定作用的是最基本的经济关系,即人与人之间在物质资料生产过程中结成的生产关系。人们之间其他政治的、思想的社会关系,都建立在这种客观物质关系的基础上,并直接或间接地被这种物质关系所制约。这种政治的、思想的关系,反过来对生产关系产生巨大的反作用。这样一来,在人们的周围就形成了一个多层次的社会关系的复杂结构。马克思认为,正是这一社会关系复杂结构的总和,决定着现实社会中每个人的本质。因此,人的本质并不是先天自然形成的，也不是后天主观自生的，而是由建立在客观物质生产基础上的、复杂的现实社会关系的总和所决定的。

本书认为，人的初始本性无所谓善与恶，降生那一刻的啼哭，是人性本能的体现，要吃要喝皆是本能地反映，那时的人性是没有是非善恶之分的。后来人性为什么会出现善恶之别，这还是由后天成长的生活环境所决定的。《三字经》中说的孟母三迁，即孟子的母亲为选择良好的环境教育孩子，多次迁居，表示人应该要接近好的人、事、物，才能学习到好的习性。古人云"近朱者赤，近墨者黑"，即是此理，这说明了环境能改变一个人的习性。《荀子》有言："积行成习，积习成性，积性成命"，意思是：行为决定习惯，习惯决定性格，性格决定命运。可见，生活环境会影响人的观念，久至一生。

2009年南都网上一段"广州一年级小学生的理想"的采访视频吸引了很多网民的注意。"你长大了想做什么？""想做官。""做什么样的官呢？""做……贪官，因为贪官有很多东西。"这名6岁的小女孩"想做贪官"的理想激起了大量网民的解读和议论，成为当时的热点话题。有网友猜测可能是孩子的家人日常发牢骚说过"还不如当个贪官，那就什么都有了"之类的话，在孩子简单的心灵里留下了"当贪官好"的印象，有网友建议家长要更加注意自己的言行，以免误导了孩子。但也有部分网民认为，这个一年级小学生的"理想"折射出了整个社会大环境中"公开的秘密"，"小孩说出了老百姓的心里话，其实每个人都想当官，大家努力读书就是为了当官，学而优则仕嘛"。无独有偶，2016年又有媒体报道，一位"00后"的小朋友写了一篇名为《当一名房东》的作文，说自己长大后的理想是当房东。他的理由是："我每次都看见爸那威风的样子，每次去敲门叫里面的人拿出一大把的钱交给了我爸爸，爸爸拿过来就放到了口袋里面去，这真是太威风了。"

再看看"狼孩"现象。目前大家给"狼孩"的定义是指从小被狼攫走并由狼抚育起来的人类幼童。世界上已知由狼哺育的幼童有10多个，其中最著名的是印度发现的两个。此外，人们还发现过熊孩、豹孩、猴孩以及绵羊所哺育的小孩。他们也和狼孩一样，都具有抚育过他们的野兽的那些生活习性。这些事例说明：人类的知识、才能、本性不是天赋的，直立行走和言语也并非天生的本能。所有这些都会受到生活习惯和成长环境的影响，都是在潜移默化的实践锻炼中形成的，因此人之初并无所谓的性善与性恶。

总之，不管人之初的先天本性是善、是恶，抑或无所谓善恶，都需要后天的教育引导，否则善可能会变恶，恶也可能会变善。所以，对于本章一开始就讨论的"无商不奸"的问题，其实这与商人先天本性并无关系，因为商人是最懂得趋利避害的群体，如果社会的交易习惯或国家制定的法规准则会让偷奸耍滑的商人身败名裂、损失惨重，甚至倾家荡产，相信没有几个商人敢作奸商。

二、为私欲而辩护

"苍天如圆盖，陆地似棋局；世人黑白分，往来争荣辱：荣者自安安，辱者定碌碌。"《三国演义》中，刘备初访诸葛亮时，在途中听到耕田农夫吟唱此歌，感叹作者体悟天地宇宙，洞悉世间百态。的确，此歌谣先写天如圆盖地似棋盘，是古人天圆地方之观念，再写世人争名逐利、成王败寇之现象，短短数言已然包罗万象，看透人性，不得不令人折服。中国西汉伟大的史学家、文学家、思想家司马迁说："天下熙熙，皆为利来；天下攘攘，皆为利往。"孔子说："富与贵，是人之所欲也；不以其道得之，不处也。贫与贱，是人之所恶也；不以其道得之，不去也。"中国民间老百姓也有"富在深山有远亲，穷在闹市无人问"的说法。中国首位诺贝尔文学奖获得者莫言说过，无论是圣人还是百姓，无论是知识分子还是文盲，都对贫困和富贵的关系有清醒的认识。贫困者羡慕并希望得到富贵，这是人之常情，也是正当的欲望，但孔夫子认为，尽管希望富贵是人的正当欲望，但不用正当的方法得到的富贵是不应该享受的。但是现实生活中，用不正当的方式脱贫致富的人比比皆是，这就是所谓的世风日下，人心不古。

讲到这里，就不得不说说《增广贤文》。该书是中国明朝时期，民间汇编的道家儿童启蒙书目。该书对人性的认识以道家思想为前提，以冷峻的目光洞察社会人生，认为亲情已被金钱污染，友情也只是一句谎言。书中说道："有酒有肉多兄弟，急难何曾见一人"；尊卑由金钱来决定，"不信但看筵中酒，杯杯先劝有钱人"；法律和正义为金钱所操纵，"衙门八字开，有理无钱莫进来"；人性被利益扭曲，"山中有直树，世上无直人"；世故导致人心叵测，"画虎画皮难画骨，知人知面不知心"；人言善恶难辨，"入山不怕伤人虎，只怕人情两面刀"。《增广贤文》把社会诸多方面的阴暗现象高度概括，冷冰冰地陈列在读者面前。在《增广贤文》描述的世界里，人是虚伪的，人们为了一己之私变化无常，嫌贫爱富，趋炎附势，从而使世界布满了陷阱和危机。书中又说道："易涨易退山溪水，易反易覆小人心；人情似纸张张薄，世事如棋局局新；无钱休入众，遭难莫寻亲；是非只为多开口，烦恼皆因强出头。"尽管该书言论与儒家提倡的高大上的仁义礼智信相去甚远，但它的确是中国民间从古至今的各种格言谚语的集结，在民间流传甚广。其生命力之所以强盛，当然是因为它对现实的人情世故的无情揭露。

其实，人们都不想被名利所累，也深知一切和合之物皆无常，生不带来，死不带去，终究是浮云，然而人们又难以看破红尘、顿悟人生，都不愿舍弃，以至民间有"人活一口气，佛争一炷香"之说。争权夺利、争名逐利、争强好胜、争长论短、争先恐后，好一个"争"字，把世间百态、万物众象，皆囊括其中。看来，为了名、为了利，人们已经顾不得斯文了。这就难怪，在两千多年前的齐国宰相管仲眼里，这个世界上是没有所谓的"好人"或"坏人"之分的，只有"自私自利的人"，所以他认为"政之所兴在顺民心，政之所废在逆民心"。他不强调道德，也不迷信强权，一心务实。他改革的本质是将人性的弱点变成劳动的动力，集大家之私，成社会之公，人人为己就是人人利他。

与管仲观点相同的思想家还有很多，其中荀子就说："今人之性，生而有好利焉，顺是，故争夺生而辞让亡焉。生而有疾恶焉，顺是，故残贼生而忠信亡焉。生而有耳目之欲，有好声色焉，顺是，故淫乱生而礼义文理亡焉。然则从人之性，顺人之情，必出乎争夺，合于犯分乱理而归于暴。"意思就是说人的本性，一生下来就喜好财利，依从这种本性，因此人们就产生了争抢掠夺，谦让的品德就消失了；一生下来就有妒忌憎恨的心理，依从这种本性，因此就产生了残杀陷害，忠诚守信的品德就消失了；一生下来就有声色的欲望，有喜欢美好音乐、美色的本能，依从这种本性，因此就会产生淫荡混乱，礼义法度就消失了。那么，放纵人的本性，依从人的情欲，必然最后会导致僭越等级名分，扰乱伦理纲常，从而破坏社会的正常秩序。一句话，性、情、欲都源于天，贪财好利、忌妒憎恨、奢靡享乐都是人天生的本性，如果对之不加以节制，不但社会会陷入争抢掠夺、残杀陷害的困境，而且人们之间那些推辞谦让、诚信友爱等维持社会和谐的美德也会丧失。所以，俗话所说的"饱暖思淫欲，饥寒起盗心"，其实是人性使然，君子与小人的区别就在于能不能自我控制。显然，荀子把人性的弱点已经分析得很透彻了。

前面谈了不少关于人性自私与逐利的话题，但这种私欲还远没膨胀到极致，你知道最"过分"的是什么吗？中国历史上有一位持极端为我主义观点，主张"一毛不拔"的思想家，此人就是杨朱。他说："古之人，损一毫利天下，不与也；悉天下奉一身，不取也。人人不损一毫，人人不利天下，天下治矣。"翻译成今天的大白话就是：损一毫而让天下得益，这事情不能做；而集合天下所有利益于一个人，更不行。只要每个人的利益不受损失，那天下自然安定，所有人都能安居乐业。仔细想想杨朱的观点也有道理，天下的整体利益是由无数个个体利益组成的，只要每个个体的利益都不受损，那么天下人的整体利益自然也就得以维护，所以每个人都要有一毛不拔的精神！

其实，杨朱"一毛不拔"的思想内核与法国作家大仲马"人人为我，我为人人"的观点有异曲同工之妙，虽然二者主张的行事方式截然不同，但想要追求的社会效果却是一样的。其喊出"一毛不拔"的口号，更多的是标新立异，引起大家的关注。开个玩笑，是不是有点像网络上为了吸引眼球的"标题党"？所以，杨朱主张"贵生""重己"，反对墨子的"兼爱""非攻"，也就不难理解了。他的观点与冠冕堂皇的主流社会价值观大相径庭，他求真务实，不搞美颜包装，上的全是干货。用现在的话说，他就是个实在人，想到什么就说什么，太直了，所以得罪了世人。因此，他这种不走寻常路的逆向思维，导致个人名声不怎么好。当然，还有个原因是世人只看到了他前半句"一毛不拔"，而忽视了他的后半句"人人不利天下，天下治矣"。杨朱认为，不能损人利己，也不必舍己为人。他号召大家自扫门前雪，莫管他人瓦上霜。杨朱认为，当人人都不掺和别人的事，不侵夺他人的利益时，天下就太平大治了。这颇有道家无为而治的思想在里面。

中国历史上不管是道家、儒家、墨家、兵家、法家，还是纵横家，都非常注重研究"人性欲望"。因为欲望是人性的组成部分，是人类与生俱来的。甚至还可以说，人是欲望的产物，生命是欲望的延续。在欲望的推动下，人类不断地占有客观的对象，从而同自然环境和社会形成了一定的关系。通过欲望或多或少的满足，人类作为主体把握着客体与环境，和客体及环境取得同一。在这个意义上，欲望是人类改造客观世界，同时也改造自己的根本动力，从而也是人类进化、社会发展与历史进步的动力。但正如弗洛伊德指出的那样，本能是历史地被决定的。作为一种本能结构的欲望，无论是生理性或心理性的，不可能超出历史的结构，它的功能作用是随着历史条件的变化而变化的。因此欲望的有效性与必要性是有限度的，满足不是绝对的，总有新的欲望会无休止地产生出来。总之，人类的欲壑难填，永远都满足不了！这或许就是儒学集大成者朱熹提出"存天理，灭人欲"的原因所在，此处的"人欲"就是指超出人类基本需求的欲望，如私欲、淫欲、贪欲等，他认为这些欲望都是要革除的！

谈论人欲这样的哲学问题，自然不能少了佛家的观点。佛教认为，众生生活于世间，以眼、耳、鼻、舌、身等器官与外界相接触，产生色、声、香、味、触等感觉。这些感觉能引起众生的利欲之心，因此叫做五欲。于此五欲执着并产生染爱之心，就成为贪。佛教认为，贪是佛教修行的大敌，是产生一切烦恼的根本，所以将贪列为根本烦恼之一。嗔的产生与作用与贪正好相反。贪是由对事物的喜好而产生无餍足地追求、占有的心理欲望，嗔却是由对众生或事物的厌恶而产生愤恨、恼怒的心理和情绪。佛教认为，对违背自己心愿的他人或他种事物生起怨恨之情，会使众生身心产生热恼、不安等精神作用，对佛道之修行是十分有害的。《俱舍论》中说："痴者，所谓愚痴，即是无明。"佛教认为，众生因无始以来所具之无明，致心性愚昧，迷于事理，由此而有"人""我"之分。于是产生我执、法执，人生的种种烦恼，世事之纷纷扰扰，均由此而起，因此痴为一切烦恼所依。

佛教认为，贪、嗔、痴为三毒，又称三垢、三火。此三毒残害身心，使人沉沦于生死轮回，为恶之根源，故又称三不善根。人类的种种苦难，如烦恼、争斗等，主要来源于自身的贪欲心、愤怒心和愚痴心，即所谓的三毒。这也是人类身、口、意等一切恶行的根源。佛陀教导人们要"勤修戒定慧，息灭贪嗔痴"，就是要人们通过戒定慧的自我修养，去除贪欲心、愤怒心和愚痴心，净化自己的心灵。而在具体实践上，则是要人们以布施去转化贪欲心，以慈悲去转化愤怒心，以智慧去转化愚痴心。佛教认为，宇宙间的万事万物皆是"唯心所现，唯识所变"。因此，心为根本，"心生则种种法生，心灭则种种法灭"（《大乘起信论》）。一个人的心灵若是清净无染，即使身处困厄的境界，也不会有诸般的烦忧；一个人的心灵若是烦躁不安，即使归隐山林天天静修，也如身处闹市，不得安宁。因此，《维摩诘经》说："若菩萨欲得净土，当净其心，随其心净，则佛土净。"真正的净土，不在他方，也并不遥远，就在你的心里。

最后，我们还是回到"道"上来。老子说的"祸莫大于不知足，咎莫大于欲得。故知足之足，常足矣"，就是告诉世人，祸害莫大于不知道满足，凶险莫大于欲望的放纵。所以，知道满足的平衡心理，是永恒的富足。道家认为，人不应在乎个人名利，而应"尊道贵德、见素抱朴、少思寡欲、唯道是求"。为了求道，必须保持恬淡无欲、归真返璞的思想，不为个人名利等外物所累，不为自己私欲而心神不安，始终保持一种知足常乐、淡泊寡欲的心态。古往今来，多少贪官污吏徇私敛财，皆因贪得无厌，无休无止，而陷入了万劫不复的罪恶深渊。清朝的和珅就是典型的一例。老子说"甚爱必大费，多藏必厚亡"，意思是过分爱惜必定造成极大的耗费，储存丰富必定招致惨重的损失。所以，知道满足才不会受辱，知道适可而止才不会带来危害，这正是老子所说的"知足不辱，知止不殆"。

总之，人类的欲望是无限的，无论是谁，都很难逃脱被欲望支配一生的命运。所以，人们很难对欲望作一个准确的是非判断，欲望一方面是人类社会发展的不竭动力，它激励着人们生命不息奋斗不止，能促进社会生产力的发展，改善人类的物质生活水平；但另一方面，无限膨胀的欲望也造成了人类心灵的不安分，让人们为了满足无限膨胀的胃口而走上犯罪的道路。而禁欲和纵欲，又是对待欲望的两个极端，前者会使人们失去人生乐趣，后者则会使人毁灭于无节制的贪欲。所以说，欲望是痛苦的根源！故，在我们的社会活动中，尤其是以劳资关系为核心的经济活动中，当事各方都不应过度放大自己的私欲，都必须坚守中道，否则等待双方的只有矛盾纠纷和无尽的烦恼。一言蔽之，要想束缚人类的贪婪，就要抑制人性的私欲！

三、经济人的终极利好

"经济人"与"经纪人"，是完全不搭的两个概念。经纪人是为供求双方充当媒介而收取佣金的人；而"经济人"，则是西方经济学从人类的先天本性角度来研究人的一个哲学范畴。经济人是指理性的人都应是以追逐物质利益为目的，而进行经济活动的主体。经济人为达目的，可以千方百计，可以不择手段，所以也被称之为"实利人"。经济人的概念来自亚当·斯密《国富论》中的一段话："每天所需要的食物和饮料，不是出自屠户、酿酒家和面包师的恩惠，而是出于他们自利的打算。不说唤起他们利他心的话，而说唤起他们利己心的话，不说自己需要，而说对他们有好处。"这是古典管理理论对人的看法，即把人当作"经济动物"来看待，认为人的一切行为都是为了最大限度满足自己的私利，工作目的只是为了获得经济报酬。

古语说商人重利轻别离，所以不管"经济人"也好，还是"实利人"也罢，其核心观点都是在说人是自私自利的，言行举止都在为自己做最大的利益考量。很难想象，如果人都没有了自私自利之心，处于无欲无求、物我两忘的状态下，凭什么指望他们努力学习、拼命工作？又凭什么依靠他们推动社会进步？因此，自私自利是建立在人的自然属性之上的社会属性，与人类相伴相生，形影不离。

现在问题来了，"经济人"在永远也无法满足的私欲驱使下，会做出什么不计后果的事来呢？恩格斯说，人是从动物世界进化而来的，这就注定他永远不可能彻底摆脱兽性，而只能是摆脱掉多少。恩格斯所指的"兽性"就包括人类与生俱来的自私自利的本性。马克思在《资本论》中说："一旦有适当的利润，资本就胆大起来。如果有10%的利润，它就保证被到处使用；有20%的利润，它就活跃起来；有50%的利润，它就铤而走险；为了100%的利润，它就敢践踏一切人间法律；有300%的利润，它就敢犯任何罪行，甚至冒绞首的危险。"这段话虽然说的是资本的种种不是，但明眼人都知道，资本只是人类的工具而已，没有逐利的资本家，就不可能有逐利的资本。

资本家逐利本无可厚非，但如果太过分，甚至冒出绞首的危险，干着违法犯罪的勾当，那问题就严重了。有人说所有赚大钱的方法都写在《刑法》里了，这种说法虽然有失偏颇，但不可否认的是，现在很多人以"富贵险中求"为借口，为了一夜暴富，行驶在了犯罪的快车道里，当中最常见的就是"庞氏骗局"。庞氏骗局是一个名叫查尔斯·庞兹的美国投机商人"发明"的。庞氏骗局在中国又称"拆东墙补西墙""空手套白狼"。简言之，就是利用新投资者的钱来向老投资者支付利息和短期回报，以制造赚钱的假象，进而骗取更多的投资。这些年，中国的"传销"，就充分利用了这种犯罪手法。传销是指组织者发展人员，通过对被发展人员以其直接或者间接发展的人员数量或者业绩为依据计算和给付报酬，或者要求被发展人员以交纳一定费用为条件取得加入资格等方式获得财富的违法行为。传销的本质是"庞氏骗局"，即通过发展下线实现财务的非法转移与聚集，并未创造社会价值，这是它与正常营销的根本区别。这两年在中国，一些传销组织打着慈善、公益、互助、共享的旗号，利用智能手机，通过微信群、微信公众号、QQ群等社交平台进行传销。这些新型传销不再像早期传销那样限制人身自由、扣留身份证和手机、集体上大课等，而是以资本运作为旗号拉人头，利用豪车开道、穿金戴银、豪掷金钱等手段来吸引"投资者"加入，最后携款跑路，让"投资者"血本无归。

可见，这些传销组织者为了实现自己短期暴富的目的，不惜以众人利益的牺牲为代价，其"利润"早已远超马克思所说的300%的利润了，所以他们敢铤而走险，敢践踏人间的一切法律。这些不法之徒自私逐利的行为到了无所顾忌的犯罪地步，岂不知天网恢恢，疏而不漏的道理，他们终将锒铛入狱，被绳之以法！对此，佛教的因果报应观认为，种什么因，就结什么果。

中国俗语也说，人恶人怕天不怕，人善人欺天不欺，善恶到头终有报，只争来早与来迟。

其实，除了传销等犯罪行为外，一些所谓的营商行为也时常夹杂着损人利己的现象，如新闻频频曝光的"天价宰客事件"等。若深入探讨，不难发现，从长远利益来看，宰客商家做的其实是一件损人不利己的事，因为该商家在追逐个人利益最大化的同时，已经损害了当地所有商家及其所在行业的共同利益，最后必然会损害其自己的利益。有媒体报道，针对中国青岛"天价大虾事件"，国家旅游局局长李金早表示："一只38元的虾就抵消掉了山东旅游局几个亿的广告效果。"因此，自私的人类在做事的时候不应仅考虑自己的私利，还要关注到对方的利益；既要看到眼前利益，更要思考长远利益，不能鼠目寸光，缺乏远见。与人合作交易，贵在利益均占，而非大搞你死我活的"零和博弈"！

零和博弈，又称零和游戏，与非零和博弈相对，是博弈论的一个概念，属非合作博弈。指参与博弈的各方，在严格竞争下，一方的收益必然意味着另一方的损失，博弈各方的收益和损失相加总和永远为"零"，双方不存在合作的可能。也可以理解为自己的幸福是建立在他人的痛苦之上的，二者的大小完全相等，因而双方都想尽一切办法以实现"损人利己"。零和博弈的结果是一方吃掉另一方，一方的所得，正是另一方的所失，就像赌博一样，整个社会的利益并不会因此而增加一分。与"零和"对应的是"共赢"，后者的基本理论就是"利己"但不"损人"，通过谈判、合作达到皆大欢喜的结果。

其实，从个人到国家，从政治到经济，无不验证着世界是一个巨大的零和游戏场。可以认为，世界是一个封闭的系统，财富、资源、机遇都是有限的，个别人、个别地区和个别国家财富的增加必然意味着对其他人、其他地区和其他国家的掠夺，这是一个邪恶的，进化论式的弱肉强食的世界。除了对同时代的其他人进行掠夺，自私的人们还对后世子孙进行掠夺。我们这代人为了自身的生存发展，无节制地开发利用煤炭、石油、天然气等自然资源，那么留给后人的便会越来越少，并且环境污染问题也因此而产生；污染的环境致使我们吃的食物、呼吸的空气、居住的环境越来越差，人们的身体素质相比从前有下降的趋势，或许凭借药物和医疗技术的支撑，人们的寿命可以适当延长，但这种延长只是不健康的续命罢了；为了攻克各种病毒，我们又研发生产了大量的药品，但是一些新的病毒也随之出现，并且病毒的赖药性越来越强，新病毒在旧病毒基础上升级，破坏力不断加强，它留给人类攻克的时间越来越短，人类的科技进步的速度明显跟不上病毒升级的速度。试问，会否有一天，一种毁灭性的超强病毒根本不给人类留下攻克的时间，就直接把人类摧毁了呢？这是个值得当今人类深思的问题。

自私贪婪的人类，如果继续把"零和博弈"作为自己的生存之道，害人害己，终将毁掉全人类！2010年英国著名物理学家霍金曾预言："由于人类基因中携带'自私、贪婪'的遗传密码，人类对于地球的掠夺日盛，资源正在一点点耗尽，地球将在200年内毁灭。"霍金认为由于现在的科技文明、地球环境以及国际形势的各种问题，如果突然发生恶化的全球变暖、核武战争、基因改造的病毒，地球在两百年后毁灭绝对不是危言耸听。

虽然我们可以对霍金的预言持怀疑态度，但霍金的担心却是当今世界共同面临的问题。西方一些大国为争夺资源，不惜发动战争，如2003年3月20日，美国以伊拉克藏有大规模杀伤性武器并暗中支持恐怖分子为由，绕开联合国安理会，单方面对伊拉克实施军事打击，这实质上是借反恐之名，以伊拉克拒绝交出子虚乌有的生化武器为借口，趁机清除反美政权的一场战争；2011年利比亚发生的武装冲突，原本是因为该国内部不同部落和不同派别之间的争斗而引发的国内战争，后来由于西方国家的介入发展成为西方国家与中东、北非的国际战争，委内瑞拉前总统查韦斯指责美国和它的盟友们是因为想要利比亚的石油而发动此次战争。因为旧有的平衡被打破，而新的世界秩序又未建立，以至这些年中东、北非地区战争频仍，教派冲突不断，恐怖袭击此起彼伏，当地人民生活在水深火热之中，很多人被迫沦为难民，食不果腹，朝不保夕。虽然前述战争和冲突还只是局部问题，但放眼全球来看，能源危机在加剧、环境恶化日甚，物种灭绝加速，人类的生存环境越来越恶劣。从这一点上来说，霍金的预言就是给全世界敲响了警钟，如果人类总是一味地争夺资源，糟蹋环境，不注意生态保护，那么最后只会毁掉人类自己，而这个期限可能比霍金预言的还要短暂。

人类可以毁掉自己，也可以拯救自己，关键是人类自己怎么想、怎么做。因为善恶也是可以转化的，所谓"一念成佛，一念成魔"就是这个道理。佛说："一切众生皆具佛性，皆堪做佛，只因妄想执着不能证得。"佛又说："苦海无边回头是岸，放下屠刀立地成佛。"20世纪以来，人类在经历了两次世界大战、经济的高速增长、科技进步、全球一体化以及日益严重的环境污染之后，"零和游戏"观念正逐渐被"共赢"观念所取代。在竞争的社会中，人们开始认识到"利己"不一定要建立在"损人"的基础上。从"零和"走向"共赢"，要求各方要有真诚合作的精神和勇气，遵守游戏规则，否则共赢的局面就不会出现，最终吃亏的还是合作者自己。实践证明，通过有效合作，是可能实现皆大欢喜的共赢局面的。但从零和游戏走向共赢，要求各方面要有真诚合作的精神和勇气，在合作中不要耍小聪明，不要总想占别人的小便宜。

其实，从根本上来说，人与社会在终极利益目标的追求上是一致的，毕竟人类只有地球这么一个共同的家园，各方面的利益关系应该都是可以有效协调的，各种矛盾也都是可以化解的。如此，人与社会就可以采用"和谐合作"的方式，可持续性地向前发展。这里的"和"与"合"，就是中国自秦汉以来就推崇的文化融合理念。不仅世俗文化各家各派讲和合，而且宗教文化也讲和合。老子提出"万物负阴而抱阳，冲气以为和"的思想，认为道蕴涵着阴阳两个相反的方面，万物众象都包含着阴阳，阴阳相互作用而构成和。和是宇宙万物的本质以及天地万物生存的基础。孔子以和作为人文精神的核心。其弟子有子曰："礼之用，和为贵。"这代表了孔子的思想，认为治国处事、礼仪制度，以和为最高价值标准。在处理人与人之间的关系时，孔子强调："君子和而不同，小人同而不和。"既承认差异，又和合不同的事物，通过互济互补，达到和谐统一。

当代著名思想家、北京大学教授季羡林对中华和合文化中的"天人合一"命题作了深入研究和新解，认为"天人合一"的命题不仅是中国，而且亦是东方综合思维模式的最高最完整的体现。他指出，天人合一，这个代表中国古代哲学主要基调的思想，是一个非常伟大的、含义异常深远的思想。[1] 他认为，越来越多的人走出以"人"为中心的狭隘愚昧的宇宙观，认识到自然并不是为人而存在的，反之，人若要存在下去，要了解自然、保护自然，盲目破坏自然环境，最终是要受到自然的惩罚。在工业的初期，人类振奋于一些科技的发明而以为人类万能，自我膨胀，使人类在愚蠢的谋财过程中严重地伤害了自然，今天我们已经看到人与自然间的相互依存关系，强烈地感受到了人类因自然受伤而面临着巨大的生存危机。

老子认为，人来源于自然并统一于自然，正所谓"人身小宇宙，宇宙大人身"，人类只有在自然赋予的条件下才能生存，也只有遵循自然的法则才能求得长久的发展。人类在宇宙的演化进程中诞生，由于采天地之灵气，集日月之精华，而成为万物众象中的一"大"。"故道大、天大、地大、人亦大。域中有四大，而人居其一焉"（《道德经》第二十五章）。虽然人也同为四大之一，但也必须遵循自然法则，因为"人法地、地法天、天法道、道法自然"。老子说："道之尊、德之贵、夫莫之命，而常自然"，所以，"以辅万物之自然而不敢为"。老子主张顺应自然，遵循自然的规矩法则，按自然的变化顺势而为，反对人类图一时之发展而违背自然规律倒行逆施。如今越来越恶劣的生态环境，或许已经让人类认识到遵守自然法则的重要性了。

道家哲学的观点是宏大的，不仅突破了个人中心主义，狭隘的民族主义，而且也超越了国家利益，正所谓"以身观身，以家观家，以乡观乡，以国观国，以天下观天下"（《道德经》第五十四章）。这种宽广的"天下"胸襟，是人类走向和谐大同的唯一正确路径。这就要求人们，在利己的同时利他，就如同"一枚硬币"的两面，追求自身利益最大化的同时塑造完善的道德人格，只有两个方面相互统一并达至相互均衡时，才能造就经济人与道德人相统一的市场主体。

当下，世界范围内的生态平衡普遍遭到破坏，极端天气频现，能源危机、

---

[1] 季羡林："21世纪文化瞻望——'天人合一'新解"，载《大国方略——著名学者访谈录》，红旗出版社1996年版。

淡水匮乏、冰川消融、臭氧空洞、江河湖海遭到污染、一些生物灭种、新的疾病不断冒出、超级细菌现身,等等,都威胁着人类的生存与发展。这些灾害如果不能控制,人类势将无法生存下去。自然界与人类社会出现这些不祥现象,正是违背了阴阳和合、自然无为的法则所致。因此,无论是西方,还是东方,都要溯本求源,从"天人合一"的智慧里寻找人类未来的出路,寻找世界大同的良方。不管是发展科技,还是消弭经济危机,都应遵循人与社会和谐共进之道,用中华"和合"文化中的"天一合一"思想来指导人类的行为,唯有"天人互益"才是人间正道!

第三章
厉害了我的资本君

一、货币小子的宿命

各位,摸摸你口袋里的钱,触及货币了吗?也许你会说,现在谁出门还带现金,带上手机即可。是的,随着货币电子化的发展,我们交易时越来越少用到现金了,货币的存在方式正在经历着一场颠覆性的革命。要想知道这场革命的方向和未来,我们就须先来聊聊货币的前世今生。

人类使用货币的历史肇始于物物交换的时代。在原始社会,人们采用以物易物的方式,交换自己所需要的物资,如用一头羊换一把石斧。但是有时候受到用于交换的物资种类的限制,不得不寻找一种能够为交换双方都接受的物品。这种物品就是最原始的货币。牲畜、盐、稀有的贝壳、珍稀鸟类羽毛、宝石、沙金、石头等不容易大量获取的物品都曾经作为货币使用过。经过长年的自然淘汰,在绝大多数社会里,作为货币使用的物品逐渐被金属所取代。使用金属货币的好处是它的制造需要人工,无法从自然界直接大量获取,同时还易于储存。数量稀少的金、银和冶炼困难的铜逐渐成为主要的货币金属,甚至在某些国家和地区还曾使用过铁质货币。

早期的金属货币是块状的,使用时需要先用试金石测试其成色,同时还要称量重量。随着人类文明的发展,逐渐建立了更加复杂而先进的货币制度。古代希腊、罗马和波斯的人们铸造重量、成色统一的硬币。这样,在使用货币的时候,既不需要秤重量,也不需要测试成色,无疑方便得多。这些硬币上面带有国王或皇帝的头像、复杂的纹章和印玺图案，以避免伪造。

西方国家的主币为金币和银币，辅币以铜、铜合金制造。从 16 世纪开始，大量来自美洲的黄金和白银通过西班牙流入欧洲，解除了欧洲一些经济发达城邦国家的通货紧缩，也挽救了欧洲的货币制度，并为其后欧洲的资本主义经济发展创造了起步的条件。

随着经济的进一步发展，商品交易日趋频繁，更方便的纸币开始逐步进入商品流通环节。最初的纸币是以黄金为基础的，与黄金自由兑换，两者可以同时流通，纸币的发行量也比较少。到 19 世纪末，资本主义经济出现了速度空前的膨胀与发展，于是纸币逐渐成为主要的流通货币，但是它们仍然由黄金作为发行的保障。这种货币制度称为"金本位制"。

后来"金本位制"又发展成了"纸币本位制"，即以国家发行的纸币作为本位货币的一种货币制度。其特点是国家不规定纸币的含金量，也不允许纸币与金（银）兑换，将纸币作为主币流通；同时，国家也发行少量金属铸币作为辅币流通，但辅币价值与用以铸造它的金属商品价值无关。由于发行纸币是国家的特权，在中央银行国有化之后，国家便委托中央银行发行纸币。中央银行发行纸币的方式是通过信贷程序进行的，所以纸币实际上是一种信用货币。由于该种货币制度不与黄金挂钩，纸币发行量一般由国家根据经济发展的需要来决定，国家要对其实行严格的管理，所以也叫"有管理的通货制度"。当今世界各国的货币制度，几乎都是纸币本位制。

中国是世界上最早使用货币的国家之一，使用货币的历史长达五千年之久。中国最早的金属货币是商朝的铜贝。中国古代货币在形成和发展的过程中，先后经历了五次重大的演变：自然货币向人工货币的演变、由杂乱形状向统一形状的演变、由地方铸币向中央铸币的演变、由文书重量向通宝元宝的演变、金属货币向世界最早的纸币——北宋"交子"的演变。中国从春秋时期进入金属铸币阶段，到战国时期已确立布币、刀货、蚁鼻钱、环钱四大货币体系。以后又经历了秦、汉、魏晋南北朝、唐，直到 1948 年 12 月 1 日，中国人民银行成立并发行第一套人民币。

从实物货币发展到今天的纸币和电子货币，不同形态的货币为什么都能计价、都能买东西、作为支付手段呢？实物货币是因为它本身就是商品，有价值和使用价值，二者可以等价交换。纸币是由国家发行并强制使用的货币符号，它本身并没有价值，它之所以可以交换其他商品，是因为它是由国家的信誉作为担保的；同样的道理，电子货币是由相应银行的信誉作担保的。虽然纸币与电子货币同为交易工具，但二者相较，纸币有着天然的缺陷，如易污损破旧、易伪造仿冒、携带不便等。尽管世界上已经有包括加拿大、澳大利亚和英国在内的二十多个国家和地区开始逐渐使用塑料钞票代替纸币，但仍然不可能杜绝伪钞假币和携带不便的问题，只能说在污损破旧上会比纸币好一些。因此，不管是纸币、塑料钞票，还是其他材质的实物货币都存在着天然的问题。

随着互联网和移动通信成为人们日常生活中不可或缺的一部分，尤其是在网络购物越来越普及的今天，网络支付已经成为重要的支付手段，网上银行、支付宝钱包、微信钱包、手机银行以及各种移动互联网金融工具的普及，使得电子货币正式走入了人们的日常生活。电子货币是在传统货币基础上发展起来的，与传统货币在本质、职能及作用等方面存在着许多共通之处。如电子货币与纸币的本质都是充当一般等价物，它们对商品价值都有反映作用，对商品交换都有媒介作用，对商品流通都有调节作用。

电子货币以电子计算机技术为依托，进行储存支付和流通；它应用广泛，可应用于生产、交换、分配和消费领域，融储蓄、信贷和非现金结算等多功能为一体。现阶段电子货币的使用通常以银行卡为媒体，因此，又称为无面额的货币。由于以上特点，使得电子货币具有使用简便、安全、迅速、可靠的特征。电子货币具有多种功能：储蓄功能，即使用电子货币存款和取款；转账结算功能，即直接消费结算，代替现金转账；兑现功能，即异国使用货币时，进行货币汇兑；消费贷款功能，即在一定条件下，先向银行贷款，提前使用货币。

具体到人们的生活中，电子货币的适用范围极广，如信用卡、储蓄卡、借记卡、IC卡、消费卡、电话卡、煤气卡、电子支票、电子钱包、网络货币、智能卡等，几乎包括了所有与资金有关的电子化的支付工具和支付方式。其中信用卡支付是电子支付中最常用的工具，随着技术的发展，信用卡的卡基由磁条卡发展为能够读写大量数据、更加安全可靠的芯片智能卡，人们称其为电子信用卡、电子钱包。电子钱包是电子商务购物活动中常用的电子支付工具。在电子钱包内通常会存放的电子货币，有电子现金、电子零钱、电子信用卡等，适于小额购物。使用电子钱包购物，通常需要在电子钱包服务系统中进行。电子钱包为安全电子交易（SET）中之一环，为计算机软件，用以让消费者进行电子交易与储存交易记录。消费者要在网络上进行安全电子交易前，必须先安装符合安全标准的电子钱包。而电子支票则是指，由用户向收款人签发的、无条件的数字化支付指令。它可以通过互联网或无线接入设备来完成传统支票的所有功能。电子支票是纸质支票的电子替代物，它与纸质支票一样是用于支付的一种合法方式，它使用数字签名和自动验证技术来确定其合法性。监视器的屏幕上显示出来的电子支票的样子十分像纸质支票，填写方式也相同，支票上除了必要的收款人姓名、账号、金额和日期外，还隐含了加密信息。电子支票通过电子函件直接发送给收款方，收款人从电子邮箱中取出电子支票，并用电子签名签署收到的证实信息，再通过电子函件将电子支票送到银行，把款项存入自己的账户。电子支票借鉴纸质支票可以转移支付的优点，利用数字传递将钱款从一个账户转移到另一个账户。用电子支票支付，事务处理费用较低，而且银行也能为参与电子商务的商户提供标准化的资金信息，因而可能是最有效率的支付手段。

除了上述的电子信用卡、电子支票外，电子现金、电子零钱、在线货币、数字货币等支付工具的共同特点都是将现金或货币无纸化、电子化和数字化，有利于在网络中传输、支付和结算，有利于网络银行使用，有利于实现电子支付和在线支付。

自20世纪70年代以来，在大额度交易的商业活动中，现金支付方式逐渐失去其主导地位，支付过程由"现金流动"转变成了"票据流动"。此后，随着银行应用计算机技术的发展，前述现金流动、票据流动又进一步转变成计算机中的"数据流动"。资金在银行的网络系统中瞬间完成转移，大大提升了交易的效率，被人们越来越广泛地应用于电子商务之中。众所周知，在电子商务中，银行是连接生产企业、商业企业和消费者的纽带，起着中转站的作用，因此，上面我们所说到的安全便捷、技术先进的电子货币就成了银行执行电子商务的法宝。

我们在这里大谈电子货币，还不得不提一下"比特币"，这个建立在区块链技术基础上的特立独行的虚拟货币。2008年爆发全球金融危机，当时有人用"中本聪"的化名发表了一篇论文，描述了比特币的模式，由此标志着比特币的诞生。和法定货币相比，比特币没有一个集中的发行方，而是由网络节点的计算生成的一串串复杂代码组成，总量上限为2100万个，谁都有可能参与制造比特币。它的特点是去中心化、匿名、免税、免监管，只能在数字世界使用，不属于任何国家和金融机构，并且不受地域限制，可以在世界上的任何地方兑换，也因此被一些不法分子当做偷逃税、洗钱的工具。被市场追捧的比特币自诞生以来，热度不断飙升，因为它可以对其他商品完成价值衡量，基本具备了货币的价值尺度、流通手段、贮藏手段、支付手段的职能，但由于很多国家对比特币的态度皆不置可否，其存在相当大的法律风险，尚不能实行广泛的商业运用。直到2013年11月18日，美国政府承认比特币的合法地位，才使得比特币价格大涨。而在中国，2013年11月19日，一个比特币相当于6989元人民币，但是到2017年9月29日，一个比特币就已经被投资者炒到了人民币27 500元。根据欧洲比特币交易网站Bitstamp的报价，北京时间2017年11月27日，比特币价格已经突破9500美元，较感恩节前上涨逾15%，直逼1万美元大关；20天之后，伦敦数字交易平台CEX.IO的比特币交易价已稳稳地站上了2.1万美元，这也是比特币历史上的最高价。

比特币之所以能被玩家疯狂炒作，少不了底层技术"区块链"的包装。所谓区块链，实际是一种通过"点对点"的方式实现的电子货币账本系统，它是一种互联网数据库技术，其特点是去中心化、公开透明，让每个人均可参与数据库记录，可广泛应用于金融等各领域。数字经济之父唐·塔斯考特对此的描述是，"它基本上实现了全球性的试算表，这种不会腐蚀的可编程数字总账不仅可以记录金融交易，几乎可以为人类记录一切有价值的东西"。不过，市场似乎把区块链过分"高大上"化了。因为区块链早在10年前就有了，今天只是通过比特币传播开来而已。迄今为止，类似比特币，以区块链为基础的 Crypto Currency（数字加密货币）已有上千种。

对于大多数比特币追捧者，他们认为比特币是法定货币时代结束的信号。然而，虚拟货币与货币的虚拟化是不同的，比特币只是虚拟货币。比特币体系本身是一个完全封闭的体系，与现实世界完全隔离，比特币如果不能与法定货币进行兑换，就无法解决现实生活中的任何问题，也就无所谓"价值"。同理，通过 ICO 公开募集到的比特币，若不兑换成法定货币，也是没有任何现实意义的。更为重要的是没有哪个主权国家会主动放弃"铸币权"，任由虚拟货币取而代之，因此比特币等虚拟货币不可能成为真正货币。即便是比特币的粉丝们所信奉的奥地利经济学家米塞斯和哈耶克的继承者，都明确表示：比特币不是货币。

事实上，所有虚拟货币，包括比特币和以太坊，不管技术被吹嘘得多先进，数量多有限，他们的净资产价值都是零，其价格仅由交易者决定。因此，作为投资品的"比特币"实则存在巨大泡沫，从本质上说，其炒作的重头就在于让散户接盘。比特币借着区块链等精美包装，进入金融市场，散户不明就里往里面大量砸钱，而站在金字塔顶端的人则成了巨富。从比特币的交易历史来看，其多次反复暴涨暴跌，币值大起大落，也证明了其并不适合作为交易媒介被使用，只是一个投机工具罢了。所以说，比特币等虚拟货币都存在着"庞氏骗局"的风险，一旦泡沫破灭，它们都会回归其原本价值——零。有鉴于此，中国央行于 2017 年 9 月发布《关于防范代币发行融资风险的公告》，该公告指出，代币发行融资本质上是一种未经批准非法公开融资的行为，涉嫌非法发售代币票券、非法发行证券以及非法集资、金融诈骗、传销等违法犯罪活动。任何所谓的代币融资交易平台不得从事法定货币与代币、"虚拟货币"相互之间的兑换业务，不得买卖或作为中央对手方买卖代币或"虚拟货币"，不得为代币或"虚拟货币"提供定价、信息中介等服务。为贯彻执行此规定，比特币在中国于北京时间 2017 年 9 月 27 日中午12:00关闭数字资产和人民币充值功能，并于 9 月 30 日中午 12:00 停止所有交易业务。

因此，不管是什么虚拟货币，哪怕是被市场追捧的比特币、以太坊，也不可能取代主权国家的货币虚拟化。货币虚拟化，就是货币电子化，对此，当今世界最有发言权的国家，非中国莫属。根据联合国下属的一家促进电子支付发展的机构 Better Than Cash Alliance 的数据显示，2010 年中国全国现金交易曾占总交易量的 61%，不过到 2020 年，或将下滑到 30%。该机构还有数据表明，2016 年，中国 2.9 万亿美元的交易额，都是在支付宝和微信支付平台上实现的。中国互联网信息中心的研究显示，目前有 4700 万居民适应了这种新兴的支付方式。支付宝和微信分别占领了全国 53% 和 39% 的移动支付市场。在中国，用户只需扫描手机二维码即可完成交易，不管是购买大件商品，还是买包零食，都可以如此轻松地完成，且这种交易方式已经遍布中国的主要城市，相信不久的将来也会深入到中国的广大农村。

当然，尽管电子货币的适用范围越来越广，但在短期内电子货币尚难以完全取代传统的纸币。这当然是因其还无法满足通用货币的全部条件。现阶段的电子货币还不具备作为通用货币的纸币所具有的价值尺度、贮藏手段功能。电子货币没有自己独立的货币价格标准，完全依附于现实货币价值尺度职能和价值储藏职能，买家通过电子货币交易支付，商家还需要去银行取得实体纸币货币后，才算完成了对款项的回收，可见现阶段电子货币只是完全基于现有纸币真实价值的另一种支付形式。

物竞天择，适者生存。电子货币之所以能不断蚕食纸币的"传统领地"，使用范围越来越大，是因为较之于纸币，它有独到的优势：①交易成本降低、交易效率提高，这就顺应了当今便捷高效的生活节奏，是社会发展的必然产物；②有利于杜绝偷逃税、洗钱等犯罪，因为当所有交易都只能通过电子货币支付后，每一笔钱的收支都脉络清晰，具有可追溯性，由此实现系统自动扣税的功能也就顺理成章了。虽然电子货币在短时间内难以取代纸币成为唯一通用货币，但我们有充分的理由相信，随着科技的发展、法制的完善，电子货币的使用范围会越来越大，直至完全取代纸币。

货币从无到有，从金属到纸币，再从纸币到虚拟的电子货币，是不是就到发展极限了呢？当然不是，电子货币也会有大限降临的一天。货币的终极命运是归于消亡，而非从一种载体转为另一种载体就结束，即使完全转换到无形的电子货币也不是其极期。货币从无到有，也会从有到无，这是一个返璞归真的过程。您或许会觉得难以理解，认为货币消亡后人们怎么交易，难道回到原始社会的以物易物不成？完全有可能！因为，在未来，在更强大的互联网大数据的强势介入下，全球范围内供需双方实时在线，物物交换完全可能实现。但，这还不是导致货币消亡的终极原因，具体细节，在后面的章节里会有介绍。

老子在其《道德经》中说："天下万物生于有，有生于无。"王弼在其《道德经注》注解为："天下之物，皆以有为生。有之所始，以无为本。将欲全有，必反于无也。"王弼将《老子》中的"道"，即魏晋玄学中的"无"，不光是作为天地万物由之生发的本源，还作为具体万物的最终实在。道家哲学认为，万物众象终究要返璞归真，回复原位，从无中来，再到无中去。货币也不例外。

二、资本君原始积累那些事儿

我们在这里要说的"资本君的原始积累"，与马克思研究的"资本原始积累"有一定的联系，因为都是在说如何搞到"第一桶金"的事，但主体却大不一样，后者是指早期的资本主义国家实现资本主义生产方式的原始累积，而前者则是指资本家个人是如何积累到创业资本的。其实，现在大家提到资本原始积累时，往往都是在说某人的资本原始积累，而非国家层面的原始积累。

马克思说，资本来到世间，从头到脚，每个毛孔都滴着血和肮脏的东西（《马克思恩格斯全集》）。因为他了解到的资本原始积累是这样的：①新兴的资产阶级和新贵族用暴力的手段迫使小生产者同生产资料分离并积累资本。它一方面使社会生产资料集中到少数人手里，另一方面又使大批生产者转化为雇佣工人，为资本主义生产方式准备了前提条件。英国的圈地运动就是例证。14、15世纪，在农奴制解体的过程中，英国新兴的资产阶级和新贵族通过暴力把农民从土地上赶走，强占农民份地及公有地，剥夺农民的土地使用权和所有权，限制或取消原有的共同耕地权和畜牧权，把强占的土地圈占起来，变成私有的大牧场、大农场。这就是英国历史上有名的"圈地运动"。②用武力征服殖民地，抢劫金银财物、贩卖奴隶等手段来聚敛财富。例如，美洲金银产地发现后，殖民者就把当地土著民族剿灭，从而劫掠大量金银；英国的东印度公司对茶叶、盐、鸦片、槟榔和其他商品进行垄断，获取大量的财富。16、17世纪，西方殖民主义者，迫使华人充当其殖民地的劳工，从而获取了充足的劳动力。而日本的资本原始积累，则主要是靠在中国不断索取的战争赔款来完成的。从1874年日本入侵台湾开始，至1945年抗战结束的71年时间里，日本通过武装侵略从中国掠走了巨额财富。日本对中国的勒索主要是甲午战争后的马关赔款和八国联军的赔款。1894年甲午战争，中国北洋海军覆没，日军屠城旅顺。1895年日本逼迫清政府在日本马关签订条约，割取辽东半岛、台湾和澎湖列岛，并勒索赔款白银二万万两。后因俄、德、法干涉，日本不得不放弃辽东半岛，但又索取赎辽费三千万两白银。这一笔总数二亿三千万两白银的巨款，相当于当时中国年财政收入的3倍，日本年收入的4.5倍。此后，日本将90%的赔款发展军需工业，建立了大机器生产的工业体系。因此，日本在中国掠夺了巨额的资本与生产资料，并且抢夺了大量的中国劳动力，这是其积累原始资本的最重要途径。

可见，早期的殖民主义国家都是用武力掠夺的方式，来实现资本原始积累的，但是作为资本家的个人却没有这样的势力，他们又怎样完成自己的资本原始积累呢？有没有不动刀枪，不用"铁血"的办法呢？当然有，一百多年前，中国就有这么一位商人，他曾经是中国的首富，因参与军需采购立下战功，红极之时官居二品，赏穿黄马褂。他就是胡雪岩。

胡光墉，字雪岩，安徽绩溪人，中国近代著名的"红顶商人"，富可敌国的晚清著名徽商，他的经历充满了传奇色彩：他从钱庄一个小伙计开始，通过结交权贵显要，纳粟助赈，为朝廷效犬马之劳；洋务运动中，他聘洋匠、引设备，颇有劳绩；左宗棠出关西征，他筹粮械、借洋款，立下汗马功劳。几经折腾，他便由钱庄伙计一跃成为显赫一时的"红顶商人"。他构筑了以钱庄、当铺为依托的金融网，开了药店、丝栈，既与洋人做生意，也与洋人打商战。当今社会能做到他这种地步的商人几乎没有，那么，他的"第一桶金"

又是如何搞到的呢？

胡雪岩的第四代孙，画家胡亚光先生在回忆家事的文章当中有这样一段文字："先曾祖光墉公，字雪岩，少式微不暇攻诗书。学贾于阜康钱庄。肆主于姓，无子。家公勤敏，有胆略，颇器重之。疾革时，招公至榻前曰：'君才识百倍于吾，吾肆虽小，好为之不患无用武之地。'即以全肆赠之"（《安定遗闻》）。如胡亚光先生所说，由于钱庄于老板，没有子嗣，看到胡雪岩十分勤奋好学，又有胆略，便对他十分器重。于老板后来病危临终之时，把胡雪岩叫到床前说："你的才干百倍于我，虽然阜康钱庄现在规模还不大，但只要你用心经营，这些资金必定可以被你好好运用，你千万要好自为之。"于老板将整个钱庄传给了胡雪岩。胡雪岩就这样掘得了人生的"第一桶金"。

看来胡雪岩的确是遇到了生命中贵人，所以他能快速获得原始资本。不过他离我们太久远了，参考价值不大，大家可能更想知道当今商界大咖们都是如何掘得"第一桶金"的。所以，接下来我们就简单地聊聊大家都耳熟能详的王石、王健林、马化腾的"第一桶金"。先说万科集团的创始人王石吧。王石的父亲王辉是原国务院副总理王震统率的三五九旅的下属，王震后来率工程兵团到深圳开发特区，王辉亦南下，全家到了广州，后任柳州铁路局局长。王石的岳父王宁，曾经是王辉的战友，新中国成立后历任广东省公安厅厅长、广东省政法委主任、省委常委，广东省副省长、中共广东省委副书记兼省纪委书记、省顾委主任。王石在讲述自己赚"第一桶金"的故事的时候，经常会提到他在深圳贩卖玉米的事儿，其中有个细节很重要。王石发现中国北方的玉米要运到南方，都要从香港转运，价格就上去了，如果直接可以从北方运到深圳，可以赚取不少差价。于是王石跑去广东海运局让他们开辟北方航线。但是，王石手里没钱，他就让对方先发货，自己半年之后再结清款项。如果他只是个一穷二白的小屁孩，谁会理他呢？但是，他不是！就这样，1983年4月到12月短短8个月，王石赚了300多万元。"这就是我下海挖的第一桶金，干干净净。"王石提起此事颇为自豪。再说万达集团的创始人王健林吧。提到王健林，大家更多的想到的是他的"首富"头衔，还有他那以"毒舌"著称的儿子王思聪。而他的父亲则是一位参加过长征的，农民出身的红军老兵,曾经担任过原四川省林业学校(现四川农业大学都江堰校区)革委会副主任、副校长兼党总支副书记。1989年,大连的企业西岗房地产公司濒临破产,政府就让王健林接手来干。王健林接手后为了融资,先是向银行贷款未遂,后就以企业的名义发行债券。大连一方集团的老板孙喜双觉得王健林这个人是退伍军人,特别的踏实。当时就拿了一笔巨款认购了王健林发行的债券。就因为孙喜双的资助,王健林的西岗房地产开发公司也就是后来的万达集团才起死回生。至于后来王健林又遇上了什么样的岳父,那就是后话了。最后说说腾讯公司创始人马化腾。他与前两位不一样,他不搞房地产,他玩的是通讯产业,大家都熟悉的即时聊天工具QQ和微信就是他的杰出作品。马化腾的父亲叫马陈术,曾担任交通部海南八所港务局会计、计划科科长、副局长,深圳市航运总公司计财部经理、总经理,深圳市盐田港建设指挥部副总指挥,深圳市盐田港集团有限公司副总经理,1997年被选为盐田港上市公司的董事。马陈术是潮汕人,是华人首富李嘉诚的乡党,所服务的盐田港又是李嘉诚最喜欢的业态之一;加上1999年,李嘉诚次子李泽楷的盈科数码向腾讯投资了220万美元,获得了20%的股份,因此很多人都在猜测马化腾的父亲与李嘉诚之间的交往,很可能带给马化腾带来很多帮助。不过,这些都只是猜测,马陈术对儿子最直接的帮助主要是在腾讯公司早期开着奔驰前来给儿子做账,而间接的帮助可能是公司治理和资本市场运营方面的经验传承。马陈术说,"腾讯"这个名字也是他起的,寓意"万马奔腾的信息时代",当时公司的注册也是由马陈术帮忙,以马化腾母亲的名义注册,一直到1999年风险投资进入时,才将股份完全转让给马化腾。[1]

我们再来看看世界首富们都是如何搞到"第一桶金"的。郭世明写过一本书叫《世界首富的第一桶金》,该书介绍了安德鲁·卡内基、比尔·盖茨、亨利·福特、山姆·沃尔顿等十位世界首富们的年轻时代、早期奋斗、第一桶金等故事。他们当中靠自己白手起家,点滴积累或者借本赚利才有了人生

---

[1] 摘自新浪地产:"拼爹的爹是谁,揭王石、王健林等十大佬的爸爸",载http://news.dichan.sina.com.cn/2014/10/13/1236342.html。

"第一桶金"，继而艰辛打拼，持之以恒，终成世界首富。该书讲到，洛克菲勒向父亲借钱为本，赚取"第一桶金"的故事。在父亲的影响下，洛克菲勒很小就表现出了自己的商业才能。七八岁时，他在外面看到树林里面有一群小火鸡，便把它们弄回家，精心养大，然后把它们卖掉，做成了第一单生意。这时的他就有了一个记账本，详细地记录着自己都参加了哪些劳动，以此作为向父亲要求报酬的依据。12岁开始，他用积攒起来的钱作为资本，贷给邻居，从中收取一定的利息。19岁那年，克利夫兰有一个叫克拉克的年轻英国商人，比洛克菲勒年长10岁左右，手头有2000美元的资金，想寻找合伙人开一家公司。洛克菲勒成为他的第一人选，因为当时的洛克菲勒在当地家喻户晓。得到这个消息的洛克菲勒很振奋，他非常想和克拉克合作，但克拉克希望合伙人也能提供2000美元作为投资，而此时的洛克菲勒只积攒了七八百美元。于是，洛克菲勒找到父亲。父亲告诉他说，他为每一个孩子都准备了1000美元，但是需要等到21岁时才能交给他们，如果洛克菲勒想现在拿这笔钱的话也可以，但是在满21岁前，必须向他支付10%的利息。在当时，10%的利息远远高出银行的贷款利率。但急需这笔钱的洛克菲勒欣然接受了父亲的条件。他成了新公司的合伙人。新成立的公司叫克拉克－洛克菲勒公司，主要经营谷物和肉类。这是洛克菲勒生平所办的第一家公司。公司的两个合伙人分工明确，合作默契，克拉克－洛克菲勒公司成立的第一年就做了4.5万美元的生意，第二年净赚1.2万美元，洛克菲勒分得6000美元，由此获得人生"第一桶金"。可见，洛克菲勒从小有一个好的家庭成长环境，是他父亲培养了他获取"第一桶金"的本事。

看完世界首富，看中国首富。中国人想必都很想了解，多年来一直占据华人首富、亚洲首富宝座的李嘉诚先生是如何赚取他的"第一桶金"的。关于这个话题，各方面的报道已经很多了，但在乔·史塔威尔所著的《香港、东南亚的金钱和权力》一书中披露的情况却有所不同。该书认为"华裔大亨多为白手起家"的说法是一个谎言。真正白手起家者，最多只占其中五分之一，多数大亨均在某种程度上靠祖荫或父荫起家，且该地区真正发达起来的商人，多为第二代，而非第一代。书中认为李嘉诚先生起家源于在富有的舅舅的公司工作，尔后娶了表妹，婚后生意主要得益于岳父的经济支持。该书认为李嘉诚是一名商业天才，但他的天才在于他搞关系和做交易的能力。

读了胡雪岩的故事，让我们知道，只有自己做好充分的准备，才可能有机缘结识生命中的贵人；查了王石、王健林和马化腾的发迹史，让我们明白"拼爹"也不是完全没有道理的；看了洛克菲勒和李嘉诚的故事，让我们懂得从小的成长环境与如何获取人生"第一桶金"是息息相关的。正如加拿大畅销书作者马尔科姆·格拉德威尔（Malcolm T. Gladwell）在其著作《异类》中所说："人的个性作用并非其个人成功的决定因素，成功人士几乎都不是白手起家的，他们都会以某种形式获得家族的荫蔽和支持；事实上他们一直得益于某些隐蔽和先天优势或是非凡的机缘，抑或某一文化的特殊优势；这使得他们学得快、干得多，以普通人难以企及的方式认知世界。出生的时代与地域对个体影响巨大。而我们所处的文化背景，以及我们祖先留传下来的东西，在我们无意识的情况下，就已限定了我们获得成功的方式。"但是，能通过这些渠道获取"第一桶金"的人毕竟是少数，因为我们绝大多数的普通人都没有位高权重的爹可拼，也难以遇上旷世奇缘的贵人相助，所以只得靠自己的赤手空拳去完成资本的原始积累。

由于马克思对于资本原始积累的定义血腥味太重，以至过去不少人都对资本家（企业主）嗤之以鼻，认为他们是没有底线、没有道德、不劳而获、坐享其成的一群寄生虫；认为他们眼中只有利益，是一群唯利是图、尔虞我诈的阴险小人。之所以会出现这种误判，主要原因是大家把资本家（企业主）作为了资本主义生产方式的具体操盘人，认为资本主义有多万恶，那么资本家（企业主）就有多狠毒。不可否认，现在有一些已经"成功洗白"的商人，其原始资本积累或多或少存在着违法犯罪的勾当，如搞黄赌毒走私的，行贿官员搞权钱交易的，巧取豪夺的等。毫无疑问，这些人"上岸"前搞到的钱确实是赃钱，他们原始积累的血腥味的确很重。但是，也不得不承认，随着时代的变迁、法治的进步，资本家（企业主）的原始积累已经越来越文明了，并且通常也是非常艰辛的，并非传说的不劳而获，暴力索取。

资本是能够带来剩余价值的价值，在现实生活中，资本总是表现为一定的物，如货币、机器设备、商品等，但是这些物本身并不是资本，只有在一定的社会关系下，这些物被用来从事以获取剩余价值为目的的生产活动，也就是成为带来剩余价值的手段时，它才能成为资本。所以马克思指出，资本的本质不是物，而是在物的外壳掩盖下的一种社会生产关系，即资本主义剥削关系。马克思在《资本论》中把资本作为资本主义特有的经济范畴来研究，以揭示资本是能够带来剩余价值的价值，其本质是资本对雇佣劳动的剥削。

由于资本表现为一定的货币、机器设备、商品等，所以要想成为资本家（创业者），要想获取劳动者的剩余价值，首先就得有原始资本积累，也就是本章开头所说的"第一桶金"。前面已经举了几位大咖获取"第一桶金"的例子，但是都没有我们可以直接套用的方法，因为他们不是在拼爹，就是在比运气，所以对咱们普通人来说都不好使。那么问题来了，我们该如何实现自己的资本原始积累呢？老子在《道德经》中说："合抱之木，生于毫末；九层之台，起于累土；千里之行，始于足下。"他又说："图难于其易，为大于其细。天下难事，必作于易，天下大事，必作于细。"这说明万物众象皆起于忽微，都是由量变引起质变的。所以要成就大的事业，也必须从小事做起，持之以恒，做到"慎终如始，则无败事"。这既可表达积累"第一桶金"需要一个艰辛的过程，也可说明从"第一桶金"到功成名就的人生巅峰，需要百折不挠的努力。可见，资本的原始积累就是老子所谓的"道生一，一生二，二生三，三生万物"中的"道"，因为它就是购买劳动力、生产资料，继而衍生剩余价值的源头活水。

但是，生活就是爱跟人们开玩笑，大家都知道"第一桶金"的重要性，恰恰它也是最难搞到的，尽管绝大多数人的"第一桶金"比王健林所说的"小目标"小得多。常言道，"无本难求利，万般生意开头难"。创业者如果没有本钱，要想创业成功就几乎不可能。无论是在哪个行当里创业，都要有一定的起始资金投入。而这笔钱会难倒不少英雄汉，因为生活中能够自备创业资金的人少之又少，更多的是胸怀壮志、手无分文，需要靠自己的智慧、毅力和信心去融资的创业者。对于这些创业的朋友来说，能否获得原始资本就显得至关重要了，因为身处信息时代的企业，其竞争的胜负最终取决于融资的速度和规模，无论你有多么领先的技术或多么广阔的市场，都是如此，别无二致。

现在的创业者们的融资渠道主要有：银行贷款，但没有财产做抵押，这扇门对创业者来说通常是关闭的；亲友借贷，这个途径就要看创业者们的个人信用和偿还能力，以及亲友之间的人情关系如何，这个渠道通常也比较难；股权融资，这个渠道是现在比较通用的一种办法，但是对于初创项目的股权如何估值却是个难题，加之投融资双方信息不对称，想找到合适的投资人自然也不是件易事；众筹融资，类似于"凑份子钱"，相对于传统的融资方式，众筹更为开放，由于投资人多，融资金额又不大，这样摊分到每一个投资者身上的风险也就大为降低，所以这是目前来说，相对更容易获得项目启动资金的融资方式。常言道：精诚所至，金石为开。创业者要想赚取劳动者的剩余价值，要想创业成功，是一个长期的艰苦过程，不可能朝夕间就创造一个知名企业或成为亿万富翁。如果真是那么容易的话，就不会缺少企业家了。就是因为难，所以才少，才显得弥足珍贵。但是，越是原始资本得之艰难者，越容易创业成功！

其实，白手起家者不是没有，目前通过各方面的信息汇总，阿里巴巴集团的创始人马云先生，就是为数不多的一位白手起家的创业者。那他的"第一桶金"是如何搞到的呢？答案是靠创业团队凑钱，并时刻准备着卖房。他们的公司于1999年9月正式成立。那个时候，马云和他的团队是一分钱掰成两半花。他们每人都把口袋里的零花钱全部放到桌了上，他们规定：不许向亲戚朋友借钱，大家把一年的生活费留出来，其他的都放在桌子上，共50万元，他们估计能用到1999年的10月份。大家凑出的这50万元人民币，就是阿里巴巴的种子资金；并且马云还说，需要时他可以把自己的房子卖掉。就这样，阿里巴巴网站开始运营了，十八罗汉会议到今天还影响着阿里巴巴的发展。

综上所述，市场经济发展到今天，虽然仍有部分国家为了争夺资源而对他国发动侵略战争，但总体来说资本原始积累这个话题，已经从国家层面转移到了个人层面。在现代成熟的法治社会，对于个人资本的原始积累而言，除极少部分人是靠官商勾结、欺压弱小得来的之外，绝大多数个人的资本原始积累，都是一个艰辛无比的过程，难免都会伴有泪水和汗水，正因为成功来之不易，所以才更需要倍加珍惜。

三、行走在道上的资本君

资本家用自己手中的货币购买生产资料、雇用劳动者，然后进行生产，并将生产出来的商品出售换回更多的货币。如果用 G' 表示增值了的货币，那么 $G' = G + \triangle G$。货币在这一过程中实现了价值的增值，从而变成了资本。因此，资本只有在循环中才能实现其价值增值，且不能孤立地循环一次便停下来，而必须持续不断周期性地进行，这个过程就叫资本周转。可见，资本君为了生存，一刻也不能停留，总是行进在路上，风险也就随之而来了。俗话说，风险与利益并存，风险越大，利益才会越大。作为资本游戏参与者的企业主，对利润的追求是永无止境的，这就决定了资本必须冒着各种风险，一直处于流通中，不停地周转。

马克思说，只要有300%的利润，资本就敢犯任何罪行，甚至冒绞首的危险。那么，我们很想知道，除了违法犯罪的勾当外，有没有远超300%利润的生意呢？如果有，那又要冒多大风险呢？有没有成功案例？成功案例还是有的，但要冒被抄家灭族的风险。

话说在公元前265年，中国正处于春秋战国时期，当时秦国的王孙嬴异人正在赵国当人质。商人吕不韦经过多方探听，掌握了嬴异人全部个人信息。当他见到这位落魄的王孙时，他就在盘算着一个天大的生意，故而脱口而出"奇货可居"四个字。吕不韦深知此事的风险，万一有个闪失，不仅自己的脑袋要搬家，就连全家老小吃饭的家伙都会不见，遂决定先与父亲商量一番。吕不韦问父亲："耕田能获几倍的利？"父亲说："十倍的利。"吕不韦又问："贩卖珠玉能获几倍的利？"父亲说："百倍的利。"吕不韦再问："帮助立一国之主，能赢几倍的利？"父亲说："无数的利。"于是，吕不韦得出结论："现在努力耕田劳作，还不能保证丰衣足食；若是拥君建国，则可泽被后世"，当即决定去做这笔买卖。

他想到做到，果真将嬴异人当作了商品来投资，以期在帮助嬴异人登上秦国王位后收获"立主定国"所带来的无数倍的高收益。为此，吕不韦备好厚礼，游说各方，凭借其三寸不烂之舌，终把一个留滞他国作人质的"弃子"，硬生生地运作成了储君，最后还如愿成了秦国的国君。作为投资人的吕不韦也如愿获得无数倍的收益，成为一人之下，万人之上的相邦。虽然多年后吕不韦落了个饮鸩自杀的结局，但就其甘冒生死风险，用投资的手法成功运作一位国君的做法而言，的确是深谋远虑，智慧无双。

时至今日，吕不韦所说的"奇货可居"，已经成为风险投资所必须遵循的基本原则。他的气魄之大、信心之强、眼光之远、心计之深、创意之妙、谋划之秘、办法之多、预见之准、收益之丰，都可谓前无古人，后无来者。说他是古今中外第一风险投资商，也一点不为过。他以商业手法投机政治的策划行为也毫无疑问地成为后世风险投资业的鼻祖，这一次绝无仅有的千古尝试，在中国历史上写下了浓重的一笔。

虽然吕不韦审时度势，投资成功，收益丰厚，并被誉为风险投资界的鼻祖，但是生活中风险投资失败的案例却比比皆是，毫不夸张地说，中国的风险投资史就是一部血泪史，下面简单介绍两个典型案例，供大家参考。①兄弟相残的"真功夫"。由于该企业创始股东蔡达标与妻弟潘宇海之间的股权比例为各占50%，在相安无事之时，倒看不出问题之所在，可是一旦触及核心利益，那就为时已晚。2007年"真功夫"引入了两家风险投资基金：内资的中山联动和外资的今日资本，共注入资金3亿元，各占3%的股份。融资之后，"真功夫"的股权结构变成：蔡、潘各占47%，两家风投各占3%。引入风险投资之后，公司要谋求上市，打造一个现代化公司治理结构的企业是当务之急。因此在风投的支持下，在蔡达标的主持下，启动了去"家族化"的内部管理改革，这就触动了潘宇海及一批老员工的利益，且最终结果是架空了潘宇海。至此，双方矛盾激化，新仇旧恨一起算，潘宇海以蔡达标涉嫌挪用资金罪、职务侵占罪为由向公安机关报警，经查证属实后，蔡达标被广州中级人民法院判准二罪，合并执行刑期14年。在这期间，作为投资方的今日资本顶不住股东压力，被迫退出。有诗云：出师未捷身陷狱，长使英雄泪满襟！②理想丰满，现实骨干的"博客网"。2002年，方兴东创建博客网的前身"博客中国"，之后3年内网站始终保持每月超过30%的增长，全球排名一度飙升到60多位。并于2004年获得了盛大创始人陈天桥和软银赛富合伙人羊东的50万美元天使投资，以及一些国外著名风投的资金。随后，"博客中国"更名为"博客网"，并宣称要做博客式门户网，喊出了"一年超新浪，两年上市"的目标。于是在短短半年的时间内，博客网的员工就从40多人扩张至400多人，据称60%~70%的资金都用在人员工资上。同时还在视频、游戏、购物、社交等众多项目上大把烧钱，千万美元很快就被挥霍殆尽。到2006年年底，博客网的员工已经缩减恢复到融资当初的40多个人。博客网不仅面临资金链断裂、经营难以为继，同时业务上也不断萎缩，用户大量流失。其实，早在博客网融资后不久，新浪就高调推出其博客公测版，到2006年末，以新浪为代表的门户网站的博客力量已完全超越了博客网等新兴垂直网站。随后，博客几乎成为任何一个门户网站标配的配置，门户网站轻而易举地复制了方兴东们辛辛苦苦摸索和开辟出来的道路。因此，投资一种创新的商业模式，其风险之大可见一斑，因为商业模式不像专利技术，有法定的保护期，而商业模式却是在"裸奔"，人人都可以复制。如网络团购、网络外卖、共享单车等创新商业模式，着实让不少创业者和风险资本损失惨重。所以，当准备往所谓的颠覆式商业模式砸钱时，必须冷静地思考一个问题，如果商界大佬也介入竞争，自己是否扛得住？

  上面谈到的主要是资本在投资决策方面的风险，其实在资本周转的路上，也处处都是风险。资本都是在企业组织体系下运转的，资本周转的风险其实就是企业运营的风险，这种风险是与企业相伴相生的，从企业成立那天起经营的风险就开始了。租赁经营场所有风险、购买机器设备等生产资料有风险、劳动用工有风险、安全生产有风险、品质保障有风险、销售渠道有风险、违约侵权有风险、货款拖欠有风险、投融资"对赌"有风险、借贷担保有风险、资金链断裂有风险、技术研发有风险、知识产权保护缺位有风险、授权委托有风险、股东间争斗有风险、内部治理不规范有风险、缺乏长远战略规划有风险、违规经营有风险、政策法规变化有风险、战争冲突有风险等，总之风险无处不在。

看来资本周转的风险的确太多太大,都说夜长梦多,这对于资本周转来说再贴切不过了。资本周转的时间越长,不确定性因素就越多,要经历的风险也会随之加大。那我们有没有办法缩短资本周转的时间,以降低周转的风险呢?由于资本周转时间包括生产时间和流通时间,前者又包括劳动期间、受自然力作用的时间和生产资料储备的时间,后者包括销售时间和购买时间,所以影响资本周转的因素很多。劳动期间的长短,要受产品本身的性质、生产规模、生产技术水平、机械化程度、劳动组织的合理化和企业管理水平等因素的影响。至于受自然力作用的时间和生产资料储备的时间,主要存在于同生物成长、化学变化或等待干燥有关的行业,如种植业、饲养业、酿造业、制革业、漂白业、陶瓷业、木器业等。庆幸的是,由于现代生物学、化学、物理学方面新的科技成就在生产中的应用,大大缩短了这方面的时间。现代信息的卫星传播,微波通讯技术的应用,航空事业、集装箱运输和高速公路的发达,以及电子货币的普及,都在一定程度上缩短了流通时间。因此,这些能压缩资本周转时间的因素,都是有利于降低资本周转风险的利好,但仅靠争取时间还远远不够,因为资本周转的风险更多的是潜伏在企业的运营管理之中,就连许多国际上知名的大企业,都是栽在这上面的。

案例一:美国安然能源公司破产案。美国安然能源公司,曾名列世界500强第16位,并连续4年荣获"美国最具创新精神的公司"称号,2001年被美国《财富》杂志评为全球最受称赞的公司。2001年9月30日其资产负债表上显示的总资产达618亿美元;其业绩甚至曾经超过IBM和AT&T这些市场表现优异的公司。但即使是这样曾经"业绩优良"的巨型公司,却由于通过"设立特定目的公司"进行关联交易来虚增营业额和利润,涉嫌做假账,受到美国证券交易委员会的调查,并最终破产,成为有史以来最大的公司破产案之一。

案例二:安达信违规造假导致巨额罚款事件。1913年由芝加哥阿瑟安德森教授创建的安达信公司,经过88年经营,在世界84个国家和地区拥有8.5万名员工,在全球拥有10万家大型客户,曾是全球五大会计师事务所之一。

而在安然事件揭露后不到几个月,这个"百年老店"毁于一旦,实在令人深思。安然公司成立以来,从80年代到90年代,安达信不仅一直负责其审计工作,而且同时提供咨询服务。利益驱使安达信帮助安然造假。随着安然问题的暴露,安达信一系列的造假行径相继被揭露。2001年,安达信就曾两次因违规操作而被处罚。其中一次是与审计美国废物管理公司工作中提供虚假误导性审计报告有关,安达信在1992~1996年期间"明知故犯"和"不顾后果"地为美国废物管理公司提供虚假、具有误导性的审计报告,虚报收入14.3亿美元,华盛顿联邦法庭以"欺骗及伪造账目"罪判处安达信罚款700万美元。其中有三名合伙人除了被罚款外,还被处以5年内不得从事审计工作的惩罚,另一人的禁审期为1年。2001年春,安达信因为替自己负责审计的佛罗里达州家用设备企业阳光公司做假账,被法院判定向阳光公司的股东支付1.1亿美元。

案例三:帕玛拉特财务欺诈导致破产事件。帕玛拉特公司是意大利的第八大企业,其成立于1961年,是一家拥有40多年历史的家族企业,以食品生产享誉世界。在债券市场,帕玛拉特是一个重量级客户,过去一直对外负担巨额债务。由于公司声称拥有雄厚的现金储备,不良信用并未引起投资者及有关方面的重视。帕玛拉特危机的爆发是在2003年11月中旬。公司突然宣布无法偿还到期价值1.5亿欧元的债券,从而引起了审计师和银行对其财务状况的警觉;而当其宣称无法清偿在开曼群岛大约5亿欧元的共同基金时,真正的恐慌开始了。帕玛拉特的股票价格在几个星期内持续跌落,在12月份下跌了87%。2003年12月27日,帕玛拉特向帕尔马地方破产法院申请破产保护并得到批准。财务欺诈是导致危机的元凶。在初步调查之后,意大利检查人员表示,在过去长达15年的时间里,帕玛拉特管理当局通过伪造会计记录,以虚增资产的方法弥补了累计高达162亿美元的负债。欺诈的目的不外乎两个,一是隐瞒公司因长期扩张而导致的严重财务亏空,二是把资金从帕玛拉特(其中坦齐家族占有51%的股份)转移到坦齐家族完全控股的其他公司。

由上观之,其实每个企业都是在风险中经营的,不管是大企业还是小企业。小企业虽然"船小好调头",但它由于根基不深,一旦风险降临就可能有灭顶之灾。从实际情况来看,小企业消化吸收亏损的能力十分有限。所以,小企业更应了解在经营中可能遇到的风险,以求未雨绸缪,防患于未然。初创阶段的小企业容易出现的风险有:企业主过分注意产品的研制、生产,而忽视了事关企业长远发展的问题,如企业产权的明晰、管理体制的规范等;对市场的潜在需求研究不透彻;对市场变化趋势没有预见性;对宏观的行业形势估计过于乐观;经营者缺乏全面管理的能力;没有建立必要的财务账目;设备和技术选择不当;低估业务所需资金,缺乏资金计划;忽视税务、法务等风险防控问题。

SoFi 创始人兼 CEO Mike Cagney 认为,初创公司面临的三大主要风险是:①创始人危机。很多公司的失败是因为创始人不能很好地解决快速增长所带来的挑战。Cagney 说:"如果你的公司增长很快,那就会有创始团队难以应付新局面的风险。当你创立公司时,你可能想用两年时间来实现某个构想,然后你融资,开始运营。但随着公司的发展,很多联合创始人的知识和经验可能缺乏管理这样快速成长的企业的能力。"②股权分配。很多初创公司失败是因为在企业成立之初,就把所有股权都分配给了联合创始人们。而有的联合创始人后来离开了公司,不再为公司工作。然后就没有足够的股权分给后面加入公司的关键员工和后来进入的投资人。这将严重阻碍创业公司的发展。③抄袭模仿。那些推出了伟大新产品的初创公司经常会面临更严峻的市场竞争,竞争对手经常会抄袭他们最优秀的那部分。市场中的胜者面对一波波的竞争者,应当懂得如何建立自己的防御机制。

还有的经营风险来自于决策程序不够科学、规范,先决策后论证、项目论证与实际投资效果偏差较大等现象,企业投资风险隐患较大。尤其在并购或合资项目中,存在的问题更多。例如,有的企业因为对合作方情况调查了解不深入,合作协议存在缺陷和漏洞,埋下风险隐患;有的企业股权设置不合理,不利于重大决策风险的控制;有的企业自有资金不足,整体负债较高,负债结构不够合理,财务负担沉重,资金链一旦断裂,将难以为继;有的企业集团风险管控能力不强,对子公司的风险预警、风险识别、风险管理、风险控制和化解的能力较弱。

　　说到这里，资本君又要问道了。老子说："祸莫大于不知足，咎莫大于欲得。"意思是，祸患没有比不知足更为严重的了，过失没有比贪得无厌更为严重的了。为此，他提出了"知足常足"的观点，但这对于永不知疲倦的资本君而言却显得有些不现实，因为资本君的生命力就在于持续不断的运动。尽管资本君也明白"万物负阴而抱阳"的道理，深知投资与风险同在，盈利与亏损共存，这是不可违逆的"道法自然"的经济规律，但资本君的使命决定了他必须冒着粉身碎骨的风险前进、前进。所以说，资本家（企业主）赚钱真的不容易，不管企业做得多大多强，只要风险把控稍微缺位，旦夕之间就会尸骨无存，化为乌有。因此，准确地说，资本家不是在剥削劳动者的剩余价值，而是在用投资和风险来与剩余价值做等价交换。

第四章
剩余价值哥在喊冤

一、不想赚剩余价值就是"耍流氓"

话说中国东汉末年，刘备、关羽、张飞三位身怀远大理想的仁兄为了联合创业有个凭据，遂在张飞庄后的桃园，备下乌牛白马，祭告天地，焚香再拜，结为异姓兄弟。誓曰：既结为兄弟，则同心协力、救困扶危、上报国家、下安黎庶，不求同年同月同日生，只愿同年同月同日死。三人虽没有白纸黑字红手印的签字画押，也没有讨论股份分红之事，但他们都认为对天发誓就已经很正式，很靠谱了。可是，后来的故事告诉我们，老刘根本违约了，因为关张二位联合创始人不仅没有分到红，就连对老刘以兄长相称也不行，必须以主仆的身份来界定三人关系，自然就更不可能让老刘遵守"同年同月同日死"的条款了。对此，有人愤愤不平地说，老刘把关张两位股东及众家兄弟的油水榨干了，吃肉连骨头都不吐。其实横向对比你会发现，不止老刘如此，当时吴氏集团的孙仲谋、曹氏集团的曹孟德也都是这样的；如果你再拉伸历史纵向对照，会发现历朝历代都是这样。看来老大榨取众家兄弟的油水已然成为社会发展的显规则，很难避免。于是，我们不禁要问了，这样公平吗，这样合理吗，难道非如此不可吗？

一百多年前，德国的卡尔·马克思先生对老大榨取兄弟们油水这件事，很是看不过去，他从企业主和劳动者的视角，提出了一系列的观点，进行严厉抨击。他认为剩余价值（也就是被榨取的油水），是雇佣工人在生产过程中所创造的，被资本家无偿占有的，超过劳动力价值的那一部分价值，并由此认为剩余价值生产是资本主义生产的实质。这个观点延续了上百年，似乎已成公理，但是仔细研究，你会发现有很多地方值得商榷。比如说，"剩余"二字感情色彩是不是太浓厚了？其本身的用词就有待商量。再比如说"被资本家无偿占有"就更值得推敲了，因为我们所了解的"无偿"，通常是指不用付出任何成本代价，就获得某种财富的情形；而劳动生产过程中的企业主，要想获得所谓的工人创造的剩余价值，是要投入大量资金技术、经营管理等成本的，并且产出的产品还不一定能顺利地在流通环节销售出去，因此面临着亏损乃至破产的风险；如果这样也能叫"无偿"那就不知道什么是"有偿"了，难道非要企业主玩儿命才叫"有偿"？马克思反对资本主义剩余价值生产，认为是资本家在剥削劳动者，也就是说他认为这样才合理：要么劳动者生产出产品后，先扣除资本家支付劳动者工资那部分产品，其余全归劳动者，也就是让劳动者"借资本家的鸡生自己的蛋"，劳动者旱涝保收，零风险；要么企业主不雇佣劳者，只能靠自己和家人亲自劳动，永远也无法扩大生产规模，除非资本家妻妾成群、子孙满堂。他认为，这样一来劳动者就不会被剥削了。分析之后，您是不是也觉得有点逻辑混乱，所以，接下来我们好好研究一下这个"剩余价值"到底合不合理。

  马克思所说的"剩余价值"完全是站在劳动者的角度来说的，也就是超过劳动者"自用价值"那部分的相对概念，指劳动者创造的超过自身及家庭生活需要的那部分价值；如果劳动者创造的价值不够或仅够满足自身及家庭的需要，没有一点剩余，那他便没有创造剩余价值。也就是说，如果劳动者创造的价值连企业主付的工资都挣不回来，那他便没有创造剩余价值，只有创造的价值比工资多，他才创造了剩余价值。显然，马克思的剩余价值观太过理想化了，只考虑到了劳动者付出劳动应该获得回报的问题，却没有考虑到企业主一方的利益，没有去想"如果在企业主得不到回报的情况下，谁还会去做企业主"这个问题。

  俗话说"天下没有免费的午餐"，强调的就是做什么事都得付出代价，没有不劳而获的好事。同理，劳动者要想凭借双手获得生活资料，就必须向企业主提供劳动,而且这个劳动还必须创造出比企业主投入成本更大的价值,否则企业主就没有必要冒着亏损与破产的风险从事生产经营活动。当然,企业主的愿望不一定都能通过劳动者的劳动得以实现,如果劳动产品无法顺利地在流通销售环节实现交换,企业主获取剩余价值的美好愿望自然也就落空了,其投入的成本就无法收回,甚至还会因此而破产倒闭。正所谓投资有风险,入市须谨慎,说的就是这个道理。而且,对于企业主来说,这个风险是贯穿始终的。作为组织剩余价值生产的企业主,要想最终能参与剩余价值的分配,首先就得支付所雇佣的劳动者的工资福利,以及企业运营的成本;其次还要向国家缴纳各种税费,并偿还债务,提取法定公积金等;最后才能从企业的纯利润中"榨取劳动者的剩余价值"。因此,企业主在剩余价值的产生到分配的整个过程中,可以说是唯一的风险承担者。因为在此期间劳动者按时领取工资自然没有风险、国家依法征税也没有风险、参与运营的合作方(广告、物流方等)按合同约定收费还是没有风险,而企业主却完全不一样,他从规划项目、租赁场所、购置设备、招聘人员、生产经营、运营推广、追讨货款到最后获取利润,可以说是步步惊心,任何一步走错,都有满盘皆输的风险。可见,企业主是最早付出的人,但却是最后收获的人,并且在这期间还要劳心劳力,承担着亏损与破产的风险。他们与劳动者同样是人,同样需要公平对待,所以他们的付出必须与回报成正比才合情理,至少在逻辑上应该这样。正因为企业主冒着亏损与破产的风险进行生产经营,所以其从劳动者创造的价值增值中获取剩余价值也就再合理不过了,除此之外企业主也别无他途获得回报。因此,劳动者眼中的"剩余价值",其实是企业主投入后的合理"风险回报",在企业主眼中这是增加价值或者说成是衍生价值。

　　黑格尔在《法哲学原理》中说到,"凡合乎理性的东西都是现实的,凡现实的东西都是合乎理性的",即所谓的"存在即合理"。黑格尔认为,宇宙的本原是绝对精神,它自在地具备着一切,然后外化出自然界、人类社会、精神科学,最后在更高的层次上回归自身。因此,凡是在这个发展轨迹上存在的就是合乎理性的,也就是必然会出现的、是现实的。反过来讲也同样成立。在黑格尔看来,理性不仅仅是主观的理想性,而且是事物的本质,而事物是符合自己的本质的，所以合乎理性的东西一定会成为现实；并且也只有合乎理性的东西才能成为现实，因而一切现实的东西就都是合理的。对于黑格尔的这个观点，赞同者有之，反驳者亦有之，在这里作者不想讨论黑格尔的观点如何，但是就所谓的剩余价值而言，它的存在，的确是维系劳资关系不可或缺的基因，否则企业主就不可能甘冒着亏损破产的风险投资办企业，劳动者自然也就没有了工作，社会进步只能成为空谈。

马克思把剩余价值定义为是雇佣工人在生产过程中所创造的，被资本家无偿占有的，超过劳动力价值的那一部分价值。这个定义，把作为用工方的企业主定性为"为富不仁、不劳而获"，对劳动者进行压迫和剥削的奸商。不可否认，在历史上有很多这样的企业主，他们对劳动者动辄施以体罚，派监工打骂工人，无休止地增加劳动量，并且还拖欠克扣工人工资，但如果我们深究个中原因，就会发现：这种现象的存在，很大程度上是因为当时的社会监管部门未尽其责，官员贪腐成风，收了企业主的好处，放纵企业主对工人的违法犯罪，才导致了企业主残酷欺压工人血泪史出现。进一步观察，您会发现企业主用于行贿官员的钱财也是来自于工人创造的剩余价值，因为企业主的这些"成本"肯定不会自己另掏腰包，正所谓"羊毛出在羊身上"就是这个道理。从这个角度回望历史，您应该不会质疑，其实是社会管理制度出了问题，以至于官商敢勾结在一起压榨剥削工人。

但是，随着社会管理手段的健全和各国法治的逐步完善，现在的企业主已经越来越守法经营了，虐待体罚劳动者的现象几乎消失了，并且很多企业主已经意识到，员工才是企业生存发展的核心竞争力，所以进行人性化管理的企业层出不穷，企业主与劳动者之间在人格上、在法律地位上是平等的，劳动者与企业主之间的交易也是公平合理的。劳动者认为自己能力强，可以要求更高的工资待遇，如果企业主不能满足劳动者的要求，劳动者可以自由选择是否给该企业主工作；同理，企业主觉得劳动者工资待遇要求过高，也可以选择不聘用。加之，现在的劳动者已经不再像过去那样眼光只局限于企业主给的工资高低，还要看该企业所处行业是否有前景，自己入职后有无成长空间等。正是基于劳资双方在用工上的平等关系，所以才有了劳动力市场、人才市场等，这些都是为用工双方顺利实现对接而搭建的平台。

或许您会认为在劳动者入职前，劳资双方尚可以双向自由地选择，但是一旦入职后就得俯首听命于企业主。这种观点显然已经过时，因为现在各国法律都赋予了劳动者很大的权利，同时对企业的管理设定了很多"红线"，企业如果逾越"红线"就会被追责。另外，为了保障劳动者的话语权，国家鼓励劳动者建立工会组织，以此平衡单个劳动者面对企业主时所处的相对弱势地位；还有就是如果企业拖欠劳动者工资、拒交社保，劳动者可以向劳动行政主管部门及司法部门申请法律的强制力保护，确保劳动报酬兑现。在中国，为了更好地保护劳动者的权益，还制定了恶意欠薪罪，用刑罚手段来确保劳动者的合法权益。我国《刑法修正案（八）》规定："以转移财产、逃匿等方法逃避支付劳动者的劳动报酬或者有能力支付而不支付劳动者的劳动报酬，数额较大，经政府有关部门责令支付仍不支付的，处3年以下有期徒刑或者拘役，并处或者单处罚金；造成严重后果的，处3年以上7年以下有期徒刑，并处罚金。单位犯本罪的，对单位判处罚金，并对其直接负责的主管人员和其他直接责任人员，依照前款的规定处罚。"这就是民间所谓的"欠薪入刑"的规定。其实，综观各国或地区，制定了"欠薪入刑"法规的国家和地区并不少，例如，德国刑法典规定，若雇主不按时为其雇员向社会保险机构或联邦劳工机构交付保险金的，就可以构成犯罪，处5年以下自由刑或罚金；韩国劳动标准法规定，不按照规定支付劳动者工资的，就构成犯罪，可以对行为人判处3年以下监禁，或者处以2000万韩元以下罚款；中国香港地区的《雇佣条例》规定的欠薪罪的最高刑责为罚款35万港元及监禁3年。

我们再看看处在劳资关系另一端的企业主，看有没有法规或制度确保他们的投资不亏损呢？前面已经说了，企业主的投资风险贯穿于生产经营的整个过程中，他们是这个过程中唯一的风险承担者，并且他们还不能完全地把控当中的很多风险。例如，产品品质不合格的风险、流通环节受阻的风险、应收账款变成坏账的风险、市场环境重大波动的风险、国家经济政策全面调整的风险等。显然，这当中任何一种风险都可能让企业主血本无归，破产关门。但是，如果企业主真的出现亏损甚至破产的情况，没有国家强制力来保障其不受损失，也没有保险公司确保企业主经营不亏损的险种。从这个角度来说，劳动者有国家强制力保障其收益，可以说至少在法规层面上是"旱涝保收"的，而企业主则必须独自面对亏损破产的风险，没有法规政策能保障其不破产败业。这或许就是新闻经常报道的"企业主跳楼"的原因所在，尽管偶尔也能看见一些所谓的员工为了讨薪而"跳楼"，但更多的是为了制造舆论，以讨回自己的工资。因此，企业主投入各种成本获取剩余价值与劳动者根据自身能力获取劳动报酬是公平合理的交易，不存在一方剥削压迫另一方的问题，更不存在无偿占有剩余价值的情况。

道家认为，万物负阴而抱阳，阴阳平衡是万物众象维系的根本，阴阳平衡就是阴阳双方的消长转化保持协调，既不过分也不偏衰，呈现着一种协调的状态。大到一个社会，小到一个企业，要想生存发展，就必须找到一种平衡。同理，企业主与劳动者，也必须在劳动者创造的价值和获得报酬上找到平衡。如果企业营利丰厚，但给劳动者的报酬却微乎其微，那么这种平衡就会被打破，劳动者的负面情绪就会出现，工作效率就会受损，甚至发生集体罢工的现象。反之，如果企业才创业起步或者发展过程举步维艰，那么此时劳动者就不应过分要求劳动报酬，否则企业就会恶性循环，加速破产，劳动者也会因此而失去工作，无法获得购买生活必需品的劳动报酬。所以如何做到平衡才是问题的关键所在，而非一味地说谁占了谁便宜，谁又榨取了谁多少剩余价值。

总之，"资本"是中性的，"资本家"也是中性的，其本身不带有道德的、贬义的色彩，至于资本家在赚取剩余价值的过程中是用血腥的手段，还是用合法的方式，这完全取决于当时的社会制度环境。所以，资本家赚取剩余价值是天经地义的事，不想赚钱的老板就是在"耍流氓"，除非他是做慈善的而非办企业的。既然劳动者的劳动应得回报，那么企业主的投资也必须有合理的回报，何况企业主的回报是建立在高风险的基础之上的。我们都知道商业规则里有一条铁律：风险与利益成正比，风险越大利益就越大。企业主相对劳动者而言，其承担着成倍的风险，自然也应该获取成倍的回报，否则就没有人去做企业主。如果人人都不做企业主，劳动者也就无业可就，当失业率高起之时，就是社会动乱之日。

二、剧情反转劳资易位取利

"王侯将相宁有种乎？"这是陈胜、吴广于公元前209年在大泽乡号召起义时喊出的口号，意思是有权有势的高贵的人，难道生来就比别人高贵吗？王侯将相的尊贵都是靠自己打拼出来的，我们应该为改变自己的命运而敢于起义。历史上的起义者很多，成功者也不少，现在问题是，作为劳动者的你，你敢"起义"吗？你想过逆袭成为企业主吗？你想过也去摘取剩余价值的胜利果实吗？

其实，仔细想想，劳动者与企业主都是个体的自然人，劳动者本身就包含着企业主的基因，相反企业主也存在劳动者的质素，劳动者也没有什么先天缺陷不能成为企业主。劳动者的工作实践和经验积累，就是在为转化成企业主做准备，而企业主也在承担着破产败业的风险，从某种程度上说也是在为转化成赤手空拳的劳动者做铺垫，尽管这并非企业主的主观意愿。二者正因为有互藏互寓的关系，才可能会在一定条件下发生阴阳转化。这样的转化案例很多，以致现在许多劳动者，已不再是单纯地为了"自己和家人必需的生活资料"工作，而是在为有朝一日能成功"逆袭"为企业主，赚取剩余价值在做着准备。

现在很多劳动者工作的动机，就是奔着能在某企业学到东西，能收获创业所需资金、技术、人脉和经营管理经验等创业必备要素而来，为自己接下来成为企业主打基础的，以避免自己创业走弯路，把未来的经营风险降到了最低。劳动者在这种动机下的工作，与其说是被企业主剥削压榨剩余价值，倒不如说是劳动者在为自己创业学经验的同时，还能额外赚取企业主给的一份报酬。这样的劳动者就是为有朝一日，能自己创业赚取剩余价值而工作的。

这样的成功案例有很多，如大家都非常熟悉的百度公司的总裁兼CEO李彦宏先生，他就是一个典型的从劳动者向企业家转型的杰出代表。1994年，在美国学习期间，他在收到了一家位于美国华尔街的道·琼斯子公司的聘书后离开学校开始工作。在华尔街的3年半时间里，李彦宏每天都跟实时更新的金融新闻打交道，先后担任了道·琼斯子公司高级顾问、《华尔街日报》网络版实时金融信息系统设计人员。1997年，李彦宏离开了华尔街，前往硅谷著名搜索引擎公司Infoseek（搜信）公司。在硅谷，李彦宏亲眼见证了Infoseek在股市上的无限风光以及后来的惨淡。在硅谷的日子让李彦宏感觉到，技术本身并不是唯一的决定性因素，商战策略才是真正决胜千里的因素。1999年，李彦宏认定创业时机已经成熟，于是启程回国，开始创建百度公司。当然，百度公司的发展壮大与作为创始人的李彦宏付出的艰辛努力是分不开的，他就是一个典型的带着事业和梦想去打工的劳动者。李彦宏受雇期间对他的人生来讲是一次质变的升华，不仅积累了创业资金，更学到了企业的经营管理理念和具体管理方式，避免了自己盲目创业可能会遭受的惨重损失。

无独有偶，2015年在中国有个很励志的创业故事，当时的新闻连篇累牍，报道的标题是《从打工妹到女首富》，新闻当事人就是周群飞女士。1970年，周群飞出生在湖南省湘乡市壶天镇一个小山村。20世纪80年代末期，父亲领着全家来到深圳，她在深圳大学附近找了一份工作，白天在手表玻璃加工厂打工，晚上去读夜校。1990年，周群飞打工的手表玻璃加工厂搞扩建。但厂房建到一半停工了，老板准备撤资。周群飞找到老板，毛遂自荐，称自己能搞定。老板虽然有些怀疑其能力，但仔细一想与其让工厂半途而废，不如交给她去试一下。周群飞因此拿到了主导此项目的机会，并兑现了承诺。周群飞将平时自学掌握的丝网印刷技术，创造性地应用到工作中，印出来的产品效果非常好。很快，这个工厂在周群飞手上做起来了，成为公司效益最好的厂。正是有此成功的尝试以及工作中掌握到的过硬技术，1993年3月周群飞和家人在深圳宝安区租了套三室一厅的民房，靠2万元启动资金，开始了独立的创业之路，搞的还是自己熟悉的丝网印刷，一路走来，艰辛异常，直至成为女首富。

尽管打工者最终能成功创业的并非普遍现象，但打工者都想当老板却是个普遍心理，正所谓"不想当将军的士兵，不是好士兵"。这与当下中国"大众创业，万众创新"的政策也是完全吻合的。但是创业也不能冲动，不能打没有把握之战，更不能赌博式地创业，若仅凭一个没有技术含量的所谓颠覆式商业模式就贸然出来创业，最后多半会死得很难堪。总之，不管劳动者未来是否会自主创业，以及创业能否成功，不可否认的是，劳动者在受企业主雇佣的劳动过程中，可以接触学习到创业所必需的信息技术、管理经验和启动资金等。从这个角度来说，劳动者的劳动过程，就不是马克思所说的纯粹的被剥削剩余价值的过程，而是在学习掌握创业经验、积累创业资金和人脉的过程。

以上打工者的创业故事，既可以说是成功逆袭的典范，也可以说是剧情反转的样板。这种事情，在历史上也时有上演，并且来得还更直接更刺激，他们这些"创客"不是自立门户开疆拓土，而是就地起义，直接把昔日的老板强拉下马，易位而居。如中国东汉末年，汉氏集团总经理董卓自恃西凉兵马强壮，为了在集团立威，废长立幼，让刘协作了傀儡董事长。董卓被其义子吕布刺后，汉氏集团许昌子、公司执行董事曹操又迎刘董至此"挟董事长以令诸子公司"，把持朝政，自封集团总经理，封魏公，进魏王，加九锡。等到他儿子曹丕继位不久，就迫不急待地逼刘董让位，至此曹丕正式建立魏氏集团，自任董事长兼总经理。曹丕只活了39岁就死了，其子曹睿继位，也是个短命鬼，35岁也走了，遗命司马懿辅幼主曹芳继位。至此，魏氏集团的经营管理大权旁落到司马家族手上，从此开启了祖孙四人轮流坐庄的历史。司马懿死后，其儿子司马师主宰魏氏集团，他暴毙后权力又移至其弟司马昭。这司马昭是个更狠的角色，自任集团总经理，并逼曹髦封他为"晋公"，加九锡。成语"司马昭之心，路人皆知"，就是曹髦的切齿之言。后来司马昭干脆杀掉曹髦，另立一个宗室子弟曹璜来当新傀儡，司马昭把新君曹璜改名曹奂，不久又封自己为晋王，他亡命后，其子司马炎又继位为晋王。公元265年，司马炎就效曹丕故例，逼迫15岁的曹奂禅位于他，总部设在洛阳，建号曰"晋"，史称"西晋"。曹魏45年篡来的集团公司被司马晋夺去了，曹操父子对东汉刘董玩弄的把戏，在孙子曹爽、曹奂身上被司马昭父子反过来淋漓尽致地重演了一遍。看来出来混迟早是要还的！

看历史让我们明白，老板不是那么好当的，随时可能被员工干掉，并且性命都难保。相比之下，老板和员工之间虽然不会舞刀弄枪，但老板也不是那么好干的，稍有不慎，也有可能命丧黄泉。我们生活中很多企业因为种种原因，如经营管理混乱、资金链断裂、产品缺乏竞争力、员工抢走客户、扩充过快而管理又跟不上等，都可能导致企业破产倒闭，其中跳楼自杀的企业主也不在少数。随便在网上一搜索，就能找到，如：2008年10月17日南方网报道的《疑资金链断裂，广东湛江"糖王"跳楼亡》、2014年7月11日大河报报道的《洛阳某开发商疑资金链断裂，法人跳楼身亡》、2014年9月29日新浪财经报道的《传闻土股份董事长跳楼身亡，马光远：或因资金链断裂》等。企业主的生存压力如此之大，以致有作者在人民网论坛呐喊："企业家破产或'跳楼'会成2015'新常态'吗？——谁来拯救民营企业和企业家。"该文分析指出，贷款难、融资难两座大山是把中小型民营企业逼上"绝路"的罪魁祸首。企业家不是在从事商业经营活动，而是在玩一场赌命的游戏，并且因为两座大山难以翻越，最终能胜利的企业家为数不多。

企业主跳楼能成为新闻，但从企业家过渡到打工者却很难被报道。或许是因为新闻只喜欢追逐成功者的原因吧，习惯了报道"从打工者到企业家"，却鲜有报道"从企业家到打工者"，以致失败的企业主往往只有选择了轻生，出了人命，才可能会登上头条。当然，这也不一定都是媒体的原因，因为很多当事人碍于面子，也不大愿意将自己从企业家转换成打工者的"事迹"公之于众，所以这方面的新闻素材相对较少，但是发生在身边的鲜活事例却比比皆是。选择跳楼的企业主是因为他认为自己已经没有了再转换成劳动者的空间，或者说是压力之大已经让其崩溃，结束生命才是最好的解脱。

本书作者作为一名律师，经常会接到一些企业主的法律咨询，如有些员工为了拿更高的提成，把企业的客户介绍给他人；或者有些胆大的员工干脆带着客户资料直接开办与原企业相同业务的公司。毫无疑问，这些员工的行为都是违法行为，依法应受到法律制裁，但有不少企业主因为缺乏证据或者想息事宁人，不愿用法律手段介入，以致让很多这样的商业违法行为不了了之。企业主这样纵容式的心态，在客观上倒让不少打工者摇身一变成了企业主，最后甚至完全取代原企业的市场份额。这就是网上所说的，走别人的路，让别人无路可走。

众所周知，没有受雇的劳动者，就没有企业主；没有企业主，也没有劳动者受雇。二者是休戚与共的一个整体，互为存续的条件，是企业生存与发展的最重要因素，用中国道家的观点来说，二者的关系就是阴与阳的关系，正所谓"万物负阴而抱阳"。《素问·阴阳应象大论》说："重阴必阳，重阳必阴。"道家认为：万物众象的阴阳属性改变一般出现在其发展变化的极值阶段，正所谓"物极必反"。万物众象的运动变化发展到了极点，其阴阳属性就会发生转化。由此可见，阴阳转化是指相互对立的阴阳双方，在一定条件下各自向其对立面转化的现象。此种转化，一般是指事物或现象总体属性的改变，即属阳者在一定条件下可转变为属阴，属阴者在一定条件下也可转变为属阳。

《灵枢·论疾诊尺》说："四时之变，寒暑之胜，重阴必阳，重阳必阴，故阴主寒，阳主热，故寒甚则热，热甚则寒。"其实，万物众象的阴阳属性皆是相比较而言的，说某事物或现象属阴，是说该事物或现象中的阴性成分占了较大的比重，并非说其只含阴性成分而不含阳性成分；说某种事物或现象属阳，也并非说其只含阳性成分而不含阴性成分。因为按照阴阳互藏互寓的基本规律，不可能有只含阴性成分或阳性成分的事物或现象，正所谓"孤阴不生，独阳不长"。"一阴一阳之谓道"，阴阳双方发生转化的内在根据是阴阳的互藏互寓。阴中寓阳，阴才有向阳转化的可能性；阳中藏阴，阳才有向阴转化的可能性。阴中寓阳，其阴性成分才能转化为阳性成分，表现为阴消阳长。此即所谓"阴转化为阳"，反之则"阳转化为阴"。

同理，同为人生父母养的企业主和打工者，其实每个人的先天质素都相差不大，只是由于后天成长环境存在差异，以致进入职场后有人成了企业主，有人成了打工者。所以，只要打工者愿意努力，肯补足短板，那么身份发生蜕变完全有可能。总之，企业主与劳动者的身份，既不是"铁饭碗"，更不是"终身制"，二者在一定条件下是可以相互转换的，所以不仅企业主可以获得剩余价值，经过艰辛努力的劳动者也是可以争取到的。

三、剩余价值靠什么刷存在感

上文说刘备榨取了关羽、张飞等人的剩余价值，并且当时吴氏集团的孙仲谋、曹氏集团的曹孟德也都是靠榨取众家兄弟的油水才完成原始积累的。那刘氏集团的关羽、张飞等人被榨取的剩余价值到底具体是指什么呢？这个问题有点大，要回答好，还得找军师诸葛亮先生（字孔明）了解了解，因为刘氏集团的事情都在他的规划之中。

话说公元207年冬至208年春，刘备三顾茅庐去襄阳隆中拜访诸葛亮，掏心掏肺地说了自己的难处，并请教孔明如何才能实现自己的创业梦想。诸葛亮说："我们可以先看看曹氏集团和孙氏集团这些年的发展情况，再来讨论具体的办法。"按理说曹孟德的曹氏集团，与袁绍的袁氏集团不是一个量级的公司，但是曹氏却能强行并购之，这其中不仅仅是占了天时，更为重要的是曹氏打造的智囊团全面发力，其威力不是多少个整编师可比拟的。言外之意就是，刘老板你找我，可算是找对人了。然后，诸葛亮接着说："加之曹氏集团还绑架了大汉集团刘董事长，虽然大汉集团早已名存实亡，但这个招牌毕竟还在，这可是曹氏的一个软势力，也很重要。现在曹氏已今非昔比，可谓兵强马壮，要想在资本市场与他们硬拼是不可能的了。再说孙氏集团，这家公司已经传了三代，原始积累相当丰盈，其股东和员工都很团结，企业文化搞得不错，加之还有长江天堑，所以孙氏只能争取成为战略合作伙伴，而不可去强行收购他们。现在，刘老板，你最好的机会就是并购荆州集团，这公司家底虽厚，但其老总没啥能力，所以这是上天赐给你的良机，就看你想不想去搞定它了。再说地处四川的益州集团吧，这可是天府之国，有得天独厚的优势，当年大汉集团的创始人刘邦董事长就是在这里起家的，如果能成功并购，那整个天下就成刘曹孙三家超级公司的了。到那时，如果有合适的机会，再分别把他们俩一一剪除，顺手把大汉集团的金字招牌摘过来，岂不快哉？"后来的故事告诉我们，虽然刘备未能一统天下，但诸葛亮规划的三分天下确实实现了。按马克思的观点，这里的三分天下，就是关羽、张飞、诸葛亮等人为刘老板创造出的剩余价值。

马克思认为，剩余价值（也就是老板被榨取的油水）是雇佣工人在生产过程中所创造的，被资本家无偿占有的，超过劳动力价值的那一部分价值。马克思在分析剩余价值时，没有考虑到这部分剩余价值还要进行再分配的问题，因为企业主是不可能完全独占的。企业主在其营业收入中扣除支付给工人的工资后，余下部分也就是马克思所说的剩余价值，首先要向国家缴纳各种税费，如营业税、增值税、印花税、企业所得税、企业主的个人所得税等；如果企业主用于生产经营的资金是向银行等借贷机构举债融到的，那么还得先偿还这部分借款及相应的利息，大家都知道银行就是靠借与贷的利息差而生存的。这些支出都来自于劳动者创造的剩余价值，如果剩余价值小于这些支出，那么企业主辛辛苦苦的生产经营行为就会入不敷出，甚至还有破产倒闭的风险。所以说，企业主与刘备有着本质的区别，刘备除了支付人工和设备开销外都是自己的收益，他不需要向名存实亡的大汉集团交纳任何税费，刘氏集团收益的一分一毫都是自己积攒的原始积累。也就是说资本家只有拥有像刘氏集团一样的企业，其上没有凌驾于自己的组织时，马克思的剩余价值观才能成立。显然，我们生活中不可能有这样的企业存在。

由上观之，劳动者创造的剩余价值除了支付劳动者必需的生活成本和维持生产的物质条件外，还要向国家缴纳各种税费，否则企业就会被叫停，企业主也会被追究法律责任。当然，如果没有以税费形式支撑的剩余价值的存在，那么国家机器、军队建设、金融机构、基建施工、环境保护等都无法运转，整个社会都将全面瘫痪，企业主也就失去了组织剩余价值生产的社会条件。因此，正是有劳动者创造的剩余价值的存在，才使得整个社会得以正常运转，人类才能从事生产和再生产。

那这个神奇的剩余价值生产是从何时开始出现的呢？当我们追根溯源，会发现剩余价值生产不是生来就有的，其出现需要特定的历史条件。当人类社会发展到有社会分工、商品交换之后，要可持续地向前发展，剩余价值生产就应运而生了，这是社会发展规律的自然选择，与社会形态无关。由于在原始社会前期，生产力水平非常低下，劳动者创造的价值尚不能满足自身及家庭的需要，人在很多时候处于忍饥挨饿的境地，故难以创造剩余价值。原始社会末期，由于生产力的发展，劳动者创造的价值除满足自身及家庭需要外，尚有少量剩余，故能生产少量剩余价值。剩余价值的产生对社会发展产生了巨大影响，最明显的便是战争得胜者不再将战俘杀掉，而是将其用作奴隶为自己生产剩余价值。在封建社会，剩余价值的生产已广泛存在，地主收的地租及国家收的各种捐税，皆来源于农民及其他劳动者创造的剩余价值。资本主义的生产，众所周知，其实质就是剩余价值的生产。资本主义企业的利润及国家的财政收入皆来源于工人及其他劳动者创造的剩余价值。社会主义社会，同样也广泛存在着剩余价值的生产，否则社会主义国家机器也无法运转。因此，剩余价值的生产并非仅存在于资本主义社会，社会主义社会也广泛存在，劳动者创造的剩余价值是企业利润和国家财政收入的源泉。这应该就是剩余价值刷存在感的最好方式了吧！

马克思认为，剩余价值的生产仅在资本主义社会存在，在其他社会，尤其是作为资本主义社会取代者的社会主义社会就不存在，可事实并非如此。社会主义社会仍然存在雇佣劳动者做工的私有企业、合资企业、股份制企业等。作为社会主义经济主体的公有制经济，它也生产剩余价值，因为公有制企业的职工，也没有将自己创造的价值全部占有，而是留一部分成为企业利润和国家利税，这些利润和利税实际上就是公有制企业职工创造的剩余价值。社会主义社会，私营企业的业主也要向国家纳税，而其所纳的税实际就是私营企业的劳动者创造的剩余价值。社会主义社会，不管是公有制经济还是私有制经济，劳动者创造的价值实际可分为两部分：一部分为自用价值，满足自身及家庭的需要；另一部分则为剩余价值，成为企业利润及国家财政收入的源泉。如果劳动者创造的价值不够或仅够满足自身及家庭的需要，没有一点剩余，那么企业就挣不到任何利润，国家财政也不会有一分钱的收入，从而社会经济就会停滞不前，国家机器就会停止运转。

其实，和资本主义社会一样，社会主义社会的剩余价值生产也是不可或缺的。因为剩余价值不仅是企业生存和发展的基础，也是国家进行宏观调控的物质保障，国家的钱粮赋税、财政储备、社保基金都来源于剩余价值。没有剩余价值的持续增加，就没有国库的充盈，财政收入也会断粮，大规模的经济建设和社会公益活动就无法进行，社会主义的生产目的就不可能实现。从以生产力为基础的社会发展角度来看，社会要想不断进步发展，就需要剩余劳动的存在，需要不断地扩大再生产，然而，有剩余劳动的存在就必然会有剩余价值的存在。

中国改革开放总设计师邓小平同志提出，社会主义的根本任务是解放生产力，发展生产力；社会主义根本目的是消灭剥削，消除两极分化，最终达到共同富裕。而创造剩余价值的过程，正好体现了这种"目的"和"任务"的辩证统一。社会主义市场经济条件下，剩余价值的分配去向，基本上也是符合社会主义本质要求的，是有利于发展社会主义社会生产力的、是有利于增强社会主义国家综合国力的、是有利于提高人民生活水平的。加之，社会主义商品生产者为了追求剩余价值的最大化，自然会产生出无限的动力与活力，以及不可避免的竞争压力。这些势必促使企业改善经营管理，采用先进的科学技术来提高经济效益，最终全社会都将在这场你追我赶的剩余价值生产竞赛中受益。

可以说，有了剩余价值才有了家国天下，否则，国将不国、家不成家，故修身、齐家、治国、平天下都离不开剩余价值的持续供给。从这个角度来说，剩余价值生产是社会生存发展的源动力，也是企业主与劳动者维系关系的不二法门和天道法则。老子在《道德经》中说"故从事于道者，道者同于道"，他要求人们要坚持遵循道的法则。"执古之道，以御今之有，以知古始，是谓道纪"，意思是要遵循古代的法则，解决现实的情况，以认识历史的规律，这就是遵循道的法则的具体表现。是否按道的原则办事，结果是不一样的。"天下有道，却走马以粪，天下无道，戎马生于郊"，坚持道的原则，天下和平安定，放弃道的原则，则会陷于兵荒马乱之中。按道的法则去做，道自然会成全于你，即"同于道者，道亦乐得之"。

通过上述分析可以得出的结论是：只有社会的生产发展不再需要人类劳动时，剩余价值生产才会停下来，因为人类社会的繁衍生息以及可持续发展，都离不开剩余价值的供给。这是人类社会生存发展的自然法则，只能遵之守之，否则人类社会就会停滞不前，甚至消亡，这也是中国道家哲学的核心理念。可见，剩余价值的生产将与人类社会同步前进，贯穿始终，除非社会发展不再需要人类劳动。

第五章
劳资挥袂论剑动天下

一、过招从相面识人开始

古人云：善用人者能成事，能成事者善用人。而要想做到善用人才，那么首先要知人，只有知人才能善任。这方面，刘邦是一个榜样。据《史记》记载，刘邦登上皇位后，在讲述其战胜项羽的经验时说："夫运筹帷幄之中，决胜千里之外，吾不如子房；镇国家，抚百姓，给饷馈，不绝粮道，吾不如萧何；连百万之众，战必胜，攻必取，吾不如韩信。三者皆人杰，吾能用之，此吾所以取天下者也。"看来，出身寒门的刘亭长之所以能打败不可一世的西楚霸王项羽，绝非全凭运气这么简单，而是靠识人用人的真本事。

很多人认为，相由心生，所以交友用人之际，都会不同程度地相面识人，只是水平高低不同罢了。相由心生，可以理解为人的思想感情和心灵情志必然表现在人的仪表上。从心理学的层面来说，每个人的面相都反映着其相对应的身体和心理的状态，如一个身体健康、身心愉悦的人，其面相通常都天庭饱满、红光满面、神采奕奕。相反，一个被病痛折磨、苦大仇深、官司缠身的人，想开心也开心不起来，其面相通常是愁云密布、双眉紧锁的，这已是生活常识。眼界即是心界，而面相即为心相，相由心生就是这个道理。在玄学中，"相"的意义一般是指面相，也概指整个相貌，相由心生即是说有什么样的心境，就有什么样的面相，一个人的个性、心思与作为，可以通过面部特征表现出来。从生理学的角度来说，一个人的相貌由形和神两部分组成。

形貌纯属生理特征，神貌既取决于生理因素，也取决于后天修为。生活中的一举一动、一思一念，日久天长就会凝固于人的脸上，可谓"有诸内必形诸外"。日久则生是相，并非相家妄论。因为人体由骨骼、皮肤、毛发、血液等组成，骨骼是支撑，而心则维系着生命。人的心情、心念主导着人的身体，它是生命支配者、是中枢的中心，身体的其他器官受他支配并相互影响着，内在的心理状态会通过外在的器官表现出来，并通过时间的累计影响，改变着外在形态。

关于相面识人，司马迁在《史记》中记载了这么一个故事。助越王勾践成功复国的范蠡，在功成名就之时，悄然隐去，成功脱身后的他也不忘给昔日同僚文种一番劝告。遂从齐国给大夫文种写了一封信，信上说："狡兔死、走狗烹；飞鸟尽、良弓藏。勾践颈项特别长而嘴像鹰嘴，这种人只可共患难不可共享乐，你最好尽快离开他。"文种看完信后，虽称病不再入朝，但由于他不忍离去，未完全听从范蠡劝告。后来有人向越王进谗言，说文种将要作乱，越王勾践便送给文种一把剑，对他说："你教给我七个灭人国家的方法，我只用了三个就把吴国灭掉了，还剩下四个方法，你拿到先王那里，去帮助先王试下吧。"文种于是自杀了。可见，范蠡还是比文种略胜一筹，因为他不仅懂计谋，而且还会相面，所以在老板勾践发力之前，就成功躲过了生死劫。小说《三国演义》中也多次提到相面识人之事。当时驻军新野的刘备求贤若渴，在徐庶的建议下，三次到襄阳隆中拜访孔明，但直到第三次方才得见。刘备见孔明的第一眼是这样描述的："孔明身长八尺，面如冠玉，头戴纶巾，身披鹤氅，飘飘然有神仙之慨。"与此同时，孔明也在上下打量刘备，分析此人是否值得投奔。目测完毕后，孔明在刘老板面前秀了一下自己的本事，为刘备分析了天下形势，提出先取荆州为家，再取益州成鼎足之势，继而图取中原的战略构想。

孔明出山之前，江湖上有传言"卧龙凤雏得一可安天下"，可见"卧龙先生"孔明确实博学多才、远见卓识、胸怀大志。所以，才貌双全的孔明选择面很大，但他既没选择雄踞北方"挟天子以令诸侯"生性多疑的曹操，也没投奔据有江东已历三世优柔寡断的孙权，却入伙了尚无立锥之地对其言听计从的刘氏集团。后来，他在隆中为刘备规划的三分天下有其一的"三国梦"也得以实现，他也顺理成章地封侯拜相，刘备去世时又成托孤重臣。可见，刘备对他是用人不疑的，同时也说明孔明的确会识人。小说《三国演义》第五十三回"关云长义释黄汉升，孙仲谋大战张文远"中还有这么一段故事，进一步印证了孔明相面识人的过人之处。书中写道，关羽取长沙时，因黄忠没有用百步穿杨之箭射杀他，被太守韩玄推下问斩。正在这当紧时刻，帐外闪进一将，手起刀落斩杀韩玄救了老将黄忠。这人是军阀割据时的蜀汉名将魏延。然而，当关羽引魏延归来时，孔明却"喝令刀斧手推下斩之"。刘备问何故，孔明说："吾观魏延脑后有反骨……故而斩之。以绝祸根。"玄德曰："若斩此人，恐降者人人自危。望军师恕之。"孔明指魏延曰："吾今饶汝性命。汝可尽忠报主，勿生异心，若生异心，我好歹取汝首级。"魏延喏喏连声而退。魏延保住了性命，却再没有被大用过。直到诸葛亮死后，魏延果然反了，马岱受军师遗命于军前斩之。

  看到这里，各位是不是都想知道，神机妙算的孔明的识人之法可有传世？有的，概括为"七观法"：其一，问之以是非而观其志。目的在于通过其对是非的判断来了解其志向。一个无志之人，要么是一个庸碌的人，要么是一个骑墙的小人。这样的人对世界形不成自己的看法，只能人云亦云，甚至见人说人话，见鬼说鬼话。因此，探问一个人的是非观，可以看出这个人的志向。对是非的态度越强烈，越能看出一个人志向之坚强。其二，穷之以辞辩观其变。目的在于通过一连串的追问来了解他的应变能力。孔明认为能言善辩者一定头脑灵活，思维敏捷。其三，咨之以计谋而观其识。通过征求其谋略意见来了解其知识水平。临事对策，现场办公，可以看出一个人的学识水准和办事能力。其四，告之以难而观其勇。通过从事复杂困难的工作情况来了解其胆识。也就是我们常说的，老板请你来，不是让你来证明事情有多难办的，而是要你克服困难解决问题的，所以考察其勇气和担当是十分重要。其五，醉之以酒而观其性。通过其酒醉后的表现来观察了解他的本性。正所谓酒后吐真言。其六，临之以利而观其廉。给其以得到财物的机会来观察是否廉洁。俗话说，"日防夜防家贼难防"，企业要想不被掏空，有效防止内部人员监守自盗很重要，因为现在不少员工见利忘义，抱着侥幸心理实施商业贿赂、挪用资金、职务侵占等犯罪。其七，期之以事而观其信。嘱咐其办事来证明他是否守信用。孔子认为，人若不讲信用，在社会上就无立足之地，什么事情也做不成。

除了孔明将相面识人进行过系统总结外，还有一位在中国历史上堪称完人的人——晚清名臣曾国藩，他在这方面也颇有建树。曾国藩选贤任能之精准，可以说是他事业成功的一大法宝。曾国藩认为，"办事不外用人，用人必先知人"。《清史稿·曾国藩传》这样记载："每对客，注视移时不语，见者悚然。"这就是说他接见生人时，不说话先打量对方，盯着对方瞧上几分钟，往往会让来者心里发毛。"退则记其优劣，无或爽者"，意思是，曾国藩接见完后还有个习惯，就是对来人的相面结果与预测详细记在小本本上，据说都很准确。曾国藩辨识人才的法门，被人视为"相面术"。其中，流传甚广的八句相人口诀，可以说是曾国藩对相人术的总结：①"邪正看眼鼻。"如果鼻子和眼睛不正，即俗话讲的眼斜鼻歪，在曾国藩看来这个人肯定心术不正。正所谓眼睛是心灵的窗户，就是此理。②"真假看嘴唇。"口为出纳官，以方、广、厚为贵。嘴唇厚的人多半忠厚，为人处世基本能以诚相待，给人以实在、讲信用的感觉。嘴大的人一般比较豪放大胆，性格坚强，精力充沛，富于行动及决断力，会努力拼搏。③"功名看气概。"一个人有没有功名，曾国藩说要看人的气概。用现在的话说，就是感受气场够不够强大，能否震得住场。④"富贵看精神。"这里的"精神"是精气神的意思。一个人的精神如果时时刻刻都能够集中，不会涣散，注意力能很快集中，也能很快松懈，总体上保持高度的弹性，脑筋就能非常灵光，也比较容易取得成功。⑤"主意看指爪。"一个人有没有主意，主要看指爪。手以厚、软为贵。手指纤长，其人聪颖，有主意，短而粗者愚鲁。曾国藩说："手心、手掌心当中纹络清晰而浅者，心定。"这个心定就是主意定，临事不慌乱。"手掌纹络浅而乱者，人心乱、心浮。"⑥"风波看脚跟。"脚步稳重的人有担当，整个人也四平八稳，做事会按部就班，值得信赖。如果走路都是七扭八歪的，显得很轻浮，一点也不踏实，很难信得过。除此之外，还要站似一棵松，卧似一张弓，不动不摇坐如钟。但是，很多人一坐下来双腿就不停地晃动，岂不知中国民间有"男抖穷女抖贱"之说。⑦"若要看条理，全在语言中。"这要算两句口诀。意思是透过语言看人的内心，这是曾国藩看人口诀的最终结论，也就是要看你的心。

由上观之，史上的圣君良相，有不少人都有几分相面识人的本事，看来这相面识人还是比较靠谱的。但是，现在有人会立马反驳说，阿里巴巴集团董事局主席，被誉为"外星人"的马云先生一出场，就可以让所谓的相面识人彻底没了市场，其实这话说得太过了。虽然马云先生整体五官与大家传统的审美观有一定的出入，但分开看其面部各部位却表现甚佳：他天庭饱满、侧脑骨丰隆、鼻骨挺拔、两颧高起，这些特征从传统的相面识人术的角度来讲都是大吉之兆，当然他的下巴略尖，其晚年运势可能会大不如前。说到这里需要特别声明一下的是，这不是在宣扬宿命论，而是就中华传统的相面识人术进行实战分析，如果非要问这里面有几分科学道理，那么可以告诉各位的是，东方的相面识人术与西方的星座血型分析，都或多或少地包含着统计学的理论。另外，本书所说的相面识人，也只是说人们在交朋结友、求职招聘、寻找合作伙伴之时，都是从打量对方的第一眼开始研判对方的，但是，如果要想真正地认识了解对方，还是需要长久的相处，正所谓日久见人心。生活中，男女双方的一见钟情，多半都是因为在人群中多看了对方一眼，未能忘记其容颜，故而以身相许的。但被骗财骗色，看走眼的人也不少。所以，相面识人只是对人的初步判断而已，似懂非懂者慎用，否则看走眼也就成常态了。

人的相貌有清秀、古朴、奇伟、秀致之别。清秀是指精神澄明，谈吐温文尔雅，举止端庄斯文。古朴是指为人淳朴，气质敦厚，言谈举止都朴实无华。奇伟是指体格魁梧伟岸，气宇轩昂，步履矫健，神态豪迈。秀致也就是形貌美丽英俊，眉清目秀，风度可爱怡人。从阴阳五行的角度来说，人的胸腹手足，都对应着"五行"，即金、木、水、火、土，都有它们的某种属性和特征；人的眼耳口鼻，都和"四气"，即春、夏、秋、冬四时之气相互贯通，也具有它们的某种属性和特征。人体的各个部位对称协调者显然比起那种相互背离族拥者，在待人接物上更占优势，功业机会自然也就更多。所以，人的姿容可贵之处就在于"整"，这个"整"并非整齐划一的意思，而是要人整个身体的各个组成部分要均衡匀称，使之构成一个有机的完美的整体。就身材而言，人的个子可以矮，但不要矮得像一头蹲着的猪；个子也可以高，但绝不能像一棵孤单的茅草那样耸立着。从体形来看，体态可以胖，但又不能像熊一样臃肿；体态瘦也不妨，但又不能瘦得如同一只寒鸦那样单薄。再从身体各部位来看，背部要浑圆而厚实，腹部要突出而平坦，手掌要温润柔软，手臂则要弯曲如弓，脚背要丰厚饱满，脚心要空，空到能藏下鸡蛋为佳，这也是所谓的"整"。一个人走起路来如同背负重物，厚实稳重，做事就稳当，易给人信任感；而那些走路像老鼠般步子细碎急促，两眼又左顾右盼且目光闪烁不定者，做事就显得浮躁，多半是急功近利，贪财好利之徒。总之，相面识人既有主观判断，也有客观分析，就看你的"道行"有多深。

现在很多企业招人，由于缺乏相面识人的本领，所以几乎都只看求职者的学历和工作经验这些客观的硬指标，至于人品如何，企业倒是不怎么关心，好自然更好，不好也无所谓，反正用的是他的才，又不是他的德。这种观念是很危险的。因为从古至今，我国历朝历代贤明的统治者大多是倡导"德才兼备，以德为本"。周公力主"惟听用德"，孔子强调"为政以德，譬如北辰，居其所而众星拱之"，北宋司马光在《资治通鉴》中则提出："取士之道，当以德行为先。"早在1938年，毛泽东就指出：中国共产党是一个在几万万人的大民族中领导伟大革命斗争的党，没有多数才德兼备的干部，是不能完成其历史任务的。改革开放初，邓小平多次强调要坚持德才兼备，不能重德轻才，也不能重才轻德。这当中，又数司马光对德与才的论述最为详尽，他说："夫聪察强毅之谓才，正直中和之谓德。才者，德之资也；德者，才之帅也。"他给圣人、君子、小人下定义："是故才德全尽谓之圣人，才德兼亡谓之愚人，德胜才谓之君子，才胜德谓之小人。"司马光这一论述是有针对性而发的，他提出的选材标准是："苟不能的圣人君子，与其得小人，不若得愚人。"司马光所说的不无道理。用人最理想的标准当然是德才兼备，但这一严苛标准导致选择面实在太小，圣人自古以来就是凤毛麟角。所以，在才德不能兼备的情况下，愚人是比较保险的选择。选一个傀儡操纵，他会很听话，因为愚，他没能力做好事，同样也没能力做坏事。而小人就不同了，小人无德，但他有才，无德不能做好事，其才却足以做坏事。选傀儡的前提是，得有一个好的操纵者，否则，傀儡什么也做不了，结果还是小人得逞。所以，现在江湖上有句话很受用：有德有才，破格重用；有德无才，培养使用；有才无德，限制录用；无德无才，坚决不用。

现在能相面识人的行家太少了，更不用说众多的企业主了。既然企业没有能力做到以貌取人，那又如何识人呢？当然有招，既然看一眼搞不定，那就多看几眼，深入了解，所以劳资双方一般都会约定一个"试用期"以观后效。我国《劳动合同法》规定，劳动合同期限3个月以上不满1年的，试用期不得超过1个月；劳动合同期限1年以上不满3年的，试用期不得超过2个月；3年以上固定期限和无固定期限的劳动合同，试用期不得超过6个月。所以，劳资双方都要用好这个试用期，充分了解彼此，以决定是否相约到永久。

劳动者在试用期，绝不是设法与人事部门领导把关系搞好，争取早日转正，而是要实实在在地去了解企业的真实情况，以免耽误自己的职业规划，或造成不必要的损失，或陷入违法犯罪团伙锒铛入狱。考察的重点是：①企业发展方向。由此可以看出企业主志在何方，与自己的职业规划是否吻合，将来上升空间有无瓶颈等。②企业文化。重点是看企业的价值观、行为规则等，这不是说去看企业墙上贴了什么标语、喊了什么口号、定了什么规矩，而要看大家的言行举止是否真的含有这些文化理念。好的文化价值观和行为准则，能够引领大家积极向上，反之如果只是让大家投机取巧，说一套做一套，甚至为非作歹，不用多说，这个企业迟早出事，加入这样的企业，将来获罪的可能性极高。③产品和服务。着重看该企业的产品和服务是否表里如一，有无假冒伪劣或欺诈失信等违法行为，这个问题涉及刑事法律风险，不可不察。④员工状态。老员工已经入职企业一段时间，比刚入职者更了解企业，通过与他们的接触可以更真实地了解企业，同时也可以看出他们在企业的精气神如何，如果员工普遍状态不好，那么这样的企业管理是有问题的，要指望在这样的企业带领自己奔向锦绣前程是不大可能的。⑤薪酬情况。这个不用多说大家都很关心，入职之前已经有了初步了解，但那只是人事部门工作人员的口头介绍，与实际情况难免存在出入，如企业能否按时发放工资，有无拖欠员工工资，是否经常出现劳资纠纷等。也许有人会说大型正规企业就不会存在这些问题，非也，只能说可能会少一点，但不能绝对排除，尤其是劳资纠纷这类问题必须了解。因为不少所谓的大型正规企业仗势欺人，即便自己违反劳动法规，也不依法合理解决纠纷，而是仗着自己财大气粗故意拖着劳动者，从劳动仲裁庭拖到法院一审、二审，在旷日持久的纠缠后才给钱。这种是典型的为富不仁型企业，与之工作难有顺心之时，须谨慎处之。

那资方又该如何利用这个试用期呢？这个原本对企业来说非常重要的时间段，却不被很多企业重视，或者说他们不知该怎么重视，以致形同虚设，可有可无。中国著名企业家柳传志说，企业选人用人要多看员工的"后脑勺"，意思是说当一个员工正面朝着你时，你看见的都是很正面的东西，所以要看其"后脑勺"，即看员工对别人、对朋友和处事的一些东西。有的时候需要更多地接触，例如，在一起出差、吃饭或者多谈话，才能了解一个人方方面面的品质。很多人对你好，不能说明什么问题。不过，他还表示，"后脑勺"也未必都能看得很清楚，因为现在的人都特别聪明，会给你做出"假后脑勺"，把后脑勺"整容"一下也有可能，所以看人得全面，然后再决定这个人到底行或不行。看来，考察员工的"后脑勺"也是要当心留神，把握分寸的，以免被其假象所迷惑，给企业埋下祸根。这可绝不是在危言耸听！大家都知道商场如战场，如果你引进一个竞争对手安插的商业间谍怎么办？如果是竞争者派来挖墙角，惑乱军心的怎么办？如果求职者盗走你核心商业机密又怎么办？如果你引进的高管一边拿着你给的高薪，一边又凭借手中的权力让公司与其亲友的企业进行着显失公平的交易怎么办？如果你公司生产销售的商品的名称刚刚确定，就被公司高管授意其亲友抢注了商标怎么办？所以，利用这个试用期充分认识和了解求职者，是决定企业未来生死的头等大事，其重要性自然不必多说。考察劳动者的"才"，可以按既定的业绩量化指标进行，这个大家都已轻车熟路，不再赘述；至于考察劳动者的"德"，这个就需要点水平了，按照前文所述方法测试也是一种选择。

各位看官，狼烟已起，利剑出鞘，看招！

二、相爱相杀决胜 KPI

要让有利益之争的劳资双方"相爱"，唯一的办法就是处理好二者的利益分配问题，只有利益捆绑才是最有杀伤力的绝招，否则再好的企业文化也不可能长久地留住真正的人才。此绝招的心法就是"股权激励"，这对于创业初期，资金都比较紧张的小微企业而言，可以说是屡试不爽的法宝。但是，不少企业主对此还是有所顾虑的，因为分出股权后，除了自己会降低对公司的掌控权外，拿了股权的员工仍然存在离职的可能。所以，在什么时候、怎么样对企业高管和普通员工进行股权激励，还是有很多门道的。不过，只要能把握住以下这几个点，倒也不是想象的那么高难度。因为股权的"含权量"主要包含经营决策权和盈利分红权两项，所以一些企业把普通员工比较看重的盈利分红权拿出一些来分给普通员工，让他们的收入与企业的盈亏直接挂钩，但不进行工商变更登记，这些分红权是无法左右公司的经营决策的。当然，让这部分员工成立一个有限合伙组织，然后以此有限合伙的名义集体持有公司一定比例股份也是可行的，这样既能体现工商登记，也不影响公司的经营决策权。但是，这个方案对于核心高管却不一定行得通，因为有些高管希望拿到的是"含权量"完整的股权，他们会要求直接在公司股东名册中记载其个人名字。所以，对于这些人员的股权激励，设置的前提条件须更严厉，如业绩指标、工作年限等。至于企业创始人一直担心的获得完整股权高管或者仅有分红权的普通员工离职的问题，可以在协议中约定，一旦其离职，由公司以某种可以量化的价格回购其股份等条款，以确保公司的正常运转。同时，公司为了能留住人才，还可以根据其工作年限等指标，倍增分红或附赠其他更多的福利，让员工在利益面前彻底断了离职的念头。如此，员工变股东，企业与员工的利益就很好地捆绑在了一起，和谐的劳动关系自然就水到渠成了。

对员工进行"股权激励"的道理虽然简单，但是现在很多企业主还是不会轻易放此大招的，因为他们还没有从劳资"相杀"的历史阴影里走出来。

所以，他们对待员工，哪怕是已经获得分红权的员工，还是更喜欢采用原来的配方，调制熟悉的味道，以逸待劳，各个击破。这里所说的"逸"和"劳"就是对劳资双方长久以来"对峙"状态的描述。显然，劳动者到资方的地盘找活干，根据"我的地盘我做主"的游戏规则，双方的游戏已经开始了。

不管是主动上门找资方求职的劳动者，还是资方费尽心机通过猎头公司挖到的职场才俊，只要双方达成劳动合约，劳资关系就此建立，该出钱的出钱，该出力的出力。可是现在问题来了，资方和劳方该如何构建彼此的关系，才能让大家和平共处、相安无事呢？这是很多研究人员都在思考的问题。是企业主导，还是员工主导，抑或政府主导？先说政府主导型劳资关系，在这种状态下的劳资关系中，由于企业受外因干预过多，企业易被管得太死统得太死，不利于及时高效地协调处理劳资关系，继而成为经济发展的桎梏，这与过去的计划经济体制非常相似，因此现在的社会环境不适合政府主导型劳资关系的发展。

至于员工主导型劳资关系，就是以劳动者为主，企业主为辅，劳资关系由劳动者集体（劳动者建立的工会）来决定，即涉及全体员工利益的工作时间、劳动报酬、奖惩条件、晋升降级、解雇开除等事项都由工会说了算，企业主顶多只能提供参考意见，但最终决定权在工会。试想，在这种状态下，劳动者干好干坏，怎么奖惩的话语权完全在工会，而不在企业主，那么作为资方的企业主是不是得设法搞好与工会的关系，以免自己的投资打水漂呢？此时，工会处于超然的地位，有一种"挟员工以令投资人"的意味。也许有人会说，工会处理劳资问题会按既定的规则办事，不可能率性而为，只有企业好，大家才会好。话虽如此，但不可否认的是劳资双方对于企业的生死存亡有着两种截然不同的心态，对于投资人而言，可能他的全部身家性命都押在了企业，而对于工会和全体员工而言，他们却有着"东方不亮西方亮"的心态，此处不留人，自有留人处。加之，人都是有私心杂欲的高级动物，一旦看到企业效益好一点，工会自然就会打着全体员工的旗号，要求资方让利，提升既定的薪资福利；反之，如果企业效益差，资方入不敷出，那么工会也会说，为了社会稳定，员工的工资福利不能降，否则引起罢工之类的事件，谁也没有好果子吃。看吧，在劳动者主导型的劳资关系下，资方不管是盈利还是亏损，都没有安全感。换作是你，你愿意作这样的资方吗？显然，这种反客为主的劳资模式是难有生存空间的。

可见，传统的资方主导型劳资关系之所以能适用至今，其生命力是极其旺盛的，毕竟只有让资方掌控着劳方的薪资福利、绩效考核、聘用解雇等权力，资方才能解除自己的后顾之忧，也才能设法调动劳方积极性。下面我们就分析下资方该如何主导劳资关系。俗话说，"火车跑得快全靠车头带"。所以，劳方需要从火车头价值的高度来看待资方对于整个企业的贡献，看到自己之所以还能在经济不景气、就业环境困难的当下，有工作可做、有工资可拿，全仗着冒着亏损破产风险的资方。当然，劳方肯定资方的价值，并非是说要对其感恩戴德，毕竟劳动者获取劳动报酬是付出了劳动的，并没有吃到企业主的"免费午餐"。如果劳动者都能肯定企业主的带头价值，认可"众与一"的关系是从属关系，企业是劳资关系的主导方，那么企业与员工的沟通就会顺畅很多，建立和谐的劳资关系就会又增一筹码。

其实，不论是管理企业，还是治理国家，体现的是同一个道理：以寡治众，执一统众。魏晋玄学的主要代表人物王弼就认为："万物万形，其归一也。何由致一？由于无也。由无乃一，一可谓无。"他把"一"与"无"并称，"一"就是"无"，是万物众象的本源和归宿，自然便成了万事万物的统帅。他又说："一，数之始，而物之极也。各是一物之生，所以为主也。"就是说"一"是数之始，物之极（本根），所以为万物之主。"一"和"多"是主从关系。王弼论证宇宙间的一多关系，目的是引出社会人事的"以寡治众""以君御民"的道理。他说："宗，万物之主也；君，万事之主也。"故万物之生，吾知其主，虽有万形，冲气一焉。百姓有心，殊国异风，而王侯得一者主焉。以一为主，一何可舍。王弼认为，"以一为主"是宇宙间的必由之理、普遍规律，民必然要统一于君。他说："夫众不能治众，治众者，至寡者也……故众之所以得咸存者，主必致一也。"所以"少者，多之所贵也；寡者，众之所宗也"。

既然劳动者与企业主之间是以寡率众的从属关系，那么就要让劳动者对企业主树立起"核心意识"，要求他们在思想上认同核心、在组织上服从核心、在行动上维护核心。这说起来就有点类似中国传统礼教中的"亲亲尊尊"思想，但这却是维护社会秩序良性运转的不二法门，因为任何一个组织，大到一个国家，小到一个团队，一定要有话事人，否则群龙无首，纷争不断，终将一事无成。这个理论，对于企业进行股权结构设计也是非常适用的，企业一定要有控股股东，切忌各股东股份均等，否则将来很难引到投资。所以，风投界认为最差的股权结构有：50%：50%、34%：33%：33%、25%：25%：25%：25% 等之类，不难发现，其判断标准就是看各股东所持股份有无大小之别，有无主次之分。我们再回到劳资关系话题上来，既然大家都认同劳资双方是从属关系，那么企业主该如何处理这个关系呢？他们之间发生纠纷又该如何化解呢？这些都是现代企业管理中绕不开的话题。

俗话说，熙熙攘攘为名利。前面已经说了，劳资关系中的最核心的问题是利益分配，而利益分配问题中最核心的又是劳动报酬和福利待遇问题。作为交易的双方，企业希望以更实惠的价格获得劳动者的劳动力使用权，而劳动者则希望劳动报酬越来越丰厚。这都无可厚非，毕竟趋利避害是人性使然。那如何制定劳资双方的考核分配规则呢？吴思在《血酬定律》中讲了这么一个规则："所有规则的设立，说到底，都遵循一条根本规则：暴力最强者说了算。这是一条元规则，决定规则的规则。"所以，劳资双方的游戏规则主要体现的必然是企业主的意志。当然，尽管说在一些地方还存在血汗工厂，但不可否认的是在法治的大环境下，现在的企业主多半不敢再对劳动者施以暴力，游戏规则也以明文规定的绩效考核为主，通行做法就是 KPI 考评。

KPI（Key Performance Indication）即关键业绩指标，是把企业的战略目标分解为可运作的具体指标的一种工具。KPI 是现代企业中备受重视的业绩考评方法，可以使各部门明白自己要干什么，一线劳动者又要干什么，能把工作量化到每一个人。然而，中国的绝大多数企业并未掌握其精髓，所以不能很好地运用于实战之中。这当中的原因当然是多方面的，但不可忽视的一点是很多企业主都持有"拿来主义"的惯性思维，认为其顶礼膜拜的世界五百强公司行之有效的管理办法，当然也可以全套照搬于自己的公司。有条件要上，没有条件，创造条件也要上。这可不是笑话，现在这样的企业主越来越多，他们接触新思想新理念的途径也比较统一，就是上所谓的"总裁班"。在那里，他们"三天打鱼两天晒网"地学到一招半式，就迫不及待地往自己的企业身上用，根本不考虑是否存在"水土不服"的问题。当然，也有一些企业主知道自己不专业，不能瞎折腾，为此还高薪聘请一些在"总裁班"课堂上自诩很牛的大师到企业指点一二，并言听计从。如此一来，原本运营尚好的企业，经过他们一番外科手术式的动刀后，被搞得进退两难，深受其害。这就是网上流传的"自从上了总裁班，企业就垮了"的文章广受热评的原因所在。

KPI 不是不好，关键是要结合自己的企业，因地制宜、因时制宜地做一套适合自己的绩效考核规则。前文已经说了，企业的游戏规则主要体现的是资方的意志，但这并不意味着，资方可以不尊重基本的客观规律，胡干蛮干。就像当年中共革命一样，是采用苏联的"城市中心暴动论"，还是结合中国具体国情走"农村包围城市"的道路，这就需要具体情况具体分析，而非全盘照搬。所以任何企业制定 KPI，都必须结合本企业实情，既不能由资方强行确定下发，也不能由劳方自行制定，它的制定过程需要劳资双方共同参与完成，它是双方一致意见的体现。它不是以上压下的工具，而是管理者与被管理者根据企业工作条件和员工工作能力达成的共识。

绩效考核体系相当于一架天平，一边是资方一边是劳方，而 KPI 就是砝码。砝码偏向哪一头，那么另一头自然会因为失衡而翘起。如果砝码偏重于劳方，则资方一头会翘起，员工的回报远胜于付出，长此以往，企业就会被掏空，直至最终倒下；如果砝码偏重于资方，则劳方一头会翘起，员工的付出没有得到合理的回报，长此以往，员工就会流失，优秀者跳槽而去，平庸者尸位素餐。所以，绩效考核最重要的就是把握平衡，这些考核指标中最典型的莫过于奖励和处罚，大多数企业都会"要心眼"，奖励和处罚的比例往往都定在 1∶2 或以上，就是处罚事项和处罚金额往往都比奖励要高一倍或以上。企业奖勤罚懒的用意虽好，但是如果把这个比例放在绩效考核的天平上，就会严重失衡，员工会感受到明显的不公平，会让员工"生二心"，骑驴找马，时时都在物色更好的资方，时间一长，人才必然流失。这就是为什么很多企业主感叹，有用的都走了，留下的都是些没用的。所以说，有些企业管理者发现：越罚员工越懒，越罚员工越不怕罚，不得已只好越罚越重，但是依然收效甚微，原因是留下的已经"死猪不怕开水烫了"。因此，企业的绩效考核体系本身必须保持平衡，一旦发现严重失衡，就需要调整了，而非再一味地往一头增加砝码，否则这样的考核终将把企业"烤死"。

关于绩效考核，资方必须明白，为什么要大费周章地搞KPI？这既不是为了给员工涨工资有个参考标准，也不是为惩罚员工让其心服口服，而是要在绩效与考核之间寻找一个平衡点，以此充分调动劳动者的积极性，达到劳资双赢的局面，最终推动企业的可持续发展。另外，企业通过KPI考核，也可以更好地发现人才，选用人才，以期做到扬其所长、避其所短。

其实，一个企业要想经营管理得好，修炼好KPI内功，制定劳资平衡的绩效考核规则固然重要，但是不要忘了，企业制定的KPI还不能与国家制定的"KPI"（这里特指劳动法律法规）相冲突，否则就是非法无效的。因此，现在不少企业主都感觉，聘请了员工，就像被员工给捆住了手脚，不知如何管理，严苛了担心员工向劳动部门投诉举报，放纵了又怕企业利益受损。这种进退两难的情况，导致越来越多的企业主不敢聘请过多的劳动者，都在想如何能精减人员，如何能让机械代替人工的问题。尽管社会化大生产机械化、智能化，是科技发展的必然趋势，但在当下的转型时期，对劳动者就业来说却是十分不利的。所以，如何才能解开捆住企业主大胆用工的绳索，是当前面临的一个非常迫切的社会问题，否则失业率会逐年攀高，社会的稳定必然受损。

在中国大陆，现在的劳动法规赋予劳动者的权利太多，而义务却少之又少，权利与义务严重不对等，由此导致劳动者违反劳动合同约定几乎没有成本代价，想走就走，这让企业在稳定用工上有心无力；加之劳动者的法律意识、维权观念不断提升，劳资纠纷一起，劳动者动辄就申请劳动仲裁，直接把双方的关系逼到墙角。由于法律为了更好地保护处于相对弱势地位的劳动者的合法权益,所以在劳动仲裁时,把大量的举证责任施加给了企业一方,以致企业但凡遭遇劳动仲裁,几乎都会以失败告终。本来从劳资双方的举证能力来看,企业一方的确比劳动者强,但是这种意在平衡劳资双方的权利义务的规定,却让很多中小企业很受伤,因为他们的日常管理太过松散随意,平时并未注意收集掌握劳动者违反企业规章制度的证据,导致一旦发生劳动争议就无证可举,"哑巴吃黄连,有苦说不出"。这让平时习惯了"我的地盘我做主"的企业主颜面无光,甚是恼火。一次败诉会让不少企业主知道以后如何规范管理企业,本是好事,但是更多的企业主会认为,自己被员工"坑"了,感觉多一个工人多一份危险,从内心深处不想再用更多的员工,尤其是一些相对来说可有可无的岗位的员工。

  劳动者依法维权本无可非议,但不可否认的是,现在有些地方的确出现了"劳动碰瓷"的诈骗现象。即,一些不法人员想方设法在入职企业后,利用该企业审核管理的漏洞,用原有伤情冒充新发生的工伤,以此讹诈企业,索赔高额赔偿金;还有些"劳动者"因为此前通过"劳动维权"尝过甜头,总结了些经验,其在新入职的企业中,不是在想着如何把工作干好,而是设法找企业漏子,以获取不正当利益,如故意找理由拖着不与企业签订劳动合同,或盗走企业存档的劳动合同,然后以企业未签订书面劳动合同为由,要求企业支付双倍工资等。如果企业不就范,其就以"弱势劳动者"的身份进行"劳动维权",最终获取不正当利益。显然,这些人已经不是真正意义上的劳动者了,因为他们不是为了工作而工作,而是为了索赔而工作。对此,北京市高级法院副院长王明达,在接受媒体采访时曾表示:"从近三年劳动争议案件的收案情况看,不诚信诉讼有增多趋势。从劳动者方面来说,主要表现在不如实陈述、甚至捏造事实、漫天要价、对仲裁和审判施加不当影响,个别劳动者出现'劳动碰瓷'现象。"

  前面已经分析了很多,劳资双方要和谐共处,必然是主导与被主导的关系。既然如此,法规层面就应赋予企业足够多的主导权,否则这个主导权就极易触碰法规"红线",继而引发劳资纠纷;加之,还有"职业索赔"的"碰瓷者"虎视眈眈地盯着企业。所以,企业主导的劳资关系必须是得到法规层面加持的，否则这个主导权就会成为无源之水、无本之木，终将沦为镜花水月。从平衡的角度来说，国家在考虑劳动者权益的同时，本来也应该保障企业的权益，只有让企业在用工管理时能放得开手脚，企业的主导地位才算是基本建立了。那么具体该如何实践？我们认为，企业的主导地位无非是建立在对员工薪酬调整、奖功罚过、调动岗位、开除解雇等方面，所以国家法规需要在这些方面给企业一定的"自由裁量权"。当然，也要防止企业滥用其主导地位，损害劳动者的合法权益。

现在，不少企业主认为自己已经丧失了劳资主导权的一个重要原因就是，其失去了对员工罚款的权利。他们认为，现在管理员工，既不敢打也不敢骂，连对违反企业规章制度的员工进行罚款的权利都没有了，所以在管理员工时，心有余而力不足。关于企业对员工罚款的权利，在中国，其最早出现在1982年实施的《企业职工奖惩条例》中，其中第11条规定，"对于有下列行为之一的职工，经批评教育不改的，应当分别情况给予行政处分或者经济处罚：①违反劳动纪律，经常迟到、早退、旷工，消极怠工，没有完成生产任务或者工作任务的；②无正当理由不服从工作分配和调动、指挥，或者无理取闹，聚众闹事，打架斗殴，影响生产秩序、工作秩序和社会秩序……"但该条例在2008年1月15日废止，这使得企业制定的规章制度中的经济处罚权失去了法规依据。

《企业职工奖惩条例》废止后，取而代之的是2008年1月1日施行的《劳动合同法》，这里面再没有提及企业对员工经济处罚权的问题，其第25条第2项还规定，除竞业限制和保密协议外，不得由劳动者承担违约责任。广东工业大学政法学院法律系教授郭丽红表示，用人单位通过规章制度制定经济处分规则，属于惩罚性违约金性质的规定，是违反法律规定的。《企业职工奖惩条例》执行时期，企业对员工进行经济处罚尚有法可循，但自此条例被废除以后，企业在规章制度中自设罚款被视为违法行为。2013年5月1日实施的《广东省劳动保障监察条例》规定，用人单位的规章制度规定了罚款内容，或者其扣减工资的规定没有法律、法规依据的，由人力资源社会保障行政部门责令改正，给予警告。这进一步明确了，企业不得对员工进行经济处罚。

现在不少企业主感到管理员工越来越力不从心，除了不能对员工罚款外，还不敢轻易解雇员工，因为一旦解雇员工，很可能面临着高额的经济补偿金和赔偿金。因此，现在不少企业主感觉，面对员工，自己已经变成了"弱势群体"，不但不能主导劳资关系，就连平等对话都谈不上。企业主的如此境遇，以致他们中不少人感叹：现在是自己在为员工打工，而非员工为自己打工。显然，本应由资方主导的劳资关系，似乎已被彻底打乱；本应由劳动者树立的"核心意识"，似乎也被抛之脑后。这貌似有点先秦时期"礼崩乐坏"的感觉，多少有些"劳不劳，资不资"的意思。难怪，有统计说，企业主的幸福指数普遍偏低。

根据老子的道家哲学观点，劳资双方是以对方的存在为存在条件的，如果说占主导地位的资方为阳，那么劳方就为阴，要使其和谐共处，就必须阴阳平衡。如果一味地对某一方放权，其实就是在无限地加重另一方的义务，当双方权利义务严重失衡之时，必然先毁掉弱势一方，最后毁掉双方。正所谓"唇亡齿寒"！三国时期的吴蜀两国之所以要联合抗曹，不是因为两国之间没有利益冲突，而是因为要顾全大局，可以暂时放弃眼下一城一池的得失；"刘备借荆州"的事一直让吴国如鲠在喉、如芒刺背，但是他们都明白，一旦某一方被强大的曹魏吞并之后，接下来就轮到自己孤军奋战，迟早亡国。后来的历史也证明了这一点，蜀国被灭之后就是吴国。中国先秦时期的合纵连横，说的也是这个道理。所以，当现在的企业主普遍感受到自己已经不具备和劳动者平等对话的权利之时，国家层面的制度安排就需要及时改弦易辙，因势利导，否则劳资关系将面临大面积风险，一损俱损！

综上所述，要想建立企业主导的劳资关系，要想让劳动者树立起"核心意识"，要想企业制定平衡劳资双方利益的KPI考评体系，就需要在立法层面进行平衡设计，而当务之急的就是增加劳动者的违约成本，不能让其想走就走，以确保劳资关系的稳定性。然后，再从劳资关系的建立、日常用工的管理、解雇员工的程序、支付员工经济补偿金和赔偿金的情形等方面进行有效的制度安排。当然，企业也不能忘了适时适度地对员工进行股权激励，让员工的利益与企业的盈亏直接关联。唯有如此，才称得上是可持续发展的长效机制。

终于明白，有人的地方就有江湖，有江湖的地方就有争斗！

三、侠之大者为国为民

在金庸小说中，郭靖黄蓉夫妇是"侠之大者，为国为民"精神之典范，他们以布衣之身帮助宋军守护襄阳城十余载的故事，从《射雕英雄传》起，贯穿于《神雕侠侣》，最终在《倚天屠龙记》中落幕。当孤城陷落之时，郭靖黄蓉与儿子郭破虏一起殉难。而我们在这里要说的"侠之大者"却是正在论剑比武的劳资双方，也许有人会说，他们不是一对死敌吗，怎么又冒出大侠来了呢？那谁是侠，谁又是盗呢？欲知详情，且看下文分解。

恩格斯说："劳动创造了人本身。"的确如此，人类之所以能从动物界分化出来，主要是由于劳动的结果：手足分工、手的改造、脑的发达、语言的出现等，都是与劳动分不开的。劳动在人类从猿到人的转变中起着决定性的作用。自有社会化大生产以来，有了雇佣劳动者就有了劳资关系。在马克思政治经济学中，所谓的劳资关系，是指在资本主义生产方式下，雇佣劳动者和资本家两大阶级的关系。因此，马克思认为，劳资关系是一种建立在生产资料私有制基础上的，具有阶级斗争性质的关系，在雇主和工人之间存在着不可调和的阶级矛盾；工人只有通过工会组织，运用谈判和罢工等手段，才能减轻雇主对自己的剥削程度。可见，马克思把劳资关系看作是你死我活、不共戴天的死敌关系。

劳资关系到底如何，先看下他们的历史。人类至今经历了三次社会大分工和与之相适应的社会生产方式变革，劳资关系和劳资矛盾的演进也与此息息相关。工业革命出现以前的世界，只有分散的手工作坊式的工场生产。那时的劳动者几乎都是以签订卖身契的形式与用工方形成人身依附关系，从某种程度上说，劳动者也就是用工方的"家奴"，是可以任意处置的私有财产，地位等同于牲畜，毫无人格可言。那时的政府很少介入工场的生产经营中，工场主如何管理自己的"家奴"，被视为工场主自己的家事，与国家机器关系不大。正因为国家机器的这种纵容，很多工场主为了将自己的利益最大化，对工人动辄施以自家的"严刑峻法"，甚至剥夺工人生命的情况也不鲜见。

随着工业革命推动社会生产不断地向前发展，工场手工业向机器大工业过渡，传统的手工作坊式生产已经不适应机器大工业生产的要求，自然就产生了现代工业意义上的工厂雏形。企业主大批量地雇佣工人从事生产，加之社会分工多样化和国家对工人权益的保护，这时的工人也就开始逐步摆脱对企业主绝对的人身依附关系，工人在一定程度上取得了与企业主在人格上的平等地位，可以与之进行平等对话、双向选择，继而形成了用工的劳动契约。尽管如此，但相较于大批量求职的工人而言，企业还是显得太少，劳动力市场仍然是供大于求的卖方市场，所以此时的企业主对待工人的方式相比过往，并未从根本上改观。虽然此时的工人可以选择辞职，但企业主并不担心，因为还有无穷无尽的失业待岗的工人在等着这份工作，而辞职工人就算跳槽到其他企业主那里工作，他们所获得的报酬也相差无几。正是因为劳动力市场供需严重失衡的现象，工人生活拮据，没能力去购买多余的甚至必需的生活品；而企业主却在不断翻新机器、雇佣工人、扩大生产，谋取更多的利润。由此出现两个极端，一边是工人生活窘迫的恶性循环，另一边是企业主滚雪球式的资本扩张，这种贫富差距越来越大，劳资矛盾激化也就顺理成章了。

不过，随着社会的发展，劳资关系的血泪史已经成为历史了，尤其是现在人口老龄化加速和一些地方"用工荒"现象的出现，劳动者在劳资关系中的话语权已经越来越重了。加之，现在的劳动者又相继建立了集体维权的工会组织，尽管其能力还远没达到设计要求，以及各国政府对劳动者权益保护力度的不断加大，所以今日之劳动者非往昔可比。由此，劳资矛盾也呈现出新情况、新问题，劳资关系的稳定性因此也受到不同程度的影响。

当前中国的劳资矛盾呈现以下几个特点。首先，劳资矛盾还是主要集中在拖欠劳动报酬方面。据不完全统计，近几年来，在全国工会信访系统接待的来访职工和民工中，涉及劳动就业、收入分配、社会保障等劳动经济权益问题的占63%以上。同时，不容忽视的是，在最近几年发生的职工群体性事件中，职工对休息权、休假权、平等权、发展权、参与决策权、健康权以及民主和社会权利的诉求开始逐渐显露。其次，劳动密集型企业群发性劳资矛盾倍增。中国轻工制造业正在经历行业转型升级的阵痛过程，"转型升级找死，不转型升级等死"的心态仍占很大比例。而新生代劳动者的维权意识，以及对劳动环境、劳动待遇的要求又不断增强。一方面是市场空间越来越小，另一方面是用工成本越来越高，两方面一叠加，让这些制造型企业举步维艰，处于垂死挣扎的边沿。再次，建筑业挂靠转包等违法乱象致劳资矛盾高发。由于建筑工程存在严重的多重承包或转包分包现象，建筑工人与哪一承包商建立劳动关系往往很难界定，对于应向谁索取劳动报酬、应经过哪些渠道去索取报酬、索取报酬有哪些救济途径这些问题，劳动者往往一无所知，主张权利无从下手。仅 2014 年，江苏全省法院共受理和审结建设工程合同纠纷案件 14 671 件、13 705 件，同比分别上升 3.23% 和 15.29%。最后，企业方的管理能力也有待提升。不少企业主和他们的经营管理者，对国家和地方的劳动法律法规和政策一知半解，一味地追求经济效益，要求劳动者超时加班加点，忽视劳动保护，有的还以各种非人性化的规定和理由，克扣员工工资，甚至造成人身伤害，经常不自觉地侵犯劳动者的合法权益，这是引起劳资矛盾的又一个主要原因。此外，不少企业主在面对劳资纠纷时不够理性，总觉得与劳动者协商谈判是件丢脸的事，同时也担心其他劳动者今后效仿，所以每当有劳动者提出一些要求时，总是想强势"镇压"下去，以致最后引发部分劳动者采取堵路、跳楼等过激的方式来"维权"。因此，不少企业的劳资矛盾呈现一个鲜明的特点，要么不出事，要么出大事。

其实，中国这种不稳定的劳资关系，或许与劳资矛盾频发有着直接的因果关系。因此，可以适当借鉴日本的劳资关系。1972 年，到日本考察的经济合作与开发组织（OECD）指出，终身雇用制、年功序列制以及企业内工会组织"三种神器"是日本式经营的三大支柱，也是日本经济发展的关键。《日本经营概说》一书认为，终身雇佣就是指"无论是在什么规模的日本企业中，劳动者一旦进入某个公司，就相当于将自己的一生都托付给了这个公司。公司在不到万不得已的情况下，都不能将该劳动者解雇，而劳动者也不能随意跳槽，这山望着那山高"。终身雇佣制在日本得以形成，源于日本人在长期社会发展中形成的"家"的文化,以及传统武士对领主绝对忠诚的文化基因。这一点很重要,这也正是中国劳资关系中所缺乏的。日本这种相对稳定的劳资关系以及由此衍生的"工匠精神",或许就是日本企业平均寿命能长达58年的原因所在,相比之下,工业史最长的欧美企业平均寿命也才40年,中国企业的平均寿命更是短的可怜,其中中小企业仅为两年半,集团企业也只有七到八年。差距如此之大,这与中国企业主普遍都心浮气躁,想赚快钱,急功近利有关,他们生怕员工了解企业太多后另起炉灶,所以都不大愿意花钱培养员工,所谓的"人性化管理"也多流于形式,企业主与劳动者之间始终存在着一道无形的屏障,劳资关系难以和谐,终使劳资双方都无法把工作作为一生的事业来做,以致难以形成专注的"工匠精神",企业短命夭折也就不难理解了。现在,《劳动合同法》里规定的"无固定期限劳动合同"制度,正是为了长期稳定劳资关系而出台的,不过要想真正稳定双方的关系,仅靠这种刚性的规定是远远不够的,还需要大环境的同步发展,需要思想文化的熏陶,所以还有很长的路要走。

因此,劳资关系与社会形态无关,不管资本主义社会还是社会主义社会都存在,这是由社会生产发展的客观需要所决定的。劳资关系就是一个中性词,不存在剥削与被剥削的问题,因为在劳动生产过程中衍生的剩余价值,既是企业主投资和经营风险的回报,也是劳动者劳动的社会价值所在。如果劳动者的劳动价值只能维持其自身生活成本才不叫剥削和压榨,才是合理的话,那么这样的劳动对企业主和整个社会来说就是无用功,对社会的文明和进步就起不到推动作用,这种劳动是不可持续发展的,也必然被社会所淘汰。因为不管是什么形态的社会,都不会允许无用功式的劳动存在,这不仅消耗了有限的社会资源,还恶化了生态环境。所以,如果因为劳动者的劳动创造出了超过其自身生活成本的价值,就将其视为是剥削和压榨,进而敌对化劳资关系,这种观点是值得商榷的,也是无助于社会进步的。

可见,在劳资关系中,劳动者生产出超过自己和家人生活成本所必需的价值,才是劳动的真正价值所在,这既是用工方的需要,也是社会发展的需要。这与社会形态无关。如此,劳资关系的问题就简单了,其实就是用工方与被用工方的关系。如果用一个概念来表达，劳资关系也可称为劳雇关系，一方面是受雇主雇佣，从事劳动获取报酬的劳动者，另一方面是雇佣劳动者处理有关用工事务的用工方，彼此间的关系即属劳资关系。这一关系在手工作坊时代，师徒之间亲密融洽，不易发生劳资纠纷问题，但自工业革命以后，机器开始逐步取代人力，甚至重机器而轻人力，劳资双方壁垒分明，以致出现了劳资矛盾。

劳资矛盾中外皆有，不会因为社会形态不同而有所差异。频繁上演的群体性劳资纠纷已经严重影响到社会的生产发展，客观上也损害了劳资双方的根本利益，若不能有效地化解二者的矛盾，对社会的安定和国家的安全都将造成巨大冲击。劳资纠纷一旦发生，如果牵涉面甚广，就会导致大面积的罢工、怠工、关厂、停业。影响所及，不但足以使生产停顿，社会紊乱，甚至国本动摇，危及世界和平。毫无疑问，如何协调二者的关系至关重要，正如孙中山先生所说："人类社会之所以有进化，是由于大多数人的利益相调和，而不是有冲突。"所以，劳资双方要从"侠之大者，为国为民"的全局高度来构建和谐的劳资关系，以合作代替对立、以和谐代替冲突、以沟通代替隔膜。

哲学观点认为，世界上的任何事物都是矛盾的统一体。所谓"矛盾"，就是事物内部或事物之间既相互联结、相互依存、相互渗透，又相互排斥、相互对立、相互否定的成分、属性、方面、趋势等之间的关系。显然，互为依存的劳资双方，虽说是一个彼此互为存在条件的整体，但二者在客观上，的确存在着矛盾。正是二者之间的矛盾与统一，才推动着社会的发展，为社会创造财富。

中国道家思想认为，自然界的一切事物都有正反两个方面。人分男女，兽分雌雄；物有粗细，气有清浊；尺有长短，质有轻重；人有悲欢离合，月有阴晴圆缺……如此种种，既一分为二，又合而为一，宇宙万物都是太极一气所化，阴阳和合而成。易学中的"太极图"，形象地表达了阴阳相反相成的辩证关系。即太极一分为二成阴阳，阳鱼成形之时，就是阴鱼成形之始。没有阳鱼，无所谓阴鱼，阴鱼与阳鱼相伴而生，蕴涵着深刻的对立统一的辩证原理。《黄帝内经·素问》进一步指出："阴阳者，天地之道，万物之纲纪，变化之父母，生杀之本始，神明之化府也。"这就是说，自然界的任何事物都包括阴和阳，这相互对立的两个方面，而对立的双方又是相互统一的。阴阳的对立统一运动，是自然界一切事物发生、发展、变化及消亡的根本原因。

总之，作为劳资关系的劳方与资方也是一对阴阳和合的关系，既对立矛盾，又统一于一体，彼此互为存在的条件，没有受雇者就没有企业主，没有企业主也就没有受雇者。企业的经营效益好，企业主盈利丰厚，员工工资福利也水涨船高，反之则相反。因此，尽管劳资双方会因为劳动报酬、福利待遇、休息休假等问题发生争议，但二者总体来说是利益共同体，应求同存异、和平共处，唯有如此，社会才能和谐，天下才会太平。

为了家国天下，二位大侠承让了，咱们江湖再见！

第六章
别让经济危机那厮跑了

一、高房价或触发中国式经济危机

中国春秋后期,出现农业丰歉循环学说,江湖上有传这就是经济危机理论的雏形。《史记·货殖列传》这么记载:"天下六岁一穰,六岁一康,凡十二岁一饥。"另据《越绝书·计倪内经》记载:"太阴三岁处金则穰,三岁处水则毁,三岁处木则康,三岁处火则旱……天下六岁一穰,六岁一康,凡十二岁一饥。"太阴即木星,每十二年绕太阳运行一周,木星运行至酉称岁在金,为"穰",即大丰年;又六年运行至卯是岁在木,为"康",即小丰年;运行至子是岁在水,为"毁",即大荒年;隔六年至午是岁在火,又为旱年。这就形成所谓的"六年一穰、六年一旱或十二年一大饥"的循环。显然,古人根据日月星辰之运行规律,所总结的气候物象和丰歉循环与资本主义经济时代间歇性爆发的经济危机是有本质区别的。

有人说,经济危机是一种病,一种间歇性发作的社会病,一旦发作,就是全社会不能承受之重。其主要临床表现是:商品大量过剩,销售停滞;生产大幅度下降,企业开工不足甚至倒闭,失业工人数量剧增;企业资金周转不灵,银根收紧,利率上升,信用制度受到严重破坏,银行纷纷宣布破产等。鉴于经济危机可能导致如此严重的后果,人类一直都在设法攻克它,但是很遗憾,先辈们都没有成功。大家都知道,医学上要祛"病灶"除"病根",都必须先查病史,今天的我们也不例外,要想更好地"把脉"中国式的经济危机，也必须先从经济危机的既往病史查起。只有透过其病史，寻找其规律，才能更好地辨证论治，药到病除。所以，我们先了解下近两百年来，有世界级的影响力的经济危机所导致的灾害都有哪些。

从1825年英国发生世界上第一场经济危机开始，这种社会病就经常造访西方国家，大约每十年发生一次，如1837年、1847年、1857年和1866年都有发生。进入第二次工业革命以后，危机更为频繁，直到世界大战发生。两次世界大战均与经济危机有关，或者说都是资本主义经济危机的直接产物。在众多的危机中，美国人特别把1837、1872、1893、1907和1929年发生的这五次经济危机称为"大萧条"。

1. 1929年大崩溃。1929年10月24日，在美国历史上被称为"黑色星期四"。这一天，美国金融界崩溃了，股票一夜之间由5000多亿美元的巅峰跌入深渊，5000多亿美元的资产，一夜间，化为乌有，价格下跌之快，连股票行情自动显示器都跟不上趟。股票市场的大崩溃导致了持续4年的经济大萧条，从此，美国陷入了经济危机的泥沼，以往蒸蒸日上的美国社会状况逐步被存货积山、工人失业、商店关门的凄凉景象所代替。86 000家企业破产，5500家银行倒闭，全国金融界陷入窒息状态，千百万的美国人多年的辛苦积蓄付诸东流，GNP由危机爆发时的1044亿美元急降至1933年的742亿美元，失业人数由不足150万猛升到1700万以上，占整个劳动者大军的四分之一还多，整体经济水平倒退至1913年。农产品价格降到最低点，资本家将牛奶倒入大海，把粮食、棉花当众焚毁的现象屡见不鲜。1929年10月之后，美国整个国家都陷入破产边缘，银行和券商关门大吉，中产阶级丧失了全部资本，甚至不得不流落街头。大部分失业者依靠国家施舍的面包和汤勉强度日，直到1933年罗斯福开始施行新政，1941年美国参与二战，经济危机才逐渐退去。但是，美国股市直到1954年才恢复到1929年的高点，这中间整整过去了25年。

2. 1987年黑色星期一。1987年，不断恶化的经济预期和不断紧张的中东局势，造成了华尔街的大崩溃。黑色星期一是指1987年10月19日（星期一）的股灾。当日全球股市在纽约道琼斯工业平均指数的带头暴跌下全面下泻，引发金融市场恐慌以及随之而来的20世纪80年代末的经济衰退。标准普尔指数下跌了20%，无数的人陷入了痛苦。纽约股票交易市场保持很久的牛市，在1987年10月19日星期一这一天惊人下落，道·琼斯工业股票平均指数骤跌了508点，下跌幅度为22%，一天内跌去的股票价值总额令人目瞪口呆，是1929年华尔街大崩溃时跌去价值总额的两倍。混乱中，价值超过6亿美元的股票被抛售。纽约股市的震荡甚至在东京和伦敦也能感觉到。伦敦的FT指数滑落250点，威胁到政府对英国石油股份公司的私有化的进程。

3. 金融危机或致经济危机。1997年7月2日，亚洲金融风暴席卷泰国，泰铢贬值。不久，这场风暴扫过了马来西亚、新加坡、日本、韩国和中国等地，打破了亚洲经济急速发展的景象。亚洲一些经济大国的经济开始萧条，一些国家的政局也开始变得混乱。此次金融危机，是继20世纪30年代大危机之后，对世界经济有深远影响的又一重大事件。它反映出世界各国的金融体系存在着严重缺陷，包括许多被人们认为是经过历史发展选择的比较成熟的金融体制和经济运行方式，在这次金融危机中都暴露出许许多多的问题，需要进行反思。虽说金融危机与经济危机在范围和影响力上还有所区别，但不可否认的是，二者联系甚为紧密。从历史上发生的几次大规模金融危机和经济危机来看，大部分经济危机与金融危机都是相伴相随的。也就是说，在发生经济危机之前，往往会先出现一波金融危机，最近的这几次全球性经济危机也不例外。这表明两者间存在着内在联系，因为，随着货币和资本被引入消费和生产过程，消费、生产与货币、资本的结合越来越紧密。货币资本经历的这些转换过程，使得对货币资本的投入与取得在时空上相互分离，任何一个阶段出现的不确定性和矛盾都足以导致货币资本运行的中断，致使投资无法收回，从而出现直接的货币信用危机，也就是金融危机。当这种不确定性和矛盾在较多的生产领域中集中出现时，生产过程便会因成本投入不足而无法继续，从而造成产能的严重下降，导致更大范围的经济危机。这便是金融危机总是与经济危机前后相随的原因所在。

从上述经济危机的病史可以看出，经济危机的发生，还是有规律可循的，对此见仁见智。其中，马克思生产过剩论的观点是：投资过剩→生产过剩→

供给过剩→价格暴跌→经济危机；凯恩斯有效需求不足论的观点是：有效需求（购买力）不足→价格下跌→经济危机。其实，早在凯恩斯之前，经济危机研究的先驱者西奥多·E.伯顿（Theodore·E. Burton）在他1927年出版的《资本的秘密：金融危机与大萧条经济周期的规律》一书中，就列出了引发经济危机的多个原因，并最后得出结论：危机的根源是"资本的浪费方式"。总之，关于经济危机的产生发展的规律，众说纷纭，莫衷一是，但对于经济危机会经历的"危机、萧条、复苏和高涨"四个阶段，观点倒是非常的一致。

由上观之，最近三十年，也是几乎每隔十年，世界就会被大规模的经济危机造访一次，这让以美国为首的许多资本主义国家苦不堪言，已成无法挣脱的梦魇。虽然美国先后试用了凯恩斯主义的罗斯福新政和20世纪70年代尝试的新自由主义经济模式，但始终无法从根本上摆脱经济危机。西方国家这样规律性发生经济危机，导致一些学者在过去很长一段时间里认为，经济危机是西方资本主义社会特有的专利，而社会主义社会不会出现这个问题。但历史和现实已经告诉我们，全世界所有国家都有可能发生经济危机，它与社会形态无关。因此，中国也有可能遭遇经济危机，尤其是在房地产泡沫被快速吹大，经济转型越发困难的当下。从上述经济危机的病史可知，如果投入中国的外资大量出逃，外贸出现大面积逆差，出口企业批量倒闭，政府无法保护汇率，货币就会贬值，房价就会崩盘，经济就会出现危机。这是一环扣一环的经济危机演化规律，不以人的主观意志为转移，无法躲避，无处逃遁。因此，从经济危机的病史中，人类最应该汲取的历史教训就是"好了伤疤忘了痛的人类从来不汲取历史教训"，所以骄傲的人类才会不断重复地犯老毛病，犯了再改，改了又犯，周而复始，循环不断。经济危机的周期性或许与此有着重大关系。

之所以说中国当前的房地产的泡沫很可能触发系统性经济危机，是因为以房地产市场为主的金融市场杠杆率明显过高，加之房地产市场上下游关联几十个行业，具有极强的经济、社会和政治绑架能力，一旦房价持续上涨，就将是一条不归之路，当上涨速度长期超过经济增长速度和居民收入增长速度，待其成为全社会无法承受之重时，经济危机就不远了。最近的例子就是

2008年美国次贷危机，它就是由房地产泡沫触发的危机，影响波及全球。发生在美国的此次危机，主要是因为次级抵押贷款机构破产、投资基金被迫关闭、股市剧烈震荡引起的金融风暴，致使全球主要金融市场出现流动性不足危机。与传统意义上的标准抵押贷款不同，次级抵押贷款对贷款者信用记录和还款能力要求不高，贷款利率相应地比一般抵押贷款高很多。那些因信用记录不好或偿还能力较弱而被银行拒绝提供优质抵押贷款的人，会申请次级抵押贷款购买住房。在2006年之前的5年里，美国住房市场持续繁荣，加上前几年美国利率水平较低，美国的次级抵押贷款市场迅速发展。随着美国住房市场的降温，以及短期利率的提高，次贷还款利率也大幅上升，购房者的还贷负担大为加重。同时，住房市场的持续降温也使购房者出售住房或者通过抵押住房再融资变得困难。这种局面直接导致大批选择次贷的借款人不能按期偿还贷款，银行收回房屋，却卖不到高价，大面积亏损，引发了次贷危机。

从美国次贷危机的经验来看，进入"明斯基时刻"（指在信贷周期或者商业周期中，资产价格的大幅下跌）的充分必要条件有三个：金融资产价格暴跌、货币市场流动性枯竭、资本金无法得到有效补充。一旦这三个因素相互作用，形成恶性循环，那么最终必将导致金融危机的爆发。此次危机，从2006年春季开始逐步显现，到2007年8月开始席卷美国、欧盟和日本等世界主要金融市场，破坏力极强。不过由于美元具有世界硬通货币的地位，所以美国还可以把危机转嫁到其他国家。而人民币尽管新晋SDR（Special Drawing Right），但尚不具备这样的地位，一旦出现金融危机，中国只能自己消化承受，这给整个政治经济社会造成的危害，将是难以估量的。

理论界喜欢将中国的房地产泡沫同日本的房地产泡沫和美国的房地产泡沫相比较，一次又一次地预言中国的房地产泡沫破裂的时间节点，但却一次又一次地被打脸。原因很简单，中国的市场经济是具有中国特色的，尤其是房地产市场——政府计划着土地的供给、控制着房价的上限和涨幅、决定着买卖双方的权利、掌控着网签数据，也决定着利率和税收，所以不能简单地与美日等西方国家进行横向比较，所以很多经济学家面对中国房地产时都会严重失准。他们没有搞清楚，很多在自由市场经济体制国家出现的情况，却可能在强大的中央集权的中国政府面前被"维稳"。但是，堵而不疏的"维稳"手段治标不治本，因为悬浮在空中的房地产泡沫依然还在，所以中国的房地产泡沫终究还是会破裂的，并且其破坏力会远超美日等国家的房地产泡沫。这个观点当然是有理论支撑的。

在美国、日本等西方资本主义国家，其土地是私有制的，买房就能买到房屋所属宗地的永久所有权。这一点与中国有着本质的区别，因为中国的商品房用地都是国有性质的，购房者最多只能买到所属宗地70年的使用权。基于土地的私有性质，对于土地的交易行为，政府就不能直接干预，如此一来，地价和房价的上涨更多是由市场来决定的。加之，美日两国的经济带比较集中，如纽约大湾区、旧金山大湾区、东京大湾区，所以两国的房地产泡沫主要集中在这些地区，而非全国性地大搞基建。不可否认，美日两国的房地产市场也有大量金融炒家，但这却并未形成大量的低效率过剩产能。所以，美日两国的房地产泡沫危害仅仅表现为部分按揭贷款无法偿还、相关行业的暂时衰落以及人员失业，其对实体经济并没有致命冲击。因此，准确地说，日本和美国的房产泡沫破裂，所引发的只是金融危机而非经济危机。

相比之下，中国房地产泡沫却有很多的不同：其一，土地财政。土地国有的特殊背景和挤牙膏式地释放土地，从而持续推高了房价。加之，各地方政府之间存在政绩竞争，都想把资金往自己辖区引，所以在"打压"房地产投资过热的战役中，往往流于形式，点到即止，未能伤其筋骨。其二，政策推动。将近十年的货币宽松政策，导致大量闲置资金进入楼市，大家耳熟能详的事情就是，2008年政府为应对美国次贷危机，向市场释放4万亿流动性应急资金。其三，热钱推动。预期升值的汇率和上涨的利率吸引了大量的套利资金进入中国市场，间接推动房市。其四，举步维艰的制造业资金不断地涌向楼市。从源头来说中国房地产泡沫就比美日的房地产泡沫复杂许多。前文已述，房地产行业直接就关联着几十个行业的生计问题，它们之间有着唇齿相依的关系。这些关联行业中，主要有钢铁、水泥、有色金属、煤炭、电力等，它们过去就存在产能过剩的问题，随着房地产市场的火热，又迎来了新一波的增资扩容,现在的过剩产能就更多了。一旦房地产泡沫破裂,这些创造了中国大部分GDP的支柱产业都将难以为继。所以,当中国房地产泡沫破裂之时,不仅仅是银行大量的按揭贷款无法偿还,更为重要的是与房地产直接关联的几十个行业的产能会全面过剩,由此导致库存增加、开工不足、大量人员失业,大面积亏损,大量贷款无法偿还。还有,习惯了靠土地财政过活的地方政府将没米下锅,他们持有的天量地方债务将无法偿还。

因此,中国的房地产泡沫破裂造成的将是系统性的危机,是全面的经济危机,其杀伤力远超此前美日的危机。其实,这几十年,美日的经济重心一直都放在高科技创新上,房地产泡沫触发的金融危机只是金融行业的贪婪所致。而中国经济却主要是依靠房地产起家的,对房地产有着过分的依赖,不过自2016年10月以来,中国政府对房地产市场采取了一系列的宏观调控政策,如"限购""限售""限价"等稳定房价的措施,以及对房地产中介进行行业性整顿等,这的确是让各大城市的房价在一段时间内处于比较平稳的状态,不再像过往那样暴涨暴跌,风险异常。有人说这是"关门打狗"之举,也有人说这是防止资本外逃和房价暴跌之法。不管怎么说,让房价先稳一会儿总是好事,且这也是"守住不发生系统性区域性金融风险底线",防止资本短期大量外逃的应急之策。再配合上"大众创业,万众创新"的政策(尽管其还有进一步优化的空间),中国政府就是在与房地产泡沫破裂抢时间,争取在泡沫破裂前有全新的经济增长抓手,以最大限度地降低泡沫破裂可能造成的灾害性影响。

最后,我们再谈一下中国房价未来走势的问题。前面已经说了,这两年极速暴涨的中国房价有不小的泡沫,并且可能触发全面的经济危机,所以中国政府的宏观经济政策正在大幅调整,誓要摘掉"土地财政"的帽子,要让房子回归其本来的属性,即"房住不炒"。因此短线炒房获取暴利的时代已经一去不复返了,当然政府也会竭力阻止房价暴跌,因为这关乎国计民生和社会稳定。目前就中国各大城市的综合实力而言,"北上深广"四大一线城市领先于全国,其中又以深圳的经济发展最为良性,因为它完全契合了"创新驱动发展"的国家战略,站在了创新创业的全国制高点上,且人口呈净流入状态，所以我们先来分析一下深圳的房价问题。

由于深圳在可以预见的未来，是不可能被中央赋予直辖市地位的，这从港珠澳大桥去掉深圳连接点，深圳香港争建机场第三跑道引发空域矛盾以及广东省国资委提议"广州机场已有的国际航线，深圳不必再开"等事件中就可见一斑。因为国家要做通盘考虑，既不能让深圳优秀到没有朋友，也不能让他周边的兄弟城市没饭吃，所谓"一花独放不是春，百花齐放春满园"，说的就是这个道理。再加上台湾同胞正紧盯着香港居民生活指数的变化呢！所以可以放言，在台湾问题解决之前，深圳直辖的概率几乎为零，且辖区面积扩容也不太现实，因为这对能力超强的深圳来说和直辖的区别并不大。即使在100多公里外的汕尾为深圳划的一块"飞地"——深汕特别合作区，也不能算是深圳的扩容，这只能叫做"对口扶贫"而已；由于当地民风彪悍，所以要想吸引投资、带动发展，实则比登天还难。既然如此，深圳现有的1997平方公里的土地就不够折腾了，尽管这些年深圳一直在填海，但这只是杯水车薪，不能从根本上解决深圳土地资源极度紧张的问题。说到这里，相信大家都早已经有答案了，即在供需矛盾长期不能缓解的背景下，深圳的房价在未来仍然会缓慢上升。同样的道理，作为全国政治文化中心的北京，也有着其他城市没有的独特资源——中国首都，所以北京的房价也会徐徐上行。上海作为中国的金融中心，这个地位也是其他城市不可能撼动的，至少政府层面是不允许的，否则上海将不再是上海，所以上海的房价也会慢慢上涨。当然，这并不是说"北上深"的房价收入比不高（其实早已高出天际），而是因为它们的价格已经被推上来了，且各自都有独步天下的"绝招"和强大的"粉丝团"捧场，所以要想让身份尊贵的它们实质性地掉价，难于上青天。相比之下，传统一线城市中的广州就没有在全国独一无二的，不可取代的优势，所以广州的房价上浮的空间极其有限。至于中国的其他二线、三线、四线城市，除了杭州、苏州、天津、成都、重庆、西安、武汉、南京、宁波、厦门的抗压能力略微强一点外，其他城市，尤其是人口净流出的县城，在生养压力加大和人口步入老龄化的双重叠加作用下都将不可避免地承受房价泡沫破裂带来的巨大风险。

二、经济危机那厮的"七寸"在哪里

世界经济发展到今天,上一轮科技和产业革命所提供的动能已经接近尾声,传统经济体制和发展模式的潜能趋于消退。同时,发展不平衡问题远未解决,现有经济治理机制和架构的缺陷逐渐显现。这些因素导致世界经济整体动力不足,有效需求不振。其表象是增长乏力、失业率上升、债务高企、贸易和投资低迷、实体经济失速、金融杠杆率居高不下、国际金融和大宗商品市场波动等一系列问题。这就像一个人生了病,看起来是感冒发烧,但其实质却是身体机理出了问题。俗话说"打蛇打七寸",所以要想根治当前面临的经济危机,就必须先找到这厮的"七寸"在哪里,否则就会打蛇不死,反受其害。

中国唐代的大医家、道士,被后世尊称为"药王"的孙思邈在《备急千金要方·诊候》中说道:"古之善为医者,上医医国,中医医人,下医医病。"可见,医道通治道,治病之法与治国之术确有相通之处。所以,要想治愈经济危机这个社会病,还得精通医道。北宋欧阳修在《欧阳修文集卷四十六·准诏言事上书》中说,"善治病者,必医其受病之处;善救弊者,必塞其起弊之源"。意思是说,善于治病的医生,要从病源的生发处去解决问题;善于治理弊端的人,一定会寻找引发弊端的根源。追根溯源,从根本上解决问题,这就是中医思维里医人治本的思路。无论是治病救人,还是治理社会、消除危机,都是同样的道理。《国语·晋语》记载,中国春秋时期的医和认为"上医医国,其次疾(治)人"。医国就是针砭时弊,要像治病一样,指出时代的社会问题,又针又砭,求得改正向善。

按照经济学界的普遍观点,经济危机这个社会病已经存在长达200年之久了,因无人能治,故而一直困扰着人类。不过,俗话说,久病成良医,这200年来,人类也没闲着,摸索出了此病的一些规律,知道了它间歇性发作的脾性,了解了它每次发作都会造成生产力的倒退、大量工人失业、社会动荡等系列社会问题。在这些人中,德国的马克思对经济危机着墨比较多,其个人也总结了经济危机发生的根本原因,并提出了化解之道,但是历史已经告诉我们，他开出的处方并不能有效地化解经济危机，相反还可能会造成整个社会的生存危机。虽然，他关于经济危机的观点不一定对，但却是我们讨论问题的基础。

我们先探讨下，在原始社会和封建社会是否会有经济危机这个话题。在原始社会，当一个部落不能保证部落正常的生存发展时，对这个部落来说，就意味着危机。譬如，突然遭遇某种天灾或其他不可抗力事件，导致无法获得足够的食物和其他生存保障，其本质就属于经济危机或者说是生存危机。在中国封建社会，为什么会不可避免地出现改朝换代的现象？天下大势为什么会"分久必合，合久必分"？这当中有什么规律可循吗？西汉大儒董仲舒说，这是有道伐无道，是天理。那么问题来了，这些通过"有道"的手段打下的江山，怎么一段时间后又会变成"无道"了呢？其实，古人之所以这么解释，原因是他们不懂经济学，不明白朝代更迭的深层次原因是经济危机爆发，所以才找出"道与理"来说事儿。若不信，大家可以翻看历史，每次天下大乱、改朝换代前都会有民不聊生、饿殍遍野之说。所以，一个朝代从夺取政权，到被下一个朝代取而代之，还是有规律可循的。通常情况下，一个新的朝代之所以能获得政权，是因为他们给老百姓有许诺：一旦事成，可以把土豪劣绅的土地重新分配给大家耕种，实现耕者有其田、居者有其屋的小康生活。获得政权后，自然会在一定程度上兑现诺言，并且还会与民休息，减免税赋钱粮，以收天下归心、刺激经济之功效。这时，农民拥有生产资料，生产积极性高，国民经济自然获得长足发展。然而，随着社会的发展，贵族官僚等所谓的社会上层人士会逐渐通过权力、资本、暴力等手段，实施"圈地运动"，强行从农民手中掠夺以土地为主的生产资料。当广大处于生产一线的农民丧失土地后，其生产积极性就会大打折扣，包括粮食在内的经济生产就会大面积停滞。这对于重农抑商的封建农业社会来说是最致命的，因为这已经触动了爆发经济危机的按钮，改朝换代近在咫尺，以广大农民为主体的起义势必到来。儒家学者对此解释为：得民心者得天下。因此，不管是原始社会，还是封建社会，都会爆发经济危机，其实质就是生存危机。

但是马克思却不这么认为，他说：在资本主义社会以前的各个社会形态里，由于战争、瘟疫、天灾等各种原因，以及剥削阶级的横征暴敛，也会在一个或长或短的时期内使生产和社会生活陷入严重的苦难和危机之中。但这种危机的特征是生产严重不足，而资本主义的经济危机则是生产过剩。虽然马克思没有把原始社会、封建社会爆发的危机称作"经济危机"，但他还是承认会因为生产力不足而爆发危机。其实关于资本主义社会形态之前发生的危机，其被称为"经济危机"，还是"生存危机"，这并不重要，因为二者描述的都是社会极其不稳定和民众生活极度困难的窘境。所以，对于当下的我们，首先要研究的应该还是资本主义社会的经济危机，因为它关乎我们的现在和未来。

我们认为马克思关于经济危机的描述虽然很多，但其核心就是生产与消费之间不对称，导致"阴阳失衡"。马克思认为，在资本主义社会里，随着社会分工的广泛发展，商品生产占统治地位，每个资本主义企业都成为社会化大生产这个复杂体系中的一个环节。它在客观上是服务于整个社会，满足社会需要的，理应受社会调节。但是，由于生产资料私有制的统治，生产完全从属于资本家，生产成果都被他们所占有。而资本家生产的唯一目的，就是生产并占有剩余价值，他们生产的扩大或缩小，不是取决于生产或社会需要，而是取决于无酬劳动的占有以及这个无酬劳动和物化劳动之比，或者按照资本主义的说法，取决于利润以及这个利润和所使用的资本之比，即一定水平的利润率。因此，资本主义生产不是因为需要的满足要求停顿而停顿，而是因为利润的生产和实现要求停顿而停顿。

马克思认为只有在资本主义制度下才会发生经济危机。他认为：资本主义经济危机的病根在于资本主义制度本身，在于资本主义的基本矛盾——生产的社会化与资本主义私人占有之间的矛盾。经济危机的可能性，早在简单商品生产中就已经存在，这是同货币作为流通手段和支付手段相联系的。但是，只有在资本主义生产方式占统治地位以后，危机的可能性才变成了现实性。随着简单商品经济的矛盾——私人劳动与社会劳动之间的矛盾发展成为资本主义的基本矛盾，经济危机的发生不可避免。马克思认为，资本主义基本矛盾的重要表现之一，就是单个企业生产的有组织性同整个社会生产的无政府状态之间的矛盾。资本主义单个企业的生产，在资本家或其代理人的统一指挥下，是有组织、有计划的；而整个社会生产却基本上陷于无政府状态。社会再生产过程中比例关系的失调，特别是生产与需要之间的比例关系的失调，是资本主义私有制造成的必然结果。私有制把社会生产割裂开来，资本家们各行其是。各生产部门比例的不协调，是资本主义生产运动中的常态，而按比例的发展，则是资本主义生产运动中的个别情况。比例严重失调是引起经济危机的重要原因之一。资本主义基本矛盾的另一个重要表现就是，资本主义生产能力的巨大增长，同劳动群众有支付能力的需求相对缩小之间的矛盾，即生产与市场需求之间的矛盾或生产与消费之间的矛盾。在高额利润的驱使下，所有资本家都拼命地发展生产，加强对工人的剥削，结果是劳动者有支付能力的需求落后于整个社会生产的增长，商品卖不出去，造成生产的相对过剩。这是引起经济危机的最根本的原因。生产与消费的矛盾以及生产的无政府状态，作为资本主义基本矛盾的具体表现，二者是彼此紧密联系在一起的。正是它们的结合，才不可避免地使资本主义社会的再生产周期性地遭到破坏，继而引发经济危机。

　　资本主义经济危机所暴露的生产过剩，并不是生产出来的商品数量真正超过了人民群众的实际需要。恰恰相反，要使现有的人口都能够富裕地生活，充分满足他们的物质、文化生活的需要，生活资料并不是生产得太多了，而是生产得太少了。但是，相对于人民群众有支付能力的需求而言，又的确是生产得太多了。就生产资料来说，要使有劳动能力的人都能够充分就业，促进生产的迅速发展，各生产部门还要进行大量的设备投资；生产资料同样不是太多了，而是太少了。但是，要使生产资料按一定的利润率为剥削工人而起作用，现有的生产资料又的确是生产得太多了。由此可见，资本主义的生产过剩并不是绝对的过剩，而是相对的过剩。

　　按道家的观点，如果生产属"阳"，那么消费就属"阴"，一旦生产与消费严重不对称，就会出现供过于求或供不应求的状况，这就是"阴阳失衡"的症状。因此，要想化解这种社会危机，就需要矫正生产的盲目性，让生产有序化、规范化。于是，马克思认为：只有把资本主义的私有制改良为社会

第六章 别让经济危机那厮跑了

主义的国家公有制，才能消灭经济危机；只有将资本主义社会这种无政府状态下的盲目生产，改良为在政府组织之下有计划的指令性生产，才能摆脱经济危机；只有自由市场经济升级为计划经济，才能祛除经济危机。

马克思所说的自由市场经济，也叫古典市场经济，即完全由市场力量来自发调节，政府不干预的市场经济，一般指20世纪以前的市场经济。它建立在工业革命以及相应的生产技术基础之上，以机器生产为主体，生产能量得到了充分的释放。1776年亚当·斯密的《国富论》正是这一经济思想的集中体现。他提出的"看不见的手"的著名论断，使人们第一次对市场经济运行的基本法则有了清晰的认识。亚当·斯密提倡的经济自由主义，对资本主义各国实行自由放任的市场经济制度产生了深远的影响。这一阶段采取的是一种国家不干预经济生活的自由放任政策，整个经济在一只"看不见的手"的支配下自由运作，社会经济运行呈现出一种无组织、无计划的自然运行状态。在其带来异常可观的经济效果的同时，也出现了一种令人忧虑的状况，即生产过剩或经济萧条，这种经济危机以周期的形式频频出现。

由于市场经济存在周期性爆发经济危机的致命问题，所以20世纪以来，先后在苏联等一些废除私有制，实行公有制的社会主义国家出现了完全由政府指令性安排的计划经济发展模式。计划经济体制，又称指令型经济，在这种体制下，国家在生产、资源分配以及产品消费等各个方面都是由政府事先进行计划。它用计划来解决资源配置和利用的问题，产品的数量、品种、价格、消费和投资比例、投资方向、就业及工资水平、经济增长速度等均由中央当局的指令性计划来决定。就苏联而言，其工业生产的特点是：形成指令性计划制度，企业实际上是上级行政机关的附属品或派出单位；企业在人、财、物方面上基本没有决定权的情况下，经济核算只能徒具形式；并没有建立在经济民主管理基础上的企业厂长独揽大权，成了企业真正的官僚独裁者。其在农业生产与工业生产方式上也相差无几，主要特点是：计划的指令性，即国家下达的指标，集体农庄必须执行；指标繁多，完全忽视集体农庄是集体经济的特点，实质上实行的是与国营企业同样的计划制度。实践证明，计划经济体制不能解决资源配置问题，且效率极其低下，其显著弊端是没有充分认识到人性中趋利避害的本性，不能充分调动劳动者的积极性，"吃大锅饭""平均主义"盛行，在客观上造成了劳动者"出工不出力"的怠工现象，阻碍了社会生产力的发展，市场资源得不到合理配置，最终结果是经济发展迟滞，人民生活水平下降。其实，对于类似现象，早在两千多年前的商鞅就已经发现其弊端了，所以他变法的内容之一就是废除大家族制，提倡小家庭制，故而其法令要求"民有二男以上不分异者，倍其赋"，意即每家超过两个男子不分家者，租税要加倍。这是因为大家族不易发展生产，易产生相互依赖的心理，而小家庭却可鼓励人们努力生产，多劳多得。所以说，马克思构想的计划经济发展模式还是解决不了社会危机问题。

进入20世纪，1929~1933年，资本主义经济危机的爆发，使经济理论发生了一个大转折。那种认为通过市场的调节，经济就可以达到均衡的理论与经济现状大相径庭。凯恩斯在1936年出版的《就业、利息和货币通论》一书中指出，市场的自发调节不可能实现充分就业，使经济自动达到均衡，因而市场经济必须要有政府的干预。这就标志着古典学派的自由主义经济理论，已经让位于必须进行国家干预的凯恩斯主义。以此为标志，市场经济进入了有宏观调控的现代市场经济阶段。市场经济理论也由此沿着经济自由主义、政府干预主义的不同轨迹继续向前发展，甚至出现了把二者结合起来的新综合的取向。世界市场经济的理论与实践发展已经表明，现代市场经济一方面是在市场机制的基础上运行的，另一方面又离不开国家的宏观调控。

1978年中国实行的改革开放政策，其实就是把阻碍生产力发展的高度集中的计划经济体制，改革成为社会主义市场经济体制，引入市场竞争，实现资源合理配置，充分调动劳动者积极性，最终增强经济实力，提高人民生活水平。邓小平1992年在南方考察时指出，计划经济不等于社会主义，资本主义也有计划；市场经济不等于资本主义，社会主义也有市场。计划和市场都是经济手段。计划多一点还是市场多一点，不是社会主义与资本主义的本质区别。他没有完全否定计划经济，也没有绝对肯定市场经济。这说明市场经济与计划经济都有各自的利弊。

需要特别说明的是，亚当·斯密提倡的经济自由主义和"看不见的手"

的论断，强调市场经济有其自身的规律，政府无须对此做任何引导干预，尽管这与中国道家哲学所说的"无为而治"有共通之处，但绝非老子所言的"无为而治"。老子所说的"无为而治"的本意是不妄为，并不是不为。什么是无为？从字面上看，无为似乎是无所作为、消极无为的意思，其实这是望文生义。老子所说的无为，绝不是什么也不做。他说，"天下难事必作于易，天下大事必作于细"，"为之于未有，治之于未乱"。这里的"必作""为"和"治"都是有为的意思。无为并非是无所作为，而是以无为而有为。所谓无为而治，就是通过无为而达到天下大治。因此，凯恩斯提倡的国家宏观调控、政府干预主义，与老子"无为而治"的思想更接近，但也并非其核心。《道德经》的核心是"道"，"道"是无为的，但"道"却是有规律的，道以规律约束宇宙间万事万物的运行，万物众象均需遵循道的规律。当今世界每间隔一段时间就会出现大范围的经济危机，说明政府传统的宏观调控和干预行为并未奏效，凯恩斯主义只是特殊时期的"止疼药"，长期服用会成瘾，最终成为破坏经济的"毒药"。究其本质，还是未能真正把握住经济危机的规律，以致开出的药方治标不治本，经济危机治乱循环，无休无止也就不奇怪了。

总之，在凯恩斯主义出现之后，世界各国，包括社会主义国家与资本主义国家，还是未能摆脱周期性经济危机的"宿命"，经济危机的怪圈现象依然存在。可见，国家适度干预下的现代市场经济，市场这只"看不见的手"仍然在继续发挥其强大的功效，透过商品和服务的供给和需求发挥着复杂的作用，进而达成自我组织的效果。由于这种现代市场经济的生产要素是在信息不对称的情况下，盲目地自我组织，所以仍然会出现无序生产、重复投资、生产相对过剩等老大难问题。由此可见，不管是马克思的公有制计划经济模式，还是凯恩斯的私有制市场经济国家干预模式，都化解不了经济危机。经济危机的病根是全社会供求信息不透明，继而盲目生产，导致生产相对过剩，所以只有解决好信息不对称这个问题，才能真正地祛除经济危机。本书的价值就在于能化解这个百年难题！不信，就请往下看。

三、团灭经济危机，我们是认真的

前面我们讲资本的一系列问题时，说"资本君"是在替人类被黑锅，因为归根到底还是人的问题。同理，经济危机虽托名为社会病，但其实还是人的问题。这就是本书一开篇就要分析人性的原因所在。人类在经济活动中都想作出最理性的判断，然而谁都有被冲昏头脑的感性时候，以致时而过度乐观，时而过度悲观，并且其行动还存在明显的"羊群效应"特征。这是由人类与生俱来的动物属性所决定的。但这并不意味着，人类永远都逃不脱经济危机的魔咒！在此，恕本人自不量力，非要班门弄斧一下，要在众位真神面前秀一秀，不求别的，只图抛砖引玉后能刺激大家根治经济危机的神经，共同造福世人、和谐世界。

大家都知道，资本主义社会的经济危机，其实就是由生产相对过剩造成的。因为在私有制之下，个人或集体的排他性占有财产，从而把社会生产割裂开来，资本家们各行其是，各生产部门的比例不协调，以致容易出现盲目跟风生产。当大家都认为某个行业是朝阳产业，是"蓝海"时，就一窝蜂地扎进去，结果造成产能过剩，成为"血海"，产品自然就严重过剩，商家打价格战，恶性竞争也就在所难免。由于各企业都在争夺商机，抢占市场，无法事先经过商量协调后再决定各自分工，的确会出现因为个体的"理性"逐利驱使，造成整个社会的非理性混乱状态的现象。如此看来，经济危机这厮貌似是一个非常合理的存在，想要干掉它岂非天方夜谭，对不对？我知道，你也是这么想的。没关系，我们继续，讨论才刚刚开始。

在马克思研究资本的年代，由于当时社会生产条件的局限，他认为只有实行生产资料公有制和按劳分配的计划经济体制，才能解决因为整个社会无序化生产造成的生产相对过剩的问题，继而根治困扰资本主义社会的经济危机问题。由于马克思的理论建立在生产资料公有制和平均主义的按劳分配机制下，他所构想的整个社会计划有序的生产在部分国家是实现了，但令他始料未及的是，在这种计划经济体制下，人们的劳动积极性会大大受挫，社会的创新创造能力会严重受阻；加之，凡事都由政府来决策拍板，大事小情都要层层上报反映，其效率之低，可想而知，更何况这种汇报式的信息传递，往往都不大全面，决策失误也就在所难免；更为要命的是，由于产销主体几乎都没有风险忧患意识和市场竞争概念，使得他们在业务上，普遍缺乏拼搏进取精神，一心只想着如何迎合上级，投其所好，以求自己能在职位晋升和工资待遇上有所提高。基于这种心态下的社会生产，其实是为了公有制而公有制，为了有序生产而有序生产，从一个极端走向了另一个极端。显然，这种公有和有序严重阻碍了社会生产力的发展。可以说，马克思认真地研究了资本，但却未充分地研究资本背后的人性，其对人类劣根性中的自私、贪婪、懒惰等没有足够充分的认识，误以为只要上级制订生产经营计划，人们就会积极高效地完成工作任务；他把人类正向积极的因素作了全面放大考虑，却忽视了很多负面消极的基因，而这些才是人类最原始的本性，并且这也是最难改掉的，只要稍有漏洞可钻，人们都会设法让自己占尽便宜。因此，只有能充分调动人们积极性的社会生产发展模式，才是符合经济发展规律的模式，否则再完美的构想，也终将徒劳无益。

亚当·斯密让经济完全自由无序竞争，生产效率很高，但因为全社会的无序生产，其破坏力也很强；马克思则让经济完全按计划指令行事，生产虽然有序了，但全社会的生产效率却大大受阻；凯恩斯做了二者的调和，让自由竞争的经济中适度加些政府宏观调控，虽说在一定程度上起到了折中中和的作用，但全社会的无序生产和经济危机仍然频发，因为经济危机的病灶未袪、病根未除。三位巨人在当时特定的历史条件下，都为社会的发展作了深入的研究，但由于社会条件所限，他们都没有解决如何才能让整个社会生产既积极高效，又良性有序的问题。

前面已经分析了经济危机的根源，即单个企业的有序生产，与整个社会的无序生产之间的矛盾，以致生产相对过剩。那问题就简单了，只要既不影响现有的自由竞争机制，又能让整个社会有序生产，那么这个因为全社会无序生产而产生生产相对过剩的经济危机问题就迎刃而解了。说白了，就是如何有效解决全社会交易链上各方信息不对称的问题。

中国有句俗话，叫"买的永远没有卖的精"，意思是说在交易活动中，即使消费者再会货比三家，再会砍价，但相对于商品的卖家来说，消费者对商品的了解和价格的把握始终不够，毕竟卖家对商品掌握的信息更全面。股市中庄家的优势就是比散户掌握的信息更多、更早，双方信息的严重不对称，就是散户很难在股市中长期获利的根本原因,所谓的"股神"多半都是内幕信息交易者。信息不对称,说的就是在市场经济活动中,各类人员对有关信息的了解是有差异的。掌握信息比较充分的人员,往往处于比较有利的地位,而掌握信息贫乏的人员,则处于比较不利的地位。一般而言,卖家比买家拥有更多关于交易商品的信息,但也有例外,如消费者购买人身健康医疗保险,作为买方的消费者显然更了解自己的身体,拥有更多的信息。

以上所说的信息不对称,还只是针对微观经济活动中的具体买卖双方而言的,而引发经济危机的信息不对称则是就全社会而言的,是宏观层面的分析,是所有的各行各业商家之间的信息不对称问题。因此,要根除经济危机的病根,就需要建立一套机制,让全社会各行业的生产销售商,都能即时准确地知晓各地各行业全产业链的商家的产销情况,据此作出自己的生产经营计划,从而避免盲目非理性的产销。例如,全社会的购房者已经在各个城市的不同房企认购了多少套房,房地产开发企业已向建材厂预订了多少货,建筑装饰企业因此可以预判出需要多少装饰材料,家具家电企业也可以提前分析当年的产量等。这样一来,采购方可以比较各销售商的产品质量、价格优势、增值服务等,选出性价比最好的商品;而销售商呢,可以横向了解竞争者的产销情况,以提质增效,避免重复投入,生产过剩,浪费资源。也许采购方、消费者的需求量不可能那么精准,难以预判,就算需求方能对房子、车子等大件商品提前很长一段时间预订下单,但在我们生活中还有很多的消费行为是无法提前作出计划的,具有很大的随意性,例如,要不要买瓶水,喝什么牌子饮料等。如此一来,供需双方的信息又不对称了,商家为了保证能及时供货还得提前生产和囤货,老大难的生产过剩问题依然还在,经济危机的阴魂并未消散。

其实,我们现在所处的这个时代,就是解决供需双方信息不对称问题最好的时代,因为我们掌握了强大的互联网工具。报道显示,2015 年,中国网络购物市场交易规模达 3.8 万亿元,较 2014 年增长 36.2%。另据中国互联网信息中心于 2017 年 8 月 4 日发布的第 40 次《中国互联网络发展状况统计报告》显示,截至 2017 年 6 月,中国网民规模达到 7.51 亿,其中手机网民规模达 7.24 亿，他们中又有 4.63 亿网民在线下购物时使用过手机支付结算，比例达到 61.6%。可见，网络购物在中国已经很普及了，手机支付也已司空见惯。这就是实现信息对称的最好的机会！为什么现在越来越多的人选择网络购物，我想除了足不出户的便捷之外，更重要的是商家的商品和价格透明了，消费者可以做到"同时货比百家、千家，乃至无穷"。如此，供需双方的信息在一定程度上实现了对称，消费者可以用最低的价格买到最好的商品，优质的商家可以凭借良好的口碑积累赢得更多的用户，达到双赢！既然互联网有如此优势，为什么不进一步发挥它的作用呢？现在，各大电商平台销售的主要是价格相对便宜的小件商品，一些价格昂贵的中高端商品并未见到多少，更不用说房子、车子、游艇这类多半要向银行贷款才能买得起的商品了。所以，电商平台在这方面还有很大的潜力。另外，在技术和制度层面上，电商平台也有不少需要完善的地方。例如，现在的各大电商平台为了让消费者购物有一个参照对比，也为了让商家诚信守法经营，所以在技术上都设计了用户评价机制。这样一来，买方可以对卖方的产品质量、工作效率、服务态度等进行评分，并且所有的网络用户都可以看到卖家的历史成交量和累积的用户评价。这本是一个很好的，能让买方更加理性消费的制度安排，但是，这样的机制也有技术漏洞。因为有不少商家在打这些数据的主意，他们想方设法地进行造假，专门雇人来与自己虚假交易和给好评，由此还衍生出所谓的"刷单"行业。可见，网络电商平台发展的空间很大，但问题也不少。

尽管现在的网购已经很方便，但不可否认的是，线下直接交易量还是很大。所以全社会总共生产销售了多少商品，还是个无法准确统计的数字，产生全社会生产无序化和产销过剩的客观条件依然存在。

我们都知道一个浅显的道理，不管是工业生产、农业养殖，还是服务业，只要供需双方发生交易行为，都必然通过货币这个等价物来实现，所以只要我们抓住货币这个关键要素，就可以知晓真实的供需状况。用传统的纸币交易，太过分散，显然无法达到实时掌握全社会的交易实况的目的，所以我们需要借助电子货币来实现。我们可以设想：如果用电子货币完全取代现在的实物货币（详见本书第三章），即使在实体店面对面购物，也必须在其网店上显示交易数据后，才能成功实现电子支付会怎么样呢？如果全社会各个行业的交易，包括买房买车、工程招投标、建设施工、农副产品买卖、生活服务等所有的交易行为，都只能通过这个由国家打造的超级网络平台"记录在案"才能实现呢？这样一来，是不是所有的交易信息都数据化、透明化了？现在正是由互联网迈向物联网的时代，如果任何一件商品从出厂那一刻起，就能在国家超级网络平台上查询到其行进轨迹，包括被终端消费者购买的全流程，那么该种商品生产了多少，销售了多少都是清晰透明的；同行业的竞争者都能看到整个市场容量、实时动态的产销情况和竞争者势力，而后决定自己是否产销，产销多少，而消费者则能看到该产品的用户口碑如何，而后决定是否购买使用。这样会使商家和消费者都变得更加理智，因为他们在这个超级网络平台上共享了可供作出准确判断的信息。这些信息积累越多，规律性就越强，例如，某种商品在哪些区域、哪些人群、哪些时段、以什么样的价位更能达成交易等。而全社会各个行业的各类产品，每年、每月、每天的总销量也都会变得非常清晰明了。我想，这才应该是人们天天挂在嘴边的大数据时代。倘若如此，亚当·斯密说的市场那只"无形的手"是不是开始变得"有形"，变得可触摸可把握了呢？这只"有形的手"不是计划经济体制下管得太死、统得太死的行政命令，限制竞争的手，而是让竞争更加充分、更加透明的手。亚当·斯密说的"无形的手"是指经济规律，而本书所说的"有形的手"，既指经济规律，又指透明的交易信息，但绝不是政府的指令性安排。

之所以说这只"有形的手"开始变得可触摸、可把握，是因为全社会都能实时看到各种商品动态的产销情况，就像股市里的 K 线图波动一样，让交易各方都能理智地作出判断，再加上相关的大数据分析，相信届时供需双方都能看得懂市场，而非像现在这样需要一段时间（月度、季度或年度）之后，才由政府统计部门发布一个滞后的宏观统计数据，并且这个统计数据是很不精准的，毕竟还有不少偷、逃税的商家，其上报的销售数据不可能客观全面。对于商家来说，若要靠此统计数据来准确研判未来的产销量，恐怕他连自己都难以说服，因为该统计数据顶多只能在宏观层面预估一下社会发展的态势而已，对于落地执行而言，其意义并不大。但是，如果有了前述国家超级网络平台这只"有形的手"，就会让商家产销的盲目性、无序性大大降低，国家制订宏观调控政策也可以做到点穴式的精准。这里须特别指出的是，搭建国家超级网络平台，并非重回计划经济，穿新鞋走老路，超级平台的作用只是解决市场各方信息对称的问题，政府不会因此而对市场进行全面的、系统性的操纵，市场的主体依然是供需双方。

可见，有了这个国家超级网络平台，所有的企业都变成了公众企业上市公司，所有的交易都透明化了，也就不存在偷、逃税了，假冒伪劣、有毒有害商品也会被逐步杜绝，拖欠货款这种现象也会减少，没有商家敢轻易违约，因为全社会都能看到你在做什么和做过什么，失信违法不可能有立锥之地。过去那种盲人摸象式的市场经济将一去不复返，商人"奸诈算计"的形象也会得到彻底改观，只要合法经营、诚实守信就有利可图。在这样的良性透明的市场环境下，不会像现在这样，只有极少数对未来商机准确把握的人才能脱颖而出，因为那时人人都可以准确地把握市场脉搏，既不会羊群效应式地投资，也不会一哄而散式地撤资。总之，有了准确的数据信息，人人都会变得更加理性。生活本该如此，为什么不能让人类的交易行为变得更踏实，风险降到最低呢？

有了这个国家超级网络平台，初创企业或对自己产品信心不足的企业，可以先在平台的网店里展示样品，小规模地接收订单，不会盲目批量生产，造成生产过剩和投资风险；而有品牌、有竞争力的企业可以越做越好，良性循环，因为企业的口碑在平台上累积着呢。最重要的是，全社会的主流交易方式已经改变，从过去的生产到消费的模式，变为了消费到生产的模式，商家都是先在超级平台上接收订单后，再组织生产，继而销售。这就给生产企业留足了空间和时间，避免了过去生产、囤货、销售的"三步走"流程可能造成的生产相对过剩。这样的结果是所有生产企业都会直接销售自己的商品，现在的批发商、零售商会大批量地转型，但不会彻底消失，毕竟还会有不少的消费行为是现场消费，无法等待物流配送。当然，商家也不用担心自己的创意一下子向全社会公开，会让自己失去优势或被人抄袭，因为商标、专利、版权等知识产权的保护力度只会越来越大。这会让展示者更大胆、更自信，维权也更方便，因为假冒商家也必须在网络平台上展示其商品才能做生意，权利人想要获取侵权证据只需点击鼠标即可，搜集电子证据非常方便。

最后说下，为什么我一再强调国家超级网络平台，而不是像淘宝、京东、eBay、亚马逊这样的民企平台，因为前者涉及国民经济、社会发展、个人信息等全社会的大数据，事关国家战略和安全，并且只有国家出面来打造这样的平台，其数据安全性和权威性才更有说服力，更利于交易者作出准确判断。当然，在这个大平台里会有各行各业的子平台，子平台当然是需要民企积极介入的，以提升市场的创新与活力。

其实，中国现在实施的商品房销售进行网络备案公示的"网签"程序，其目的就是让市场更加透明，避免房地产商进行饥饿销售，捂盘抬价，杜绝可能存在的"一房多卖"的欺诈现象；同时，也让市场交易信息及时准确传递给交易各方，了解供需实况，并且国家的税费也不会被商家偷逃。只不过这种备案公示，还未进行全国性联网，通常都是地方房地产主管部门在自己的官网上，对辖区的商品房销售进行的一种公示性登记，这与作者所说的交易过程中自动生成的公示信息还有所区别，但方向和动机是一样的。

综上所述，通过建设国家超级网络平台，既可以有效地解决供需双方的信息不对称问题，也可以解决供给方各竞争者之间的信息不对称问题，还可以解决各行业间资本转移的信息不对称问题。商业信息经此开阻除痹后，可以让交易环节上的各方做到清清楚楚产销，明明白白消费，让那些过去靠信息不对称赚钱的商家，转变成依靠科技创新、良心产品、优质服务来赢得未来的企业家。总之，让商业竞争在阳光下进行！如此一来，所有的实体经济都会加入到互联网中来，所有的互联网企业也都会与实体经济融合，届时将不再有纯粹的互联网企业或实体企业，而是会形成你中有我、我中有你的阴阳合体新业态，互联网不再是一个单独的行业，而是成了各行各业都必须具备的生长基因。

第七章
治大国若烹小鲜

一、上层建筑与经济基础的雌雄双修

"治大国若烹小鲜"出自老子《道德经》第六十章，原文是："治大国若烹小鲜。以道莅天下，其鬼不神。非其鬼不神，其神不伤人。非其神不伤人，圣人亦不伤人。夫两不相伤，故德交归焉。"结合老子的"无为而治"思想，老子所要表达的治国之道就是，治理一个大国就如同烹调小鱼小虾，要把握好火候，掌握好分寸，不宜翻来覆去瞎折腾，否则鱼虾就会碎烂不全。

2014年4月，中国国家主席习近平访问德国，德国总理默克尔赞赏中国的建设成就，问道："中国面临的最大挑战是什么？您最急迫、最关心的是什么？"习总书记答道："治大国若烹小鲜。再大的成就除以13亿人都会变得很小，再小的问题乘以13亿人都会变得很大。中国这条大船不能犯颠覆性错误。"可见治理大国，尤其是中国这样的人口大国，更需要审时度势，小心谨慎，在制定国家战略规划、颁布政策法规时，必须充分考虑到经济基础与上层建筑的协调配合问题，否则稍有不慎就会犯颠覆性的错误，其后果不堪设想。

各位方家对于经济基础和上层建筑这对"情侣"都不会陌生吧？这二位在中学的时候就与大家打过照面，当时为了更好地理解二位的阴阳和合关系，老师们分别用教学楼的地基和楼房作比喻，让大家有了最初的直观印象，懂得了地基不打牢，楼房就盖不高的道理，同时也明白了楼房若出问题，迟早

也会让地基失去价值的利害关系。好比金庸小说《神雕侠侣》中的杨过与小龙女合练"玉女剑法",假如两人心灵不能沟通,男女不能互补、阴阳不能和合,那么他们的"双剑合璧"就不会有强大威力,反而可能走火入魔。

经济基础和上层建筑的理论是马克思和恩格斯创立的。经济基础是指由社会一定发展阶段的生产力所决定的生产关系的总和,是构成一定社会的基础,主要包括生产资料所有制、生产过程中人与人之间的关系和分配关系等三个方面,其中生产资料所有制是首要的、起决定作用的。而上层建筑则是建立在经济基础之上的意识形态以及与其相适应的制度、组织和设施,包括观念上层建筑和政治上层建筑两个部分。观念上层建筑包括政治法律思想、道德、宗教、文学艺术、哲学等意识形态;政治上层建筑在阶级社会指政治法律制度和设施,主要包括军队、警察、法庭、监狱、政府机构和政党、社会集团等。从经济基础与上层建筑的关系来看,经济基础是上层建筑赖以存在的根基,是第一性的;上层建筑是经济基础在政治上和思想上的表现,是第二性的、派生的。经济基础决定上层建筑,如果我们用前面所说的"阳"来代表,那么上层建筑反作用于经济基础,自然就该用"阴"来作为其符号。

中国先哲们用"阴阳"二字来表示万物两两对应、相反相成的对立统一,老子在《道德经》中说"万物负阴而抱阳",《易传》所谓"一阴一阳之谓道"。《易经》便是讲"阴阳"变化的数理和哲理。阴阳学说认为自然界的任何事物都包含着阴和阳相互对立的两个方面,而对立的双方又是相互统一的。阴阳的对立统一运动是自然界一切事物发生、发展、变化及消亡的根本原因。正如《素问·阴阳应象大论》说"阴阳者天地之道也,万物之纲纪,变化之父母,生杀之本始"。所以说阴阳的对立统一运动规律,是自然界一切事物运动变化固有的规律,世界本身就是阴阳二气对立统一运动的结果。

风水古籍《雪心赋》说,孤阴不生,独阳不长。古代医学家称为"阴阳互根",即阳根于阴、阴根于阳。意思是说,阳依附于阴,阴依附于阳,在它们之间,存在着相互滋生、相互依存的关系,即任何阳的一面或阴的一面,都不能离开另一面而单独存在。就自然界来说,外为阳、内为阴;上为阳、下为阴;白天为阳、黑夜为阴。如果没有上、外、白天,也就无法说明下、内、黑夜。如果单独的有阴无阳，或者有阳无阴，则一切都将归于静止寂灭了。阴阳学说认为，万物并不是孤立和静止不变的，而是存在着相对、依存、消长、转化的关系。《素问》所谓"重阴必阳，重阳必阴""寒极生热，热极生寒"。寒"极"时，便有可能向热的方向转化，热"极"时，便有可能向寒的方向转化。

过去研究经济学时，人们更看重经济基础对上层建筑的决定作用，而对上层建筑反作用于经济基础却着墨不多。他们普遍认为，经济基础决定上层建筑的产生，经济基础是根源，上层建筑只是派生物。根据阴阳学说的前述观点，作为"阳"的经济基础与作为"阴"的上层建筑，二者对社会的生产发展是同等重要的，不可偏执一端。因为在经济基础决定上层建筑的同时，上层建筑不是消极被动的，上层建筑对经济基础有巨大的反作用。首先，在方向上，上层建筑对经济基础的反作用是"为我"与"排它"的双向作用。上层建筑动用全部的政治力量、精神力量，竭力维护自己经济基础的巩固和发展。上层建筑又用全部的政治力量、精神力量，消灭旧的经济基础，并排除和消灭任何企图动摇、颠覆自己经济基础的势力。其次，在手段上，上层建筑对经济基础的反作用采用"强制"与"非强制"两种方式。上层建筑通过国家暴力机器和政治法律制度，把人们的行为控制在一定的社会秩序范围之内，同时运用教育和宣传的非强制手段把统治阶级的意志和思想向社会民众灌输，支配和影响人们的行为，维护和巩固自己的经济基础。最后，在性质上，上层建筑对经济基础的反作用有"促进"和"阻碍"两种。一是当上层建筑维护的经济基础是进步的时候，促进经济基础的完善，推动社会的前进；二是当上层建筑维护的经济基础已经落后腐朽，需要变革的时候，上层建筑不让经济基础发生变革，就会阻碍社会的进步。

前已述及，上层建筑中的"观念上层建筑"主要是政治法律思想，而"政治上层建筑"则是指政治法律制度和机构设施。可见，在上层建筑体系中，与法律政策相关的思想和制度是举足轻重的。在作为"阴"的上层建筑体系中，若法规政策不能顺应时代发展的需要，不能与经济基础"阴阳和合"，那么不管其是滞后还是超前于经济基础，都将严重损害经济的发展，阻碍社会的进步。并且这个发展规律不仅适用于现在和将来，也适用于过去。中国封建帝制时期，对经济发展有重大影响的经济政策有两个，一个是重农抑商，另一个就是闭关锁国。

先说"重农抑商"政策，它是中国历代封建王朝最基本的经济指导思想，其主张是重视农业、以农为本，限制工商业的发展。战国时期强调耕战、加强中央集权，于是出现了重农抑商的思想。商鞅在秦国实行变法时，首倡"重农抑商"。西汉初年，由于刚经过长期战乱，民生凋敝，商人却囤积牟利。汉高祖刘邦"乃令贾人不得衣丝乘车，重租税以困辱之"，并严禁商人购置土地，这些政策有效地避免了因商人非法牟利对恢复经济造成阻碍。汉武帝刘彻推行货币官铸、盐铁酒专卖、官营贩运、物价管理以及向工商业者加重征税等措施，在一定程度上抑制了富商大贾的势力。重农抑商政策与封建制度相伴始终，绝不是偶然的，而是封建自然经济的必然产物。对于封建国家而言，农业的发展可使人民安居乐业，人丁兴旺，使库粮仓充盈，既可内无粮荒、动乱之虞，也可外无侵扰之虑。因此历代统治者都把发展农业当作"立国之本"，而把商业（有时也包括手工业）当成"末业"来加以抑制。与此同时，在封建帝王看来，私人工商业主一方面通过商品交换与高利贷盘剥农民，另一方面商业活动丰厚的利润回报又吸引着相当一部分农民"舍本趋末"，从而大大削弱了王朝的统治基础。

再说"闭关锁国"政策，它是指闭关自守，不与外界接触的一种国家政策，是典型的地方保护主义，它严格限制了对外经济、文化、科学等方面的交流。清政府的闭关锁国政策是指，在鸦片战争前，清政府限制和禁止对外交通、贸易的政策。限定广州一口通商，外商来华贸易须通过清政府特许的公行商人，活动限于指定范围，进口货物征收高税额，出口货物限制品种和数量。清朝政府在对外关系中闭关的目的，初期主要是隔绝大陆民众与郑氏抗清力量交通，防范民众集聚海上，形成强大的抗清势力；后期则着重防禁"民夷交错"，针对外国商人，以条规立法的形式，严格限制对外贸易。清乾隆帝曾说，"民俗易嚣，洋商杂处，必致滋事"，所以清政府一再严申"华夷之别"，"从不许外籍人等稍有越境掺杂"。清政府制订各种"防范夷人章程"，就是要隔绝中国人与外国人的任何交往，对出洋贸易的中国人也有种种严格限制，无论船只的大小，来往日期，贸易货物及其数量种类，均规定甚严。闭关锁国政策是落后的封建自然经济的产物，对近代中国社会的发展起了严重的阻碍作用。闭关锁国政策，构筑起了隔绝中外的一堵墙，其对出海贸易横加限制，严重影响了中国经济的发展；它阻碍了中国吸收世界上的先进文化和科学技术，也阻碍了资本主义在中国的萌芽。就这样，中国慢慢地落后于世界，直至清朝末期被列强欺凌，才如梦初醒。

显然，国家的大政方针对国民经济的影响是非常直接的，既可以与经济发展和谐共进相得益彰，也可以成为经济发展的桎梏，阻碍经济活动的正常运转。正如前文所述，当属"阴"的上层建筑与属"阳"的经济基础不协调时，社会非但不能进步，反而还会倒退。所以，要想推动社会的进步，革除现有的陈规陋习，就得改革，这势必触动既得利益者的利益，双方就会发生矛盾冲突乃至引爆朝代更迭的战争。

综观中国几千年来的历史，经历了多次盛世荣光，也遭遇了多次"合久必分，分久必合"的征伐混战，而变法与改革却始终贯穿其中。变法过程中受到损害的既得利益者都不会束手就擒，势必负隅顽抗、以死相搏，所以几千年来的变法，都行进在荆棘密布的路上，艰辛异常。正因为如此，史上大多数变法者都下场凄惨，要么郁郁寡欢过残生，要么被迫流亡远走他乡，能够真正做到颐养天年、寿终正寝者寥寥无几。尽管如此，社会向前发展的变法革新之路，却势不可挡地向前推进，因为人们不会因噎废食。商鞅变法就是其中最成功的案例。秦国在战国初期，社会经济的发展落后于山东（崤山以东故简称"山东"）齐、楚、燕、赵、魏、韩这六个大国。其井田制瓦解、土地私有制产生和赋税改革，都比山东各国晚了很久。战国时期秦国的秦孝公即位以后，决心图强变革，便下令招贤。商鞅自魏国入秦，并提出了废井田、重农桑、奖军功、实行统一度量衡和建立县制等一整套变法求新的发展策略，深得秦孝公的信任。他被任命为左庶长，在公元前356年和公元前350年，先后两次实行以"废井田、开阡陌，实行郡县制，奖励耕织和战斗，实行连坐之法"为主要内容的变法。具体的法令有：国家承认土地私有，允许自由买卖；奖励耕战，生产粮食布帛多的人，可免除徭役；根据军功大小授予爵位和田宅，废除没有军功的旧贵族的特权；建立县制，由国君直接派官吏治理。经过商鞅变法，秦国的经济得到发展，军队战斗力不断加强，发展成为封建后期最富强的封建国家。

《史记·商君列传》说："行之十年，秦民大说，道不拾遗，山无盗贼，家给人足。民勇于公战，怯于私斗，乡邑大治。"经过商鞅的变法，秦国民众树立了法制的思维，国家有了完备的法规条令；经济上，改变了旧有的生产关系，废井田开阡陌，从根本上确立了土地私有制；政治上，打击并瓦解了旧的血缘宗法制度，使封建国家机制更加健全，中央集权制度的建设从此开始；军事上，奖励军功，达到了强兵的目的，极大地提高了军队的战斗力，使秦国发展成为战国后期最强大的封建国家。这些变革为秦国的下一步战略发展创造了有利的条件，为统一全国打下了最坚实的基础。商鞅变法有此伟大成就，与商鞅的公正严苛是分不开的，所以他在改革过程中自然就得罪了不少权贵，遭到报复也就是早晚的事了。公元前338年，秦孝公逝世，其子秦惠文王继位。同年，商鞅因被公子虔指控谋反，战败死于彤地，其尸身被带回咸阳，被处以车裂后示众，全家被诛灭。

商鞅变法虽然成功了，但他本人却被五马分尸了，像他这样不得善终的改革家还有很多。从表面上看，变法比革命的代价小，但就难度而言，变法却远远大于血流成河的革命。因为革命只有一个敌人，大家戮力同心，舍命向前，往往可能九死一生，杀出一条血路。相反，变法是在维护现有体制的前提下，重新调整利益分配的格局，化解矛盾，达成妥协，要处理的关系千头万绪，面临的阻力可想而知，需要有极大的勇气，运用极高的政治斗争艺术，其难度可想而知。这就是为什么中国历史上的重大改革几乎都会失败的原因。所以，自古以来，老成的政治家重视法制的稳定性、连续性，因而对变法持谨慎保守的态度。当年商鞅变法，反对者就提出了"利不百，不变法"的观点。意思是如果没有百倍的利益，就不要改变原来的法度。司马光也说过："治天下譬如居室，敝则修之，非大坏则不更造；大坏而更造，非得良匠、美材则不成。"在他们看来，变法是不得已的事，难免会导致一定程度的混乱和百姓的无所适从，如果没有极大的利益和充分的把握，就不要冒这个风险。

显然，古人的意思不是说不变，而是说变要变得有价值，要有十足的把握和百倍的利益才能付诸行动。《周易·系辞下》说："穷则变，变则通，通则久。"就是要告诉我们，当事物发展到了极点，就要发生变化，发生了变化，才会使事物的发展不受阻塞，事物才能不断地发展。说明在面临不能发展的局面时，必须改变现状，进行变革。这也是道家"阳极阴生，阴消阳长"的道理。国家的发展也同此理，既有发展方式不可能一劳永逸地解决国家前进路上的所有问题，随着时代的变迁，过去成功的制度法令或许不再适用社会的发展，反而成为前进路上的羁绊。这时就需要顺势而为，因时而化，国家的管理者应该随着时局的变化而改变策略。

古人云："凡先王之法，有要于时也，时不与法俱在"（《吕氏春秋》卷十五《慎大览第三》）。即"凡是过去的法制和理论，都是适应当时形势需要制定设立的，但时世在变，时势不可能与法制一同留存到现在"。我们做事也就必须"圣人不期修古，不法常可，论世之事，因为之备。事因于世而备适于事。世异则事异，事异则备变"（《韩非子·五蠹》）。即"圣人不指望久远的古代，不效法恒久不变的常规，而是研究当代的实际情况，并据此采取相应的措施。做事要取决于社会环境的变化，同时应备的措施要跟所做的事情相适应。环境不同了，做事方法也就要跟着变化，情况变了，采取的措施也就要跟着改变"。并且"法与时转则治，治与世宜则有功。时移而治不易者乱，故圣人之治民也，法与时移"（《韩非子·心度》）。意思是说，法度能随着时代而变化的，国家就能安定，治理方法适合于社会实际，就能取得满意的效果。时代发展了而治理手段不变的，就会发生混乱，所以，圣人治理人民的原则就是法度随着时代的发展而变化。因此，"彼王者之制也，视形势而制械用，称远迩而等贡献，岂必齐哉！故鲁人以榶，卫人用柯，齐人用一革，土地刑制不同者，械用、备饰不可不异也"（《荀子·正论第十八》），意思是按照地域不同而规定使用不同的器械和用具；贡品、碗、盂、皮革制器，各个地区因环境和风俗不同而各异。看来适时变法革新，让经济基础与上层建筑阴阳调和，已是古人的共识，但需要审时度势，把握好分寸。

二、供需两侧改革的平衡术

（一）供给侧改革的重点是"无为"

马克思认为，资本主义基本矛盾的另一个重要表现，就是资本主义生产能力的巨大增长同劳动群众有支付能力的需求相对缩小之间的矛盾，即生产与消费之间的矛盾。在高额利润的驱使下，所有资本家都拼命发展生产，导致劳动者有支付能力的需求落后于整个社会生产的增长，商品卖不出去，造成生产的相对过剩。他认为这是引发经济危机的根本性原因。马克思所处的时代，由于物质资料匮乏，劳动者普遍缺衣少食，所以当时没有卖不出去的商品，只有缺乏购买力的劳动者。但是，现在社会生产力水平相较一百年前，已经有了翻天覆地的变化，不再是物质资料短缺的年代了，所以产品本身的品质已成为销量的重要风向标。现在这个时代，要想避免生产过剩，那就要生产高品质、高附加值的商品，否则继续走老路，搞低水平重复投资，生产那些技术含量低下或者粗制滥造的产品当然会过剩。

2015年中国农历春节前，财经作家吴晓波的一篇文章《去日本抢购电饭锅，买只马桶盖》一时间红遍网络。据《每日经济新闻》报道，2015年中国春节期间，有不少中国消费者到日本抢购价值上万元人民币的电饭煲，接受采访的消费者表示："电饭煲的话，中国的技术和日本的相比还是有点差别，日本的内胆质量比较好一些，然后压力比较好。做出来的米饭比较香。"一时间，只要去过日本旅游的国人都会被周围朋友要求帮忙带个日本电饭煲回来，就好像去日本的中国游客谁要是不带个电饭煲回来都不好意思说自己去日本旅游过。九阳股份的一位工作人员表示，日本中高端电饭煲的核心技术就是IH电磁加热技术。这个技术最早是由日本人掌握的，但是目前中国国内主流厂商都已经掌握了这个技术。简而言之，IH电磁加热技术是通过电磁线圈接通交变电流，直接对金属内胆进行加热，省去了加热盘的热量传导过程，这样加热速度更快，通过多级线圈，实现了对整个内胆的环绕加热，同时加热更加均匀，所以米饭口感和营养都有大幅提升。

此外，中国人除了到日本抢购电饭煲之外，还买马桶盖。人民网曾报道过，前些年，在东京的秋叶原，满大街都是拎着电饭煲的中国游客。而今，"马桶盖"却是"新宠"。它有抗菌、可冲洗和座圈瞬间加热等功能，最大的"痛点"是，它适合在所有款式的马桶上安装使用，免税店的日本营业员用难掩喜悦的神情和拗口的汉语说，"只要有中国游客团来，每天都会买断货"。很多人还买了吹风机，据说采用了纳米水离子技术，可使头发更蓬松顺滑。很多人买了陶瓷菜刀，切肉切菜那叫一个爽。很多人买了保温杯，不锈钢真空双层保温，不沾油污。很多人买了电动牙刷，最新的一款采用了 LED 超声波技术，重量比德国布朗还轻。

看了这些，不仅让人唏嘘，所以千万别说实体经济不行了，严格的说是您的实体经济不行了。几十年来，中国经济发展过度依赖劳动力、土地、资源等一般性生产要素投入，人才、技术、知识、信息等高级要素投入比重偏低，导致中低端产业偏多、资源能源消耗过多等。为此，必须要加快科技体制、教育人才体制等改革，优化要素投入结构，更多地实现创新驱动。所以，现在需要的是有技术含量，有科技创新的实体经济。这就要求从提高供给质量出发，用改革的办法推进结构调整，矫正生产要素配置的扭曲，扩大有效供给，提高供给结构对需求变化的适应性和灵活性，提高全要素生产率，更好地满足民众的需求，促进经济社会持续健康发展。

但是，出现上述现象，也是有深层次原因的。多年来，中国实体经济长期资金短缺，这是一个不容忽视的老大难问题，即使央行放水施行宽松的货币政策，实体经济也很难拿到钱，因为一放水，钱就流到房地产和金融行业内部去了。钱多了房价自然就会上涨，这对实体经济非但没有益处，反而刺激了工业房租的上涨，使实体经济成本陡增，雪上加霜。实体经济一旦没钱，就无法搞研发，自然就生产不出高品质、高附加值，迎合市场需求的商品。再说金融行业，全国人大财经委副主任委员黄奇帆，曾分析金融业增加值占比增长，背后金融业"脱实向虚"的现象：银行把钱借给小银行，小银行把钱借给租赁公司，租赁公司把钱给了小贷公司，小贷公司把钱贷给各种金融业，自我循环过程中每一个金融企业都要有利润，都要有用工成本，这些成本就是金融业的GDP。所以金融业GDP如果多了一倍，意味着实体经济的融资成本也提高了，转化为利润、税收和金融业的GDP。可见，中国的实体经济承受的压力是非常之重的。

众所周知，现在中国实体行业的上下游都很透明，利润率普遍偏低，制造业的利润能到10%就算不错了，加上人工成本一涨，工业租金又涨，融资成本再涨，导致很多企业都无法生存。而企业新项目的各种审批环节，都需要安排打点，且很麻烦，如此高的投资成本，盈利又没把握，谁也不敢贸然投资，所以很多人宁愿炒房，也不肯投资实体经济，这就成了一个死循环。加之，实体经济承受的各种税费一直很高，让不少企业不堪其负，尽管现在在搞"营改增"税制改革，但据大部分企业特别是中小企业反映，税负不但没有降低，反而有所增加，因为很难找到抵扣的发票。所以，中国当务之急必须对供给侧进行深彻的变革，积极主动地为企业减负，实施创新驱动发展的战略，这对我国提高经济增长的质量和效益，加快转变经济发展方式具有现实的意义。

2015年11月10日，中国国家主席习近平首次提出"供给侧改革"。供给侧结构性改革，重点是解放和发展社会生产力，用改革的办法推进结构调整，减少无效和低端供给，扩大有效和中高端供给，增强供给结构对需求变化的适应性和灵活性，提高全要素生产率。习近平指出："从政治经济学的角度看，供给侧结构性改革的根本，是使供给能力更好满足广大人民日益增长、不断升级和个性化的物质文化和生态环境需要，从而实现社会主义生产目的。"可见，供给侧结构性改革强调的是用改革的方法来消除供给侧所存在的制度性障碍，从而增强供给侧对需求变化的适应性。

2017年10月18日，习近平在中共十九大报告中强调，建设现代化经济体系，必须把发展经济的着力点放在实体经济上，把"提高供给体系质量"作为主攻方向，必须坚持"质量第一、效益优先"两大原则，推动经济发展的三大变革，即"质量变革、效率变革、动力变革"，努力实现"更高质量、更有效率、更加公平、更可持续"的发展目标。同年，在北京举行的中央经济工作会议明确提出，中国经济已由高速增长阶段转向高质量发展阶段。

中国国务院发展研究中心余斌表示：随着人民生活水平的不断提高，中等收入人群持续壮大，居民消费升级呈现个性化、高端化、服务化的态势。在国内传统需求收缩和外部需求持续低迷的背景下，供求矛盾转变为供给过剩与供给不足并存。一方面我们看到严重的产能过剩，另一方面，过去5年，中国人每年在海外的消费都是1万亿人民币，所以一方面是供给过剩，另一方面是供给不足。数量过剩与品质不高并存，传统、低端和无效供给过多，新型、中高端和有效供给不足。供给与需求的矛盾集中在供给侧，表现为供给不能适应需求的变化。供给侧结构性改革就是消除这些障碍。所以，供给侧结构性改革，就是按照市场导向的要求来规范政府的权力，发挥市场在配置资源中的决定性作用，不能以政府计划之手抑制市场这只"无形的手"。制度经济学代表人物、美国著名经济学家舒尔茨说过，"任何制度都是对实际生活中已经存在的需求的响应"。所以，在这场改革中，政府需要继续降低市场准入门槛、压缩垄断程度、放松行政管制，降低融资成本、减税让利于民，减少对土地、资金、技术等生产要素的供给限制，同时把对知识产权的保护提高到国家重大战略上来。一言蔽之，政府要做的是通过财政、税收、信贷的工具来宏观调控经济，放宽微观管制，强化并完善市场在法治环境下的公平竞争机制，减少直接干预市场和限制竞争的产业政策。

谈到供给侧结构性改革，还不得不讨论一下新加坡的"淡马锡模式"。淡马锡模式就是淡马锡控股公司的经营方式。其核心经营理念就是中国道家的"无为而治"。淡马锡公司有着优质的治理模式，拥有淡马锡100%所有权的新加坡财政部在公司内部起的作用很小，真正起到关键作用的是公司特殊的董事会构成，分层递进的控制方式和有效的约束机制。

淡马锡旗下企业之所以能够发展壮大，是因为政府刻意地不干预这些企业在营运或商业上的种种决定，使得淡马锡旗下的企业能够充分地依据正确的商业原则开展业务，让市场对资源起到基础性的配置作用。作为淡马锡主管部门的新加坡财政部虽然是一个百分之百的"控股者"，但其在淡马锡治理框架中所起到的作用十分有限，如任命淡马锡控股的董事局主席、董事和总经理；审阅淡马锡控股每年提交的财务报告；召集与淡马锡控股或其管理的相关联的企业的会议，讨论企业的绩效和计划。除此之外，财政部只在影响淡马锡在某个关联企业股份的并购和出售的问题出现时才参与进来。虽然在董事会10名成员中仍有4名为政府官员（另外6名为民营企业界人士），但作为政府公务员的董事兼职不兼薪，薪水仍由政府支付。在投资决策时，政府公务员代表了政府出资的利益，更多考虑国家宏观的公正因素，而另外6位民间企业人士，则保证了企业在市场竞争中的运营效率。

总之，供给侧结构性改革，政府除了轻徭薄赋外，更需遵从道家哲学思想，做到"无为而治"，方可达成改革之初衷。老子认为"我无为，而民自化；我好静，而民自正；我无事，而民自富；我无欲，而民自朴"（《道德经》第五十七章）。前文已述及，无为而治的"无为"，绝不是无所作为，什么都不做，而是"以虚无为本，以因循为用"（司马谈《论六家之要指》）。无为而治的"无为"是不妄为，不随意而为，不违道而为。相反，对于那种符合道的事情，则必须以"有为"为之。但所为之为，都应是出自事物之自然，无为之为发自自然，顺乎自然；是自然而为，而不是人为而为。所以这种"为"不仅不会破坏事物的自然进程和自然秩序，而且有利于事物的自然发展和成长。

（二）需求侧改革着力扩大内需

供给侧与需求侧的结构性改革应当同步推进，不能顾此失彼。中国国家主席习近平指出："在适度扩大总需求的同时，着力加强供给侧结构性改革。"显然，供给侧与需求侧是矛盾统一体的两个方面，不能强调一侧，忽略另一侧。这是因为，中国经济运行正面临着供给侧和需求侧都亟待结构性调整的双重压力，供给侧方面的问题是结构性供给过剩和结构性供给不足并存。只有坚持供给侧和需求侧的同步结构性调整，实现新的阴阳平衡，才能实现经济的稳步增长，避免经济危机。

要扩大内需，那么首先要弄清楚何谓内需。通常的理解就是要老百姓多花钱，或政府多投资。简单明了，但都不完整。大家都知道，一国的经济增长，要靠消费、投资和出口"三驾马车"拉动。所谓内需，就是出口以外的那"两驾马车"，即消费需求和投资需求。其中，消费需求包括居民消费和政府消费；投资需求包括政府投资，也包括企业投资。因此，扩大内需是个系统工程，涉及政府、企业、居民三大行为主体的全部支出、购买、投资，以及对国内市场的带动，而并非单纯地多花钱、多消费。

先说消费。居民消费受三大因素的约束。一是收入水平，这主要受工资性收入和投资性收入的影响；二是经济预期，人们对未来经济环境的判断，会影响到其消费，尤其是投资意愿；三是后顾之忧，人们常说"辛辛苦苦几十年，一病回到解放前"，以致有钱不敢花，要留着养老防病，说的就是社会保障制度不完善的问题。由于三者的共同影响，目前出现居民平均消费倾向不高、持币观望、普遍减少或推迟当前消费支出等情况，银行存款也相应出现定期化趋势。

再说投资。企业投资行为除了受整个市场经济大环境影响外，还取决于投资能力、投资机会和投资意愿。有投资能力并不代表就会投资，因为很多企业都在转型之中，都在考虑生产适销对路的产品，都在设法寻找创新技术介入到自己企业中，但是他们又对国家的知识产权保护力度不是太满意，以致在要不要大笔投入研发技术的成本问题上举棋不定。另外，投资机会与市场扩展和管制放松有关，投资意愿则与市场预期有关。企业行为由此趋于保守谨慎，即使负债率不高，甚至现金流充沛，也会考虑推迟、削减或取消投资，以规避市场风险。

中国当前扩大内需所面临的问题就是，过去几年，把经济发展的宝主要押在了房地产上，难以抽身，由此导致钢铁、水泥、煤炭、石化等行业产能严重过剩，而房价又高居不下，有购买能力的消费需求严重不足，一旦全家节衣缩食贷款供房后，又无经济能力过多地消费其他商品和服务，扩大内需自然就困难重重。据凤凰网报道，中国通过银行贷款买房的家庭大约有 2 亿户，单算家里的主力"还贷"者，房奴人数应该有 4 亿左右，而不管是哪个城市的购房者，他们都面临着同一问题，就是没有过多的钱来消费。如此一来，其他行业被连锁拖累也就在情理之中了，就算他们想有所作为，也会因为缺乏消费市场支撑而举步维艰。加之，房地产行业不断地侵占土地等不可再生的资源，而商品房又无法远销海外赚取外汇，建房施工的技术革新乏善可陈，其对社会进步的贡献率明显偏低。如果把房地产作为国家的核心竞争力，房价持续高涨，势必会驱使其他行业的资本都转战房地产业，民众也会甘冒风险高杠杆"炒房"，由此"创新创造"必将成为泡影，实业凋敝就不可避免，经济持续健康发展也就只能是一个梦想罢了。

总结一下，当前中国在扩大内需上面临的难点有：①有效需求不足，没有生产出供不应求的高附加值商品；②占人口绝大多数的农民收入增长迟缓，购买力低下；③社会保障体系还不够完善，担心无钱治病、养老，不敢轻易消费；④高房价透支居民消费能力，因为土地实行"饥饿式"供应，加之货币放水，房地产泡沫越吹越大，已经异化成为投资投机性商品，不少民众为购房，全家几代人举债，严重透支了未来几十年的消费能力；⑤大部分民众的收入与持续上涨的物价相比普遍偏低，工资在初次分配中比重不断下降，分配结构不合理，没有形成强大的中产阶层。

要解决上述难题，政府急需转变"土地财政"的发展思路，积极推进高科技创新，加大政府直接投资力度。但是，政府直接投资也需要把握好时间节点、数量规模和投资方向，要考虑投资成本和投资效率，建立与企业投资和居民消费的有机联系和有效结合，寻求能够同时启动或带动企业需求和居民需求的合适方式。当然更需要警惕的是，在"扩大内需"的旗帜下，不应病急乱投医，开错处方抓错药，为未来埋下更大的危机隐患。中国现在面临的经济困境，本质上是产能过剩，全球通缩的到来又进一步加剧和恶化了这一危机，这是与欧美信用危机截然不同的状况。如前所述，中国当前的问题是实体经济面临巨大压力（如税费过重、融资困难、用工成本和房租持续攀升等），低端制造业产能过剩，技术创新乏力，真正有核心竞争力的产品又太少，以致出口急剧下降，加上这两年突然暴涨起来的高房价泡沫悬而不破，二者一叠加极有可能引发系统性金融风险，甚至爆发全面的经济危机，所以说这是与欧美相反的危机演化过程。因此，中国遭遇的是典型的"转型困境"，而非单纯经济衰退，扩大内需必须以"转型"为导向。

经济转型过程中也要防止过犹不及，有必要把当年日本经济转型失败的例子作为反面教材。当年同样以出口为导向的日本，在日元大幅升值后，出现过出口萎缩及产能过剩，大量中小出口企业倒闭的现象。为了响应市场救市的呼吁以及赢得选民支持，日本政府同时采取了积极的货币政策与积极的财政政策来刺激内需，希望完成从"出口依赖"向"内需拉动"的转型。但是，由于大量产能过剩，加之其早已经步入发达国家行列，日本国内的投资机会与消费潜力非常小。政府的基础建设与信用扩张，导致货币涌入地产市场与资本市场，从而酿成泡沫。当泡沫破裂后，银行出现天文数字般的坏账，政府动用财政援助银行，再加上此前的财政扩张，累积了惊人的财政赤字，从而呈现出产能过剩、银行坏账以及财政赤字的三重危机，直到今天，日本经济仍然没有恢复。

当今中国经济的现状与日元升值后所呈现的状况类似，扩大内需、完成转型必须吸取日本的教训，尤其不能让财政与货币政策同步扩张。总结这些教训中，首先，落后过剩的产能必须淘汰，当年日本为了救助那些夕阳产业，消耗了大量货币资源，阻碍了产业升级，最后还是不得不放弃。其次，防止信贷扩张制造资产泡沫，避免给银行埋下巨大的隐患。最后，在扩大财政支出的同时，要警惕地方政府，防止其借此机会继续获得廉价信贷，来延续过去几年经济过热期间留下的形象工程或烂尾工程。因此，中国货币政策必须稳健保守，刺激性财政政策须在完全可控的范围内实施。

综上所述，不管是全社会的无序生产矫正为有序生产，还是供给侧与需求侧的改革，都是在寻求一个阴阳平衡。阴阳平衡就是阴阳双方的消长转化保持协调，既不过分也不偏衰，呈现着一种和谐的自然之态。老子说："人法地，地法天，天法道，道法自然。"王弼对其注解为："人不违地，乃得全安，法地也。地不违天，乃得全载，法天也。天不违道，乃得全覆，法道也。道不违自然，乃得其性，法自然也。法自然者，在方而法方，在圆而法圆，于自然无所违也。"所以无为而治的核心就是要协调阴阳，平衡有序，道法自然。

三、无为而治之道

让经济基础与上层建筑协调共进很重要，因势利导适时变法也很重要，关键是要审时度势，有所为而有所不为。中华文化讲究敬天法祖，所以祖宗之法是不可变的，这也是保守派反对革新时的一张王牌。不过，改革派要变法自然也会为自己找到充足理由，例如，北宋王安石在变法时就提出了"三不足"论断：天变不足畏、人言不足恤、祖宗不足法。这在反对变法的人看来，王安石简直就是一个大逆不道的乱臣贼子。王安石向皇上解释说："古人以为，天灾地震之类，都是上天发怒的象征，并把这些灾异和君主的行为联系起来，臣对此确实不以为然。臣以为，天地运行，自有其规律，日食月食，都是自然现象，和皇帝的行为没有什么关系。我说的这些，我知道陛下不一定会同意，天地之道，玄虚难测，不谈也罢。但是，流俗之言不足惧，却是不易之理。流俗之人，不学无术，看问题只从自身出发，不能统观全局看得长远，所以对一件事，会有多种看法。做大事者，认准了一件事，就一定要独持己见，等事情做过了，成败才能显现出来。如果什么人的话都听，左右动摇，永无成功的那一天。至于祖宗之法不足守，则固当如此。仁宗皇帝号称守成，在位40年，也屡次修订成法，何况陛下这样的大有作为之君呢？"

其实，历朝历代关于变法与不变法的理由都很充分，所以变法的关键就在于如何平衡既得者的利益，以及何时变、怎么变的问题。对此问题，老子又怎么看呢？前文已经介绍了老子"治大国如烹小鲜"的思想，而烹调小鲜的要义就是慎动，而非不动，否则小鲜就会烧焦变糊。王弼在其《老子道德经注》中对"治大国如烹小鲜"这样解释："不扰也。躁则多害，静则全真。故其国弥大，而其主弥静，然后乃能广得众心矣。"这正是老子"无为而治"的思想。老子认为，"我无为，而民自化；我好静，而民自正；我无事，而民自富；我无欲，而民自朴"，而且一再强调无为才能无不为。无为，是老子哲学的核心观点。过去，这一思想多被视为消极，而实际上，老子的"无为"并非什么都不干，而是倡导一种"无为而为"的辩证法，即在顺乎事物自身规律的前提下有所作为。

老子在《道德经》中说："道常无为，而无不为。候王若能守之，万物将自化。化而欲作，吾将镇之以无名之朴，镇之以无名之朴，夫将不欲。不欲以静，天下将自定。"在老子看来，大道运行，自有其章法和规律，一旦人为干预，强行作为，就会陷入异化而不可自拔。具体到治国理政方面，就是要多体察民心民意，而不是拍脑袋决策，凭感觉折腾，以致政令频出，朝令夕改。老子说："天下神器，不可为也，不可执也。为者败之，执者失之。"在计划经济体制下，生产分配都靠计划指令，大事小情都纳入统一的调配管理之中。实践已经证明，这种经济体制忽视了经济自身运行的规律，严重制约了生产力的发展。当认识到市场这只"无形的手"在资源配置中的决定性作用后，从计划经济向市场经济转变，体现出的就是对经济规律的遵循。让市场来决定生产要素的流动，不强加妄为，不行政干预，看似什么也没做，其实已经做了一切，这就是老子所说的"无为而治"，无为而无不为也。大道至简，但要做到知行合一却很难，以致在当前中国的法规制度和产业政策层面，仍然存在着诸多阴阳失和的地方，这让"无为而治"难以发挥其应有的功效，不是用力过猛，就是无力可使。

(一) 法规对劳资关系干预过度

近几年来，中国从保护劳动者权益的角度出发，完善了劳动立法体系。但是在具体操作过程中原本应当解决劳资冲突的法规，如今却让劳资双方与政府陷入了两难的境地，很多劳资矛盾非但没有通过法规进行有效疏解，反而逐渐升级为劳政矛盾，随着政府逐渐退出市场经营主体地位，其谈判失控的风险也在日益增强。政府、企业、员工站在各自立场上的沟通无效，更加加剧了应对风险。

有关资料统计数据显示，2001~2007年间，中国的劳动争议案件以每年3.3万件的速度增加，2008年，《劳动合同法》《劳动争议调解仲裁法》等相关劳动法规出台，又恰遇国际金融危机降临，多重因素叠加，促使劳动争议案件井喷式爆发，迅速飙升至近10年来的顶峰，达69.3万件。这是2007年以来的1.98倍，2001~2007年的4.5倍，集体劳动争议案件也一改2005年以来的下降态势转而上升到2008年的2万件以上，达到近10年的顶峰；2009年下半年，国际金融危机的冲击逐渐减弱，劳动争议和集体劳动争议案件数量开始有所改观，但是，仍然在高位运行，全年全国各地劳动争议仲裁机构立案受理的劳动争议案件达68.4万件，仅在2010年第三季度，劳动争议案件就达到了 15.3 万件，相当于 2001 年全年的总数量。同时，由劳资纠纷引发的职工群体性事件也逐年攀升，在 2008 年突升后，持续保持活跃状态，劳资矛盾的显现化趋势已逐渐成为企业劳资矛盾的现实问题。

劳资双方本为一体，一损俱损，所以应设法找准二者的平衡点，而非厚此薄彼造成劳资冲突。在法规层面，批发式下放太多利好给一方，势必陡然加重另一方的负担。这种非循序渐进式地增加企业主义务的做法，会突然导致劳资双方阴阳失和，毛病丛生，继而病态发展。现在不管是理论界，还是经办企业的企业主们，普遍认为现行劳动法规过于偏爱劳动者，自 2008 年新颁布的《劳动合同法》实施以来，企业用工完全处于被动的状态，引起了社会各界的广泛讨论。

《新快报》就曾报道：广州市政协委员吴雪玲认为，《劳动合同法》让人明显感觉到不公平。企业老板几乎不可以炒员工，但员工可以随意炒老板，还不用承担任何违约责任。新法实施后，企业不愿意招聘应届毕业生，因为要花大量成本去培养，培养完成后，员工想走就走，企业无法约束到员工。另一方面，还有不少企业担心"请神容易送神难"，因为《劳动合同法》动辄要求企业给员工赔偿金、补偿金等。有企业界的委员表示，因为《劳动合同法》规定工作 10 年以上不可随意炒掉员工。有的企业为了将老员工换掉而制造假关门，然后再注册的闹剧。"民营企业再注册一个公司很容易。然后老板还是他，员工全是新的。要是我到时候就肯定这么干。"广州市政协委员徐金海则说，《劳动合同法》的实施确实对一些劳动密集型企业造成了冲击，怎样保障企业稳定是个问题。他还认为，《劳动合同法》确实有"超前"的地方，例如，"要外来工建立住房公积金，一个打工仔一个月才挣几百块钱，要他拿出 200 元钱来存住房公积金，一年才能存 2000 元，打工 30 年才能存六七万，只能买几平米的房子。一个月 30 元钱就扣掉你 10 元钱，你肯定也不干。有些措施做不到就不要硬做，要逐步逐步来"。

另外，最低工资固定上涨是否体现了市场经济规律，企业压力是否过大？这也是一个亟待解决的劳资热点问题。毫无疑问，最低工资标准的提升对制造业影响也较大。人力资源和社会保障部劳动工资研究所的课题报告显示，

2004年，最低工资标准各档次平均值为386元，2013年增加到1139元，年均增长12.8%。中国政府规定最低工资标准每两年至少调整一次，这种固定的工资增长方式让很多企业都无法承受较重的用工成本，所以他们中不少企业开始迁往东南亚一带。众所周知，所谓的最低工资标准，只是对于社会上劳动能力最为薄弱的群体的一个保护性规定，但是如果有人心甘情愿地接受比这更低的工资，以求有一份维持生计的工作怎么办？按现在的最低工资制度会让其不合法，结果可能就会导致劳动者要彻底失业，然后一分钱都领不到，只能转而向政府领取失业救济金；如果政府社保资金吃紧，一时发不出这笔救济金，就会导致失业者与政府关系的不和谐。又如，毕业大学生"零起薪"就业，虽然说这种现象表面上看起来不符合"人是经济人"的价值取向，但是对于年轻人来说，可能会得到一个工作实践的机会。待其有了一定工作经验之后，不愁找不到比法定最低工资标准收入更高的工作，但是最低工资制度视此为违法用工行为，因此它也会被叫停。这样一来，想积累职场工作经验的年轻人又被堵死了，只得慢慢寻找新的就业机会。

《劳动合同法》，既然其名称有"合同"二字，那么就应平等地保护合同当事双方的权益，而非顾此失彼，偏重一方，否则就会阴阳失衡。但是该法第1条却是这样规定的："为了完善劳动合同制度，明确劳动合同双方当事人的权利和义务，保护劳动者的合法权益，构建和发展和谐稳定的劳动关系，制定本法。"显然，此法的立法本意主要是为了保护劳动者的合法权益，而非劳资双方的合法权益。再看此法之具体条文，你会发现，它主要是在给企业订规矩划红线，而对劳动者的约束却只有寥寥数笔。毋庸讳言，保护弱势的劳动者，维护他们的合法权益，这本是好事。但是，在中国的大环境还没有同步跟进的情况下，这样的规定就显得过于超前，过于理想化了，以致难以得到落实。正所谓上有政策下有对策，当企业主明显感受到压力之时，他们势必绞尽脑汁寻找规避之法。就好比法律关于工会组织的规定，大家都知道，工会存在的价值就是要为劳动者的集体权益而发声，但是现实生活却告诉我们，工会的作用基本上就是组织劳动者搞搞联谊活动而已，要想指望工会去跟企业主叫板，代表劳动者进行集体谈判，几乎不可能。这就是理想和现实之间的差距！所以，与其制定这种不能落地的制度，还不如顺势利导，改堵为疏，把劳资关系更多地交给市场来调节。

总之，全则必缺，极则必反。劳资双方阴阳一体，彼此同根，互为对方存在的条件，工资报酬、社保福利完全可以通过市场这只"无形的手"来调整，一旦作为"第三者"的政府介入过深，势必破坏二者原本还能维持的劳资关系。这样做的后果就是，劳动者就业会更困难，企业不敢过多招聘一些弹性比较大的、必要性不是那么高的岗位的职工，宁可空缺着，也不愿去把它充足，于是许多有劳动能力的就业者被迫处于失业状态。企业为了自保，也会制定更多繁苛的规章制度来约束劳动者。这样一来，就形成了恶性循环，过犹不及，本来还能维持的劳资关系，可能变得水火不容。

(二) 羊群效应式创业的恶果

这两年就业形势严峻，为缓解这一现象，政府出台了鼓励创业的优惠政策，如给予初创业者一定年限的税费减免、低成本入驻创业孵化园、可以获得一定的项目贷款等；再加上新闻媒体的推波助澜，经常报道美国微软的比尔·盖茨、特斯拉的马斯克、Facebook的扎克伯格，中国的马云、马化腾、任正非等是如何创业成功的故事，看得大家眼花缭乱，如痴如醉，很多人都迫不及待地选择了自主创业，这其中包括不少刚毕业的大学生，他们宁做鸡头不做凤尾，誓要轰轰烈烈地干一场。

前面我们也谈到了劳资关系的确是可以互换的，劳动者可以转换角色成为企业主，企业主也可能因为经营管理不善而破产，继而走向劳动力市场。现在这个社会的公平性就在这里，身份不是终身制的，可以因为你的努力或疏懒，而得以改变。因此，自主创业，做和平时期的"创业英雄"，已经成为当今社会的主流价值观，充斥在我们行动坐卧走的各个环节。

人都渴望成功，都想不枉此生，加之创业新闻的鼓吹，让很多人都参与到了创业大军中来，还美其名曰"创客"。敢于尝试的践行者，当然值得被赞赏，但创业不是儿戏，而是一场战役，需要知己知彼，方可百战不殆，否则你的创业就是在自虐，成功更与你无关。老子在《道德经》中说道："天下皆知美之为美，斯恶矣；皆知善之为善，斯不善矣。故，有无相生，难易相成，长短相形,高下相倾,声音相和,前后相随。"这段话充分表达了老子世界观中的辩证思想,也就是好与坏相伴,难与易相生,创业也是如此,有成功就有失败,但成功者毕竟是屈指可数,寥若晨星。因此,劳动者创业之前需要问自己几个问题:我要做什么?我要怎么做?我会遇到什么困难?我能克服这些困难吗?

《礼记·中庸》有言:"凡事豫则立,不豫则废。言前定则不跲,事前定则不困,行前定则不疚,道前定则不穷。"豫,亦作"预"。毛泽东在《论持久战》中说:"凡事豫则立,不豫则废,没有事先的计划和准备,就不能获得战争的胜利。"创业也是一场持久战,不可能一蹴而就,立竿见影,需要提前做好各种计划,尤其是资金计划,以免资金链断裂,惨败收场,因为融资之路犹如西天取经,没有毅力、勇气和真功夫是取不到的。很多创业者以为仅靠自己的商业模式或某项技术就可以颠覆整个行业,于是就急不可耐地开始创业,殊不知专业精英不一定擅长组织管理工作,更不用说运筹帷幄之中,决胜千里之外了。其实,从统计学的角度来说,当你有一个全新的想法的时候,通常有1000个人也想到了,但可能只有100个人会去付诸实践,这其中或许又有10个人会做得不错,但最终只会有两三个人能笑到最后。这就是创业的"漏斗模型",这里不容许有任何侥幸心理。所以,决定创业前,你必须回答"凭什么你做会比别人做更容易成功"这个问题。

所以创业光有热情是不行的,决定创业前必须要有一整套完备的方案,若做不到未雨绸缪,那就会万劫不复。创业成功者的故事只能当故事参考,因为他们很多人并没有说出自己创业前,已经积累了大量的社会资源或者有强大的后盾支持。除此之外,成功后面还有很多的付出和煎熬,甚至几近破产的边沿,不知创业者们有无对困难做好充分地估计。如果没有准备好,请勿轻言创业,否则你会因此而负债累累,用余生来还债,有人就因无法承受如此重压,从而选择了轻生。真有种不成功便成仁的悲凉意味!最近微信朋友圈里转得比较多的一个段子,说的就是中国式破产,其中第一式就是"创业",尤其是卖房创业。所以说创业不能盲目追风口,这些创业问号都需逐一解决:团队?技术?资金?人脉?市场?总之,创业莫冲动。所有的成功背后都有长期经验的积累、技术的积累、人脉的积累和资金的积累，这些积累只有到一定的程度才能厚积薄发。奇虎360的董事长周鸿祎表示：创业热潮越热，创业者就越需要冷静，听别人讲完后要学会自省，要有点儿定力。

说了这么多，咱们还是先来看看创业失败的案例吧。据《去年A轮融资的846家创业公司，现在快倒闭完了》这则新闻报道：2014~2015年的两年时间里，每天都有创业公司获得融资，也有创业项目终止、倒闭，2015年拿到A轮投资的企业高达846家。创投泡沫的繁荣下，投资与创业成了时髦的运动。然而，一时被资本烘托得高大上的项目，大多数经不起现实与时间的考验，很快就陷入了困境。过去两年时间里，每天都有O2O创业公司获得融资，也有O2O创业项目中止、倒闭。其中比较典型的失败个案是："功夫熊"，B轮不成，内力尽失。"功夫熊"于2014年10月上线，不到两个月，就先后获得数百万元天使投资和数百万美元的A轮融资。2015年5~7月，"功夫熊"收购了五家上门O2O平台，并借此将服务范围覆盖到北京、上海、广州、深圳、杭州、西安和成都地区。但随着上门推拿O2O项目的增多，各大平台普遍面临技师资源不足、质量参差不齐的问题。技师不仅业务不专业，还私自减少服务时间，敷衍客户。由于技师资源缺乏，"功夫熊"并没有解雇上述技师。

从行业失败的角度来看，他们创业失败的主要原因是：①医疗行业：移动医疗、智能硬件以及上门服务的兴起，抢占了很大一部分市场份额，对传统在线医疗的企业造成冲击，导致一批企业死亡。死亡企业多以健康管理为主，从事该领域的企业较多，不利于形成竞争优势，一旦没有巨头注资，很容易被行业淘汰。②美发行业：最重要的原因就是属于非标类服务。非标类服务，极可能面临"两头难伺候"，创业者要学会当好两头受气的"小媳妇"。因此，美业O2O其实是个"看起来很美，实际上苦逼"的行业。③婚嫁行业：由于婚嫁行业是低频需求的行业，如何提高用户粘性，不断拓展产业链（横向或纵向）就成了每个企业亟待思考的问题。大部分的婚嫁平台都是基于线下资源而建立的，没有线下资源的平台无异于无源之水。很多基于平台的网站，无法立足于市场之中。④家居行业：同质化严重，无差异化竞争导致核心竞争力不足。不管平台还是重度垂直型企业，目前的家装企业都主打"环保材料""高级供应商"等口号，差异化不明显。

尽管业界尸横遍野，但这并不能阻挡创业者们如火的热情，所以关乎生死存亡的创业故事依旧在继续。但是，正如上文所说，创业光凭借热情还远远不够，还需要持续不断的资金支持。遗憾的是，在创业者们熬过了2016年的资本寒冬后，他们并未迎来期盼已久的"暖春"。因为现在的投资人变得更加现实理性，过去那种靠讲情怀和故事就能拿到钱的创业时代已经远去，创业者们现在面对的是"钱多、人精、慢热"的理性投资人，他们更愿意集中地砸大钱到成熟优质的项目中去，而不愿意与创业者一起"赌"未来。这个残酷的现实，对于绝大多数创业者而言，意味着能不能活下去不再是创业头两年的事了，而是需要长期面对的问题。互联网资讯类杂志《创业家》的数据显示，在共享单车历经1年多爆发式增长后，2017年开始猛然刹车，沦为死亡重灾区。死亡"症状"大体类似，就是融资难。在6月份首家共享单车"悟空单车"倒闭不到半年，号称行业老三的"小蓝单车"也宣布解散。移动直播在2016年百花齐放，到2017年俨然已是一片残败景象。曾估值5亿的"光圈直播"因融资不利在2017年2月17日倒闭。在教育领域，昔日的明星项目——钢琴培训机构"星空琴行"，在烧完四轮融资后，一夜关闭了全国近60家营业门店。曾月入1.4亿的留学品牌"小马过河"，最终落得变卖资产、破产清算的地步。

从上述失败的创业案例来看，创业真的不是那么容易的事，各位切勿冲动。有业内人士统计，创业成功的不到5%，刚出校门的大学生，既无社会经验，更无商场阅历，创业成功的概率更低。他们中很多创业者是为了融资而创业，把花钱当挣钱，他们为了融资而编造大量虚假数据，人为制造短期繁荣，一些原始股东通过新股东的入场得以售股套现，这与拆东墙补西墙的"庞氏骗局"类似，这样的创业只有死路一条。历经创业的过来人对于创业者的忠告是：如果过早快速大量地融资，虽然看上去很美，但你对企业的掌控力度却是与融资额度成反比的，因为你要不断地释放股权；如果你选择精耕细作，慢工出细活，那么在这个瞬息万变的信息时代，可能你的产品还未成熟，就已经落伍了；如果你选择门槛低的所谓的颠覆式商业模式创业，那么你将会面对若干的复制者乃至升级改造者，想尽快从中杀出一条血路来，你会发现自己的资源极度匮乏；如果你想找一个全新的领域做蓝海的领航人，那你会发现用户消费习惯的养成需要时间，你需要大量的成本与他们耗，自己随时可能成为牺牲的先烈！所以，请君休言上市事，创业功成万骨枯！

在成功学和浮躁心理充斥的今天，主流新闻媒体也不要报喜不报忧，多写写创业失败者的故事或许更好，更有利于社会的发展，避免新手创业"血流成河，尸骨无存"。据新华网综合报道，2016年3月湖畔大学在杭州举行了第二届开学典礼。阿里巴巴董事局主席马云作了开学致辞，他表示，湖畔大学的使命是在新商业文明的时代，发现和训练企业家。"所以我们希望大家多学一点别人怎么失败，别人是怎么犯错误，别人在这个错误里面是怎么过的。在座的企业家，我们有没有运气？我们有运气，我们有没有机遇？我们有机遇，理论上来讲这个运气和机遇对每个人是差不多的，但是碰上灾难的时候，每个人的处理手法却是不一样的。另外，我们这个学校跟MBA有一些具体的差异，我们不是教大家怎么成功，我们是告诉大家别人是怎么失败的，所有的案例，都是以失败为主，但不都是失败，这个训练的角度是不一样的。"

综上所述，国家在制定创业政策时不应该一视同仁，而应区别对待，例如，对于持有开创性专利技术的创新项目，可以鼓励其创业，低门槛，高扶持；而对于纯粹的进行商业模式创新的创业，就需要设置一定的门槛，尽量避免创业者轻易"上道"，因为商业模式只是对现有资源技术的一个整合，并没有实质性的技术革新和突破，难以形成壁垒，容易被模仿复制。加之，就算创始人引入天使资本启动了项目，但在随后的经营期间仍然需要持续地引资，所以在新投资人进场前的资金短缺期，内部股东只得按股权比例同步增资，而此时的大股东无疑是项目的创始人，同步增资自然会让创始人承受重压。由于此时天使投资人已经非常了解项目的商业模式和创始人的个人情况（如经济能力等），创始人失去了"信息不对称"的优势，增资必然遭到天使投资人的疯狂砍价；当然也不排除天使投资人为了低成本控制项目，使出商场的诡道诈术，故意给引资设置障碍，天使变魔鬼，迫使项目创始人以不合理的低价出让股权，继而失去对整个项目的控制权，乃至出局，最终落得一个替人作嫁衣，白忙活一场的结局。因此要避免大家一窝蜂地选择所谓的"颠覆式商业模式"的项目，否则极易造成社会资源的浪费，最后也会导致创业者致贫，就业者失业，不利于社会的长期稳定。另外一方面，启动创业太容易，会使一些职场精英离开原工作单位另起炉灶，而原单位又因人才流失，无法开展原本正常的生产经营活动。这样一来，创业者未必都是在为社会创造价值，还可能是在干着"损人不利己"的事，这对于整个社会的产业链而言可能得不偿失！

（三）"互联网+"致经济体呈"阳虚"状

传统的观点认为，实体经济就是指那些关系到国计民生的部门或行业，最典型的有机械制造、纺织加工、建筑安装、石化冶炼、种养采掘、交通运输等。虚拟经济是一种与实体经济相对应，与传统的物质生产及与其有关的一切劳务活动相区别的经济形态。换句话说，虚拟经济是和资本运行相联系的经济，是一种资本独立化运行的经济，即以盈利为目的的资本是其运行的主体，并且资本以脱离实体经济的价值形态独立运行。就具体形态而言，虚拟经济有早期的以银行资本、股票资本运动为特征的经济形态，有后来的在价格剧烈变化条件下出现的以金融衍生工具为典型特征的经济形态，还有近年来随着网络技术进步所产生的互联网经济形态。在这里主要指互联网经济。

如果用中国传统的阴阳学说来划分实体经济与虚拟经济的阴与阳的话，那么实体经济可以用"阳"来代表，虚拟经济则用"阴"来表示。当一个国家虚拟经济的"阴"过盛时，那就意味着实体经济的"阳"过虚。也就是中医理论的"阳虚"症状。中医学认为，阳虚指阳气不足或功能衰退的症候。《素问·调经论篇》曰："阳虚则外寒。"通常多指气虚或命门火衰，因气与命门均属阳，故名。

据《2015中国互联网产业综述与未来发展趋势报告》文章分析：2015年"两会"期间，政府工作报告中提出制定"互联网+"行动计划，推动移动互联网、云计算、大数据、物联网等与现代制造业结合。7月，国务院印发了《关于积极推进"互联网+"行动的指导意见》。十八届五中全会公报明确指出,实施网络强国战略,实施"互联网+"行动计划,发展分享经济,实施国家大数据战略。2015 年,国务院共出台相关文件达 15 项,工信部、网信办、工商总局、交通运输部、中国人民银行也有相应的文件出台。互联网发展得到前所未有的重视。

2015 年以来,面对行业内竞争的不断加剧,中国约有 12 家大型互联网公司完成合并,涉及金额超过 1000 亿美元。引人注目的事件包括滴滴与快的的合并、58 同城与赶集网的合并、携程与去哪儿的合并、美团和大众点评的合并以及百合网与世纪佳缘的合并。互联网企业加快强强联合,整合行业资源,提高市场竞争力。2015 年,分享经济以网络约、租车的发展为代表,并向餐饮、房屋出租、家政服务等领域扩散,开创了互联网经济的新业态。

中国互联网产业经济规模稳步增长,产业实力进一步提升。从消费方式看,近年来网络消费呈现出迅猛增长态势。2013 年中国全年网络零售交易额达 1.8 万亿元,到 2015 年底全国网上零售额就已跃升至 38 773 亿元,比 2014 年增长 33.3%;2016 年又同比增长 26.2%,到 2017 年底这个数据又上涨到 7.18 万亿元人民币。当前,中国互联网已形成了具备一定国际竞争力和影响力的互联网产业体系,一大批具有较强竞争实力的知名企业、上市公司不断涌现。2013 年,58 同城、去哪儿、3G 门户、汽车之家等企业的上市引发中国互联网企业新一波上市浪潮。2013 年第三季度,腾讯市值突破 1000 亿美金,2017 年 11 月 20 日飙升至 5000 亿美元。市值同比增长最快的唯品会,同比增长率达到 674.0%,奇虎 360、携程网与搜房网的同比增长率也都在 200% 以上。就企业净利润来说,中国综合势力最强的三家互联网巨头(百度、阿里、腾讯)最近几年市值的增长率都是在 30% 左右,可谓利润丰厚,赚得盆满钵满。

真是几家欢喜,几家愁。在互联网产业高歌猛进之时,中国却有大批实体企业倒闭,工人失业。据《中国企业报》报道,2015 年 4 月,温州著名服装企业庄吉宣布破产重整。1 月,温州最大的建筑企业、中国民营企业 500 强中位列第 242 位的中城集团被浙江产权交易所挂牌拍卖 100% 股权。同月,挂牌五星级的宁波市雷迪森广场酒店正式宣布进入破产程序。受访人士表示,倒闭潮重现，实体企业已经到了最危险的时刻，期待国家出台政策支持实体经济的发展。中小企业的现状不容乐观。民进中央经济委员会副主任、温州中小企业促进会会长周德文在接受《中国企业报》记者采访时一脸凝重。他说，以前都说是冬天来了，现在是真正的寒冬来了，很多企业都活不下去。他预测，如果没有有效的解决途径，50%的实体企业将陷入困境。2016年5月《第一财经日报》做了一篇题为《利润10年下降80%，制造业艰难转型》的报道，文章指出：受累于世界经济不景气、国内外市场疲软以及产业全球转移等的影响，中国的传统制造业面临严峻挑战。而在中国最发达地区之一的长三角，近年来用工和其他成本迅速上涨，制造业形势亦很不乐观。数据显示，长三角地区的三省一市（江苏省、安徽省、浙江省、上海市）的制造业上市公司共600家，其中净利润为负数的有63家，即长三角地区有一成制造业上市公司2015年中报亏损。受访者表示，"现在我们的净利润基本只有3%~5%，而十年前我们有15%~20%的净利润，有些产品的利润点还可能会在20%以上"。

  这些年，中国因产能过剩、制造业"疲软"，加之又遇环保整改，取缔"小散乱污"，淘汰落后产能的国家政策，大批企业纷纷"外逃"，由此引发大量工人失业；作为"重灾区"的工矿业更是惨不忍睹，加上物价不断上涨、人工成本持续攀升，很多可以维持生产的中小民营企业有单都不敢接，工人再就业就难上加难了。

  对于一个健康的经济体来说，实体经济和虚拟经济都应各得其所，但中国的现状却是，大量的资金不流向实体经济，都归于了"互联网+"概念下的虚拟领域。"脱实向虚"，对实业来说，一定是坏事。当人才、资金等资源都转向资本炒作的时候，实业萎靡、产业空心化是不可避免的后果，也是中国崛起所不能承受之重，它将会导致实体产业的"供给侧"无人改革、无力改革，造成系统性、全局性风险，最后会导致"供给侧改革"的伟大战略沦为镜花水月。中国国务院发展研究中心前副主任刘世锦曾在《人民日报》发文称：必须高度警惕、及时抑制各种形态的经济泡沫，把资源尽量引导到有利于促进创新、提升要素生产率的领域。

其实关于适度控制虚拟经济发展的呼声一直都有。和讯网曾报道，在2013首届诺贝尔奖经济学家中国峰会上，中国风险投资之父成思危致闭幕词，他表示，中国要努力挤掉GDP中的水分，要保持实体经济的主体地位，适当发展虚拟经济，防止虚拟经济对实体经济的危害作用，要注意保持实体经济和虚拟经济之间适当的比例。他说："我们要防止虚拟经济对实体经济的负面作用，虚拟经济相当于经济中的软件，实体经济相当于经济中的硬件，硬件没有软件是无法运行的，但是软件离开了硬件就一文不值，所以我们还是要扎扎实实把实体经济做好，适度发展虚拟经济，同时要防止虚拟经济对实体经济的危害作用。"另据中国经济网报道，杭州娃哈哈集团董事长宗庆后在做客"聚焦2016两会——中经在线访谈特别节目"时曾表示，电子商务平台假冒产品泛滥主要是造假成本低，处罚力度小，以低廉的价格吸引消费者造成恶性竞争导致的。很多企业在电子商务平台靠卖假冒伪劣产品或不交税生存，挤压了实体零售业的发展。他认为，互联网只是平台和工具，实体经济才是创造财富的经济，互联网作为虚拟经济应当为实体经济服务。如果虚拟经济成为主业，挤压了实体经济，最后造成的结果是实体经济无法支撑整体经济发展，虚拟经济也会变成泡沫而消失。

2016年4月，中国国家主席习近平在主持召开网络安全和信息化工作座谈会时表示，要着力推动互联网和实体经济深度融合发展，以信息流带动技术流、资金流、人才流、物资流，促进资源配置优化，促进全要素生产率提升，为推动创新发展、转变经济发展方式、调整经济结构发挥积极作用。财经网报道，阿里巴巴集团董事局主席马云在中国企业家俱乐部主办的中国绿公司年会全会会场上表示，真正的互联网经济是实体经济加上虚拟经济，只有这两个结合起来，才是真正的赢。"未来经济是协同发展，没有一家互联网企业可以活过3年、活好3年。互联网经济不是虚拟经济，互联网经济是把虚拟经济和实体经济联合在一起，这样才是赢家。"

因此，互联网也好，物联网也罢，的确方便了人们的沟通和对信息的共享，提高了社会的运转效率，但这些"虚"的经济更多的是在整合现有的技术和资源，关键技术的创新和突破并不多，其价值主要体现在为实体经济提供信息对接与撮合交易上,离开实体经济就难有大的作为,所以把实体经济做"实"做好显得尤为重要。让"实"与"虚"充分地结合,实现"互联网+实体"比翼双飞,做到实中有虚,虚中有实,阴阳平衡,经济才有未来。

总之,无为而无不为的治国思想,就是要最大限度地减少政府的过度干预,抛弃各种政绩主义和形式主义,充分发挥市场对资源配置的决定性作用。只有做到"君道无为而臣道有为",才能实现"上必无为而用天下,下必有为为天下用"的大治局面。

第八章
大国较劲为哪般

一、友谊的小船说翻就翻

在两千多年前的中国战国时期,齐、楚、燕、韩、赵、魏、秦七雄并立。战国中期,齐、秦两国最为强大,东西对峙,竞相争取盟国,以图击败对方。其他五国也不甘示弱,与齐、秦两国时而对抗,时而联合。大国间冲突加剧,外交活动频繁,出现了合纵与连横的争斗。

合纵连横的实质是战国时期的各大国为拉拢他国而进行的外交、军事斗争。合纵就是地理位置上位于南北纵列的众小国联合起来,共同对付强国,阻止东西分峙的齐、秦两国兼并弱国;连横就是秦或齐拉拢一些国家,共同进攻另外一些国家。合纵的目的在于联合许多弱国抵抗一个强国,以防止强国的兼并;连横的目的在于侍奉一个强国以为靠山从而进攻另外一些弱国,以达到兼并扩张的目的。较强大的国家力图削弱并逐步吞并较弱的一些国家,众弱国为求自身生存,就互相联合起来抵抗强国入侵。抵抗一经失败,又纷纷转向强国以图自保,于是,"合众弱以攻一强"的"合纵"策略,与"事一强以攻众弱"的"连横"策略就应时而生。

无独有偶,中国三国时期的蜀国丞相诸葛亮毕生都在践行"联吴抗曹"的国家防御政策。他的"合纵"策略是:东向联合吴国的孙权,共同抵御北方强大的魏国曹操。正是得益于诸葛亮制定的孙刘联兵抗曹、共同御敌的战略,才使得赤壁兵败后的曹军,从此不敢轻易南下,由先前的攻势变成了守势，以致最后出现了魏蜀吴三国鼎立的局面。

合纵连横是中华民族先人智慧的结晶，虽然其历史已经久远，但它却是国与国之间存亡发展的一条铁律，非但没有因为时间的流逝而失去效用，反倒历久弥新，内涵愈加丰富，放之四海而皆准，不仅适用于中国，也适用于世界各国。

第二次世界大战时期的英国首相丘吉尔，在一次演讲中说道"我们没有永恒的敌人，也没有永恒的朋友，我的天职就是为我们的利益而奋斗"。他讲此话的背景是，正值第二次世界大战爆发，德国法西斯以全世界为敌，妄图占领全欧洲及全世界，建立超级帝国。这时候，德、意、日等法西斯国家，成为全世界的敌人，而作为社会主义政权的苏联，因为同样受到法西斯国家的侵略，所以成为英美等资本主义阵营里同一战壕的战友。而在此之前，因为苏联是当时世界上的第一个社会主义政权，这给资本主义制度和西方主流世界观造成了极大的冲击，因此英、法、美、德、意等西方资本主义国家结成联盟，一起围攻苏联，发誓要将新生的苏维埃政权扼杀在摇篮里。这时候，对英、美等资本主义国家来说，苏联是敌人，德国却是同为资本主义阵营的朋友。

但是，好景不长，随着第二次世界大战的结束，美国经济、军事实力急剧膨胀，成为世界头号资本主义强国。而与此同时，苏联力量也逐渐强大，国际地位大大提高，东欧一些国家在苏联的影响下走上了社会主义道路，再加上苏联推行大国沙文主义，在欧洲极力扩张自己的势力，美苏之间的矛盾日益加深。

1946年3月5日，英国前任首相丘吉尔应邀访美。他在演说中公开攻击苏联"扩张"，宣称"从波罗的海的什切青到亚得里亚海边的里雅斯特，一幅横贯欧洲大陆的铁幕已经降落下来"，苏联对"铁幕"以东的中欧、东欧国家进行日益增强的高压控制。对苏联的扩张，不能采取"绥靖政策"。美国正高踞于世界权力的顶峰，应担负起未来的责任。他主张英、美结成同盟，英语民族联合起来，制止苏联的"侵略"。在此番"铁幕演说"后不到10天，斯大林发表谈话，严厉谴责丘吉尔和他的朋友非常像希特勒及其同伴。演说是杜鲁门借他人之口发表的"冷战"宣言，是美国发动"冷战"的前奏曲。西方国家提出了用除直接武装进攻以外的一切手段和行动来遏制共产主义的策略，一场"冷战"在以美国为首的资本主义国家和以苏联为首的社会主义国家之间展开。

1947年美国先后抛出"杜鲁门主义"和"马歇尔计划"，1949年5月策划建立了"北大西洋公约组织"以及其他一些组织，形成对社会主义国家的包围圈。北大西洋公约组织的成立，标志着以美国为首的帝国主义阵营的形成。面对美国和西方其他国家政治上的孤立和敌视、意识形态上的攻击与诬蔑、经济上的制裁与封锁、军事上的包围和威胁，苏联和东欧人民民主国家也采取了联合防御政策。1947年9月成立欧洲九国共产党和工人党情报局，1949年1月，苏联、东欧六国成立经济互助委员会以对抗"马歇尔计划"，1950年2月《中苏友好同盟互助条约》的签订，标志着社会主义阵营的形成。1955年5月建立华沙条约组织，与"北约"对抗，这样在欧洲便形成了两大军事集团对抗的局面，"冷战"开始。

在冷战的局面下，美苏上演了争夺世界霸权的斗争。20世纪50年代和60年代，两极格局主要表现为帝国主义阵营和社会主义阵营的"冷战"对抗，其中虽然也含有美苏争霸的成分，但还不是主要的抗争因素。20世纪50年代中期至60年代末，世界政治在两极格局的大框架下，开始出现动荡、分化和改组，两极格局发生动摇。这主要是因为第三世界的崛起、社会主义国家阵营的矛盾冲突和解体、帝国主义阵营的分化（如法国"戴高乐主义"、德国"新东方政策"、日本"多边自主外交政策"等）。从20世纪60年代后期开始，苏联逐步走上了霸权主义道路，开始同美国争夺世界霸权，而且愈演愈烈。如果说，美苏争霸态势在20世纪50年代中期到60年代末还是美攻苏守，那么到70年代就变为苏攻美守，此时的中美由于有共同的敌人而走到一起，形成了事实上的同盟关系，联手抗美的战略格局形成。直至80年代，里根上台后提出"扩军抗苏"和"重振国威"的口号，美国又扭转了不利局面，加上苏联国力的下降，苏联的扩张势头得到了遏制。从80年代中期开始，美苏开始从对抗走向对话，就一系列国际问题达成协议，使困扰世界的紧张局势出现了缓和局面。1989年12月，美苏两国首脑在马耳他的会晤被认为是"冷战"结束的标志。

20世纪90年代初，苏联解体后，美苏对峙的两极格局被打破。虽然形成了西欧、日本、俄罗斯、中国、印度等多极化的世界政治格局，但实质上美国仍然居于世界政治的核心。因此，美国充当了"世界警察"和"各国家长"的角色，凭借其强大的军事力量在全球范围内推行霸权主义和强权政治，将联合国和公认的国际法准则抛之脑后。其奉行的是"顺我者昌，逆我者亡"的霸权外交政策，哪个国家反抗，就要对那个国家进行制裁；哪个国家顺从，就要对那个国家进行控制。

美国之所以在国际外交中游刃有余，除了其自身的军事、经济、科技势力领先全球外，还不得不承认，美国的国际战略眼光是百年以上的。之所以这么说，不仅仅是因为美国前总统奥巴马在2014年曾说了"未来100年要继续领导世界"这么一句话，而是因为美国的世界战略，的确考虑得非常长远。二战后，作为战争最大获益者的美国与苏联对世界进行了势力范围的划分，为了保持其超然的世界霸主地位，美国想方设法在一些敏感区域，给相邻国家埋下了不可能化解的领土争议的矛盾种子，以致相关国家互为仇敌，而美国却可独善其身，坐收渔翁之利。因为领土问题是任何一个主权国家都不可能拿来交易谈判的，世界各国因为领土纷争发生的战争也是最多的，所以美国就选择了领土争议作为矛盾的种子，给各国种下，使之邻而不睦，鸡犬相闻却老死不相往来，永远也不可能真正结盟，整个世界成为一盘散沙，而只有美国才有可能超然于外，以领导世界。我们可以一起来看看，世界范围内主要的领土问题及地缘政治，都给相关国家带来了什么。

第一，看一下亚太地区。俄罗斯与日本之间的北方四岛（俄称"南千岛群岛"）问题，本属冷战遗留问题，但因为四岛具有重要的自然资源、军事价值，俄罗斯与日本在四岛问题上争执不下，难以和解。从二战后直到20世纪50年代初期，日苏之间并不存在此领土问题。1954年，鸠山一郎取代吉田茂上台组阁，新内阁积极谋求改善日苏关系、恢复日苏邦交正常化。在此形势下，出于冷战对抗和国内政治斗争的需要，美国及日本国内的亲美派竭力阻挠日苏关系的改善，抛出了所谓的日苏领土问题，大做领土文章，试图制造日苏紧张气氛，北方四岛之争由此而生。日本还与韩国存在独岛（日本称"竹岛"）之争，在历史上，韩国发现该岛要早于日本，而现实中，尽管日本一直对该岛动作频频，但一直控制这个无人岛的却是韩国。虽然两国同为美国在东北亚的盟国，但因为此岛的问题，以及慰安妇等历史问题，注定了两国无法实现长久和平。中国与周边国家的领土争议就更多了：中日钓鱼岛问题、中印藏南等地区边界问题、中国与东南亚部分国家南海岛礁问题、俄罗斯历史上占领中国150多万平方公里以及操纵外蒙从中国分裂出去等问题。这些疆界问题注定了相关国家间，在特定的条件下难免爆发危机。

第二，再看下欧洲腹地。从20世纪末期"颜色革命"开始，乌克兰等国便"明目张胆"地在美国的支持下努力摆脱俄罗斯的控制。美国邀请乌克兰和格鲁吉亚加入北约，就意在以军事同盟的方式加快这一进程。乌克兰是俄罗斯的邻国，若其加入北约，一旦俄罗斯和北约发生战事，那么北约可以直接从乌克兰进军，将战火烧到俄罗斯境内；如果北约在乌克兰发射导弹，就可以打到俄罗斯的战略纵深，威胁俄罗斯的主权与安全。从地缘政治方面看，失去了对乌克兰的影响力，俄罗斯的南部边境将失去掩护。随着乌克兰加速融入欧洲、其他东欧国家陆续加入北约以及克里米亚正式并入俄联邦，俄乌双方以及俄欧之间在各自的道路上渐行渐远。美欧对俄扩大制裁，以及由此引发俄对欧美的反制裁大战，让俄罗斯与西方世界的深度症结一时难以消退。

第三，我们再把目光移向持续动荡的中东地区，看看中东乱局背后的大国较量。说到中东乱局，就不得不提及以色列与阿拉伯世界根深蒂固的矛盾，以及"中东双雄"伊朗和沙特本身存在的争端。

先说说阿以矛盾。众所周知，以色列与阿拉伯国家的关系很僵，历史上曾爆发过五次中东战争，以色列与阿拉伯国家的主要矛盾就是领土问题和宗教问题。二战结束后，在英美两国的推动下，1947年11月29日，第二届联合国大会以33票赞成、13票反对（其中10个是伊斯兰国家）、10票弃权的结果，表决通过了巴勒斯坦分治的决议，即联合国第181号决议。决议规定：英国于1948年8月1日之前结束在巴勒斯坦的委任统治，并撤出其军队；两个月后，在巴勒斯坦的土地上建立两个国家，即阿拉伯国和犹太国。决议还规定：成立耶路撒冷市国际特别政权，由联合国来管理。苏联出于争取以色列执政工党的考虑，一改从沙俄时期就固有的反犹态度，对以色列国的建立和巩固给予了外交和军事上的支持。当时美国操纵的联合国对巴勒斯坦土地的分割极度不公平。巴勒斯坦地区的阿拉伯人有120多万，占总人口的2/3强。但分治决议中的阿拉伯国的领土只占巴勒斯坦总面积的43%。更令阿拉伯人难以容忍的是，阿拉伯国的领土支离破碎，互不相连，大部分是丘陵和贫瘠地区。犹太国则不然，犹太人虽仅有60万，不到总人口的1/3，然而其领土却占巴勒斯坦总面积的57%，大部分又位处沿海地带，土地肥沃。在1967年爆发的第三次中东战争期间，以色列又侵占了叙利亚的戈兰高地，这又加深了其与阿拉伯世界的矛盾。根据联合国第181号决议，耶路撒冷被定为国际城市，但几次中东战争后，1980年以色列自行宣布耶路撒冷为其首都，1988年巴勒斯坦也宣布耶路撒冷为其首都。耶路撒冷除了特殊的政治意义外，还有巨大的宗教意义，它是基督教、伊斯兰教、犹太教的发源地，这三大宗教均视其为圣城，故在其归属和地位悬而未决的当下，它是一个随时可能被引爆的"火药桶"。

  以色列之所以在中东地区如此霸道，皆因美国在为其撑腰。2017年美国新当选总统特朗普在白宫会见以色列总理本雅明·内塔尼亚胡时居然表示，"两国方案"不是解决以巴问题的唯一办法；并且他还在2017年12月6日发表讲话，宣布正式承认耶路撒冷作为以色列首都，并指示国务院把美国驻以色列大使馆从现在的特拉维夫迁往耶路撒冷。尽管联合国大会于12月21日以压倒性多数通过一项决议，认定任何宣称改变耶路撒冷地位的决定和行动"无效"，但美国仍然我行我素。就这样，美国不费一枪一弹，只发表了一个声明，就把中东局势搅了个天翻地覆。这有利于美国牵制欧洲、俄罗斯以及以沙特和伊朗为首的中东势力，并将适时从中获取利益。当然，特朗普的这一系列行为，无疑会让以色列在今后处理以巴问题时更加强势，更加肆无忌惮。可见，在国际政治关系中，美以关系早已超越了通常意义上的盟友关系，就连美英关系也不能与之相提并论。在很多人看来，以色列更像是美国的第

51个州，这就是美国经常毫无原则地偏袒以色列的原因所在。美以两国的特殊关系固然有地缘战略利益的驱动，但更应看到在美国的犹太人团体的强大力量。民间流传着这样的说法：美国控制世界，犹太人控制美国。暂不细究这种说法在多大程度上能够准确反映现实，至少有一点是符合实际情况的，即犹太人在美国当今政治、经济、社会和文化生活中的确发挥着与其人口规模极不相称的影响力，而对以色列的向心力则激励着他们通过自身的能量，去影响美国有影响力的人或集团以确保以色列的生存和发展。

再谈谈中东双雄之争。不可否认，伊朗和沙特都是当今中东地区举足轻重的大国，尤其是在"中东剧变"之后，其地位更加突显。在以美国为首的西方势力强势介入的情况下，2003年的伊拉克战争颠覆了"中东枭雄"萨达姆政权；2011年开始的"中东剧变"促使突尼斯本·阿里、埃及穆巴拉克、利比亚卡扎菲、也门萨利赫等多个阿拉伯国家政权相继更替，尤其是曾号称"阿拉伯世界领头羊"的埃及短短三年内两易政权，政治经济均元气大伤。相较而言，伊朗却政权稳固，综合国力稳步提升。当前美国战略重心日趋转向亚太，尤其是在特朗普重点围堵中国之时，其在中东的战略收缩态势明显，由此为伊朗"填补真空"、扩大地区影响力提供了更大空间。

不过"空子"也不是那么好钻，就在2018年到来之际，伊朗国内连续多天发生反政府抗议活动，而美国总统特朗普又在第一时间公开呼吁，伊朗政府应该尊重民众的示威权。这既是在向伊朗当局施加国际舆论压力，同时也是在向伊朗示威者示意支持。所以，伊朗此次突发全国性的反政府抗议活动，应是内外因素共同作用的结果，因为这种套路，全世界人民在"阿拉伯之春"中就已经领教过了。

至于沙特，从地理位置来看，其位于亚洲西南部的阿拉伯半岛，三面环海：东濒波斯湾、西临红海、向南直面阿拉伯海，扼东西交通要冲，是通往印度和远东主航线的必经之地，战略地位十分重要。因此，沙特在美国中东战略中一直都具有不可替代的地缘政治优势。尽管以色列和土耳其都是美国在中东地区最重要的盟友和战略支点，但是由于前者与阿拉伯国家的长期冲突，后者自身又不具备阿拉伯属性，使其战略支点作用具有很大的局限性。而作为伊斯兰教发祥地和"两圣地守护者"（伊斯兰教最重要的两大圣地麦加和麦地那）的沙特，不仅与阿拉伯各国有着共同的历史渊源，共同的语言、文化、宗教，还有着深厚的、无法斩断的"兄弟情谊"。因此，沙特作为美国在中东地区的战略支点，有着以色列和土耳其无法比拟的价值和作用。加之自2016年土耳其政变未遂以来，土美关系急转直下，土耳其已成为中东地区的最大政治变量，俄罗斯看准时机乘虚而入，这对美国的中东地缘政治影响极大，由此沙特对美国的价值自然就更加重要。

　　长期以来，伊核问题一直被西方、以色列和沙特为首的海湾国家视为地区安全的最大威胁，并借此不断对伊朗进行围堵和制裁。虽然伊朗在打击极端组织"伊斯兰国"时可以发挥一定的作用，甚至在必要时相关国家还可以就此联手，但俗话说"一山不容二虎"，沙特与伊朗都想在海湾做大，拥有地区无可争辩的话语权，以致双方关系多年来一直不睦，势成水火。如在叙利亚问题上，沙特与伊朗更是南辕北辙，沙特力主推翻巴沙尔政府，而伊朗却力挺巴沙尔。军事力量孱弱的沙特，为了狙击伊朗，不得不与阿拉伯世界不共戴天的死敌以色列越走越近，这对中东格局产生的影响必将是深远的。

　　伊朗之所以支持叙利亚巴沙尔政权，当然是从其本国利益来考量问题的。众所周知，伊朗是什叶派主政的国家，但什叶派却是与伊斯兰教人数最多的逊尼派天然对立的，所以宗教的问题致使伊朗与沙特等中东国家处处为敌。而叙利亚巴沙尔政府也属什叶派，且与强大的以色列为邻，向来水火不容，其地缘环境极其恶劣。同病相怜的伊朗向其伸出橄榄枝是顺理成章的事，更何况叙利亚面朝地中海，背靠伊拉克，北接土耳其，南邻沙特，其地理位置十分重要，极具合作价值。正是因为叙利亚的特殊地缘价值，所以美国把它视作手中不可多得的棋子，就算不能掌控全境，也要制造事端燃起战火，作为阻遏中俄西进的防火墙。当然，伊朗也不是单独在前线战斗，直接支持叙利亚巴沙尔政权的还有土耳其和俄罗斯。巴沙尔政府在美国重压之下能够坚持这么多年，主要是因为俄罗斯的力挺，否则政权早已易主。大家都知道俄罗斯从不干亏本的买卖，它这么拼命地保护巴沙尔政权，还是因为本国利益。其他的都不必说，单就俄罗斯在塔尔图斯港拥有其在独联体以外的唯一军事基地而言，它就敢和任何国家玩命。

因此，大国间没有永恒的友谊，只有永远的利益，所以国家的言行都是围绕着本国利益展开的。当今世界，除了联合国安理会五个常任理事国外，还有德国、日本、印度、巴西、意大利、澳大利亚、加拿大、埃及、土耳其、伊朗、沙特、以色列等多个比较有影响力的国家，且几乎都是美国的盟国，所以在涉及国际地缘政治大是大非的大国纵横中，都是唯美国马首是瞻的，难有自己独立的见解。但是，也不能据此判断他们内部就没有矛盾，没有想出头的国家。当前美国与有些"亲俄"倾向的土耳其的政党之间就存在着一些矛盾，不过碍于其横跨欧亚大陆的重要战略地位，且还是北约的重要成员，反恐的前线国家，也承担着阻挡难民涌入欧洲第一道防线的责任，所以美土之间还会是斗而不破的关系，以防土耳其彻底倒向俄罗斯一边。当然，在条件成熟的时候，不排除美国会主导一场改变土耳其政局的"政变"，把听话的傀儡推到前台，以便驾驭这个重要的"欧洲桥头堡"。另外，作为欧盟发动机的德、法两国一直都在致力于推动欧洲一体化进程，希望欧洲能成为与美国平等对话的组织，成为多极世界中的一极，但现在欧洲经济整体不景气，各国民粹主义开始抬头，加之各地频现的恐怖袭击，又给"反欧盟或反欧元、反对外来移民"的保守主义制造了很好的机会。这股民粹主义风潮不仅改变欧洲各国政治格局，平添各种不确定性和未知风险，而且给二战后开启的欧洲一体化进程带来严峻挑战。无独有偶，2017年3月16日，英国女王伊丽莎白二世批准"脱欧"法案，授权英国首相特雷莎·梅正式启动脱欧程序，这为欧洲一体化进程再添阴影。不过，美国总统特朗普对此倒是毫不隐讳地表达了对英国脱欧的欢迎，他说："英国退欧最终将成为伟大的事情，相信其他国家也会脱离欧盟，维持欧盟的团结，不像很多人想的那么简单。"

至于印度和巴西，两国都是所在地区的区域性大国，也都有进一步做大做强，乃至成为联合国安理会常任理事国的想法，但是由于各国固有的一些社会矛盾和症结，以及被世界性大国利用的价值大小有别，所以其发展的态势也不大一样。相较而言，深陷"美元陷阱"的印度走得更为激进，一是因其自身的软硬实力的确有些底子，其文化产业与软件制造业在国际上有一定的影响力；二是因为印度即将成为世界第一的人口大国，这是其发展的最大机遇，同时也是最大的挑战；三是因为印度能同时得到美俄两国不同程度的支持，这当然是美俄都想利用印度这个棋子来制衡中国的原因，在这点上，美俄的步调倒是高度一致。

由上观之，尽管各国间的利益盘根错节、相互交织，但真正能作棋手而非棋子的国家却少之又少，所以在关乎国际格局的大事件背后，都有世界大国在角力。美苏冷战结束至今，美国主导着世界的话语权，虽然处于第一梯队的中、俄、欧盟都在积极进取，力争与美国平等对话，但碍于各自的势力，都或多或少地存在着这样或那样的问题；至于第二梯队的日本、印度、巴西、澳大利亚、埃及、土耳其等国，虽然各自都有其自身的优势，但不足之处也都非常明显。因此，各国在谋求成为大国强国的路上，还需风雨兼程，砥砺前行；在对外交往中还需审时度势，把握分寸，否则已经取得的成就都很可能被葬送掉，国将不国。

二、硝烟弥漫的"货币战争"

世界上各大国间的合纵连横，除了安全的需要外，还有经济利益的考量，因为经济基础与上层建筑休戚与共，互为阴阳。在国际格局相对平衡的和平年代，经济利益是各国角力时必须首先考虑的问题。所以在分析各国言行时，除了要了解相关国家的地缘政治外，更应盯住其背后的经济问题。自二战后，美国凭借其强大的军事经济优势，以世界和平捍卫者的身份，在国际政治层面上主导建立了联合国，在经济领域搞了一套美元与黄金挂钩的布雷顿森林体系，从而使美元获得了众星捧月的霸主地位。

世界范围内的国家霸权史，先是从陆地上开始的，其中影响较大的，在西方有罗马帝国，在东方有中华帝国，但鉴于当时历史条件的局限性，这些帝国都无法对全境进行有效管控，更不用说对全球进行掌控了，故而都算不上全球性的帝国霸权。直至15世纪到17世纪"大航海时代"的开启，葡萄牙、西班牙、荷兰、英国先后凭借其强大的海军优势，在世界范围内确立了海上霸权，才算有了具有世界级影响力的全球霸权国家。其中16世纪的西班牙帝国的国王卡洛斯一世曾说，"在朕的领土上，太阳永不落下"，这就是对其全球霸权的最真实描述。不过，时移世易，到19世纪，英国又取其而代之，成为新的"日不落帝国"。但到了20世纪中叶，尤其是二战结束后，随着全球民族主义运动的兴起和英国国力的日渐式微，其殖民地纷纷独立；与此同时，新兴的霸权国家——美国强势崛起，这也促使大英帝国逐步瓦解。

美国前国务卿基辛格曾说："谁控制了石油，谁就控制了所有国家；谁控制了粮食，谁就控制了人类；谁掌握了货币铸造权，谁就掌握了世界。"所以，当今世界范围内的国家霸权，主要体现在以经济、科技和军事综合势力为后盾的货币霸权上。虽然争夺货币霸权，不像争夺陆地和海上霸权那样短兵相接地攻城略地、血腥杀戮，但也并不是说货币战争就没有硝烟。因为在货币霸权的争夺中仍然会伴随着硝烟弥漫的热战，当然这个热战可能会声东击西，可能会"明修栈道，暗度陈仓"，总之货币战争与传统的战争还是有所不同的。

那我们先看下当今世界的货币霸权是如何产生的。在人类史上的两次世界大战之间的二十年中，国际货币体系分裂成几个相互竞争的货币集团，各国货币竞相贬值，动荡不定。由于美国在世界经济危机和二战后登上了资本主义世界盟主地位，在二战后期，美国出于本国利益的考虑和对世界各国的掌控，作了一个顶层设计，酝酿了一个"货币计划"。1944年7月，44个"同盟国"的300多位代表，在美国的主导下聚集到美国的新罕布什尔州的布雷顿森林，召开了"联合国国际货币金融会议"。在美国的强势操作之下，与会各国达成了"城下之盟"，通过了《联合国货币金融会议最后决议书》以及《国际货币基金组织协定》和《国际复兴开发银行协定》两个附件，总称《布雷顿森林协定》，由此建立起以美元为中心的布雷顿森林体系。此盟约的核心就是让美元与黄金挂钩，每35美元等于并可兑换1盎司的黄金，其他各国的货币根据其黄金储备量和货币发行量确定其与美元的汇率，即美元直接与黄金挂钩，各国货币和美元挂钩，简称"双挂钩"。基于此盟约，先后在美国首都华盛顿设立了"国际复兴开发银行（即世界银行）"和"国际货币基金组织（IMF）"。这两大世界性金融机构的各成员国认购的股份主要用黄金和美元来缴纳。其中,美国对 IMF 的重大决策拥有一票否决权,而 IMF 的主要职责则是制定成员国间的汇率政策和经常项目的支付以及货币兑换性方面的规则,并进行监督;对发生国际收支困难的成员国在必要时提供紧急资金融通,避免其他国家受其影响;维护国际汇率秩序等。世界银行的主要宗旨则是通过对生产事业的投资,协助成员国经济的复兴与建设,鼓励不发达国家对资源的开发。美元黄金的地位由此确立。因此,那些刚经历战乱的各个国家要想恢复元气,只有从美国进口设备和原材料,那么手中就必须要有足够多的美元来完成国际贸易的结算。当时,若某个国家一旦被 IMF 停止借款,就意味着失去参与国际贸易的机会,别说复兴发展了,就连生存都成问题。为此,各国只能靠储备美元来保证其货币的信用,美元实际就是等同于黄金的一般等价物,可以自由地在他国买到东西,而他国要想跨国购物却要先用黄金兑换成美元才行,所以说美元就相当于黄金,俗称"美金"。至此,美国凭借其战后拥有全球四分之三黄金储备和强大军事实力的大国地位,在世界范围内正式确立了美元的货币霸权。

这之后,美国通过"马歇尔计划"(正式名称为"欧洲复兴计划"),把大量的美元通过贷款的形式送到了欧洲人的手中,美国的货币霸权由此进入了决定性的实施阶段。该计划于 1947 年 7 月正式启动,并整整持续了 4 个财政年度之久。在这段时期内,西欧各国通过参加经济合作发展组织(OECD)总共接受了美国包括金融、技术、设备等各种形式的援助合计价值 130 亿美元。若考虑通货膨胀因素,那么这笔援助相当于 2016 年的 1500 亿美元左右。除了通过援助贷款计划向欧洲大批量地输送美元外,美国还利用战争向他国销售美元。在 1950 年朝鲜战争爆发之后,美国通过大量印制美钞,向欧洲和日本定购大量军需物资,事实上就是借助货币霸权来向别国进行战争融资,让他国为美国人的战争买单,而同时也使得欧洲人和日本人手里被塞进了更多的美元。朝鲜战争第一次让美国如此直接的以金融手段实现了对国际框架的影响。再往后,则是越南战争。在越南战争中,为了应对战争巨大的物资损耗,美国同样采取了增印美元的融资手段。但是,与朝鲜战争时代不同,此时的美元已经由短缺变为过剩。整个 20 世纪 60 年代美国的短期流动负债都超过了其黄金贮备额，这就使得美元的国际信用发生了动摇，而且美国的负债额逐年增加，只是美元在当时仍然是国际货币体系中的主导货币，所以，美国在那种情况下仍敢开足马力印钞票，然后再通过美元贬值将问题转嫁给它的"盟友"们。

面临"美元泛滥"，通货过剩的危机，最终，其与黄金固定汇率无法继续维系，"布雷顿森林协定"缺乏弹性的问题显现了出来，伦敦金融市场上由法国带头，出现了大量抛售美元套购美联储黄金的狂潮，大量资产逃离美国，帝国大厦随之开始发生了动摇。为应对危机，美国政府被迫宣布美元停止兑换黄金，美元再也不能独立作为国际储备货币，而此时其他国家的货币又都不具备作为国际储备货币的条件。这样就出现了一种危机，若不能增加国际储备货币或国际流通手段，就会影响世界贸易的发展。于是，提供补充的储备货币或流通手段就成了基金组织最紧迫的任务。因此，IMF在1969年的年会上正式通过了"十国集团"提出的储备货币方案，也就是大家非常熟悉的特别提款权（Special Drawing Right，SDR）的货币（记账）单位，亦称"纸黄金（Paper Gold）"，作为国际流通手段的一个补充，以缓解某些成员的国际收入逆差。成员有义务提供经济资料，并在外汇政策和管理方面接受该组织的监督。它是基金组织分配给会员国的一种使用资金的权利。会员国在发生国际收支逆差时，可用它向基金组织指定的其他会员国换取外汇，以偿付国际收支逆差或偿还基金组织的贷款，还可与黄金、自由兑换货币一样充当国际储备。但由于其只是一种记账单位，不是真正的货币，使用时必须先换成其他货币，不能直接用于贸易或非贸易的支付。因为它是国际货币基金组织原有的普通提款权以外的一种补充，所以称之为特别提款权。

"布雷顿森林体系"崩溃之后，美元因为失去了黄金的信用支撑，开始急速贬值，整个西方世界都陷入到了经济动荡。此时的美元，最迫切的需要就是寻找一个新的信用支撑。当然就是石油了。很快，美国从其盟友沙特身上打开了缺口，沙特政府率先同意采用美元作为唯一结算货币，并将赚得的美元又以投资的形式再次回流到美国；之后，由沙特政府出面，说服了石油输出国组织欧佩克其他成员如此行事。由于所有国家都不可能离开石油，而全球有三分之二的石油交易都必须以美元来结算，美元自然就成了所有国家都必须储备的货币。至此，中东的石油和美国的美元死死地绑定在了一起。

由于美元和石油的捆绑机制的出现，催生了全球各国对美元及美国国债的强烈需求，因为进口石油的国家需要大量美元来购买石油，这些美元必须在公开市场上购买，这就造成了市场对美元的需求。为了保持能源的持续供给，能源消耗大户，如日本、中国、欧盟等必须持有大量的美元，才能确保不断粮。所以说，美元与石油的捆绑，人为地制造了市场对美元的超额需求。石油交易各方积累大量美元后，出于安全性、便利性的考虑，又会以购买美国国债的方式将美元借给美国政府，继而刺激了对美国国债的需求。美元在全球转了一圈后，又回到美国，如此优势，让美国可以以最优惠的条件拿到全世界最好的资源。所以说，美元的霸权地位，才是美国的核心利益所在。因此，在美元与黄金挂钩取消后，美元在国际贸易结算体系中的地位并没有改变，相反在其与石油绑定后，美元在国际上的地位反而更加突显。对于美国来说，只要印制美元，就可以从别国换得物资，而美国支付的成本则是美联储印制的几美分一张的绿纸片。只要美元宣布贬值，那么美元持有者的一部分财富立时便会消失，这也就是所谓的"货币税"。虽然天下苦美久矣，世界人民也都知道自己被美国剥削了，但是出于交易的需要和保值增值的想法，手中闲散的美元不得不购买美国国债，让美元回流到美国。如此循环往复，周而复始，新一轮的剥削又开始了。由于美元具有如此的强势地位，美国人还可以通过加息的方式，来洗劫那些身陷"美元债务危机"的国家，让他们每年向美国人"进贡"；如果他们实在还不起美国人的高息债务，就只得割肉，将关乎国家命脉的资产贱卖给美国人。这就像借了"黑社会"的高利贷，想还钱却还不起，想赖账又打不过，最后只得低价处理自己的资产以抵债。20世纪的墨西哥、阿根廷就深受其害，现如今的印度也正在此苦海中挣扎。所以说，美元带给美国人的利益，是无法用具体数字进行衡量的，任何威胁到美元霸主地位的因素，美国都会设法干掉。

首先说伊朗。1979年2月11日，伊朗爆发了由霍梅尼领导的伊斯兰革命，长达2500年的王权统治宣告结束，4月1日伊朗伊斯兰共和国成立，伊朗与西方国家的关系开始急剧恶化。作为一个产油大国，同时又掌握着中东石油咽喉要道——霍尔木兹海峡的伊朗，对于美国和西方的价值非同一般，更要命的是伊朗作为什叶派领导的政权，企图向阿拉伯世界推行什叶派教义，继而领导海湾地区。对美国来说，伊朗的行为已经严重威胁到了其刚建立的石油美元体系，必须铲除。就像是一种巧合，1979年7月，与伊朗相邻的伊拉克，时任总统的贝克尔"因病"辞职，而早已得到美国支持的实力派人物萨达姆却顺利登上总统宝座。更为"巧合"的是，萨达姆上台执政1年后，持续8年的"两伊战争"便爆发了。

其次看欧洲。俗话说，哪里有压迫，哪里就有反抗，虽然欧洲人在美国的援助下，才得以在二战的瓦砾堆上快速恢复到战前水平，但欧洲人民也为此承受着美国施加的沉重负担。如此负重前行，终不是长久之计，所以一些西欧国家开始抱团，试图能逐步摆脱美国的枷锁。他们开启了一体化进程，从"煤钢共同体"到"欧共体"再到"欧盟"，一步步地向前推进，这期间美国并没有明显的不快，但是随着欧元的出现，情况就大不相同了。欧元是1999年1月1日，在欧盟各成员国范围内正式发行的一种具有独立性和法定货币地位的，超国家性质的货币。欧盟《马斯特里赫特条约》规定，欧元于2002年1月1日起正式流通。同年1月4日，欧元在国际金融市场正式登场。很快，一些中东产油大国便表示出了要以欧元进行贸易结算的意向，这一下就触动了美国的命门，这还了得。因为，一旦美国人失去了美元在全球的货币霸权地位，他们的日子会相当难过，别说当"世界警察"了，就连他们自己的安全都堪忧。但是，美元霸权的后台是美军，所以傲视全球的美军绝不会坐视不管，听之任之的，毕竟自己的军费也得益于美元的霸权地位，二者是唇齿相依的关系。很快，美军就有了动作，碍于美欧的同盟关系，美军不便直接对欧元区国家动粗，但是找借口在欧元区外围打打战还是可以的。所以，美国为了转嫁因为欧元的出现可能会给自己带来的风险，于是在1999年3月24日，也就是距欧元在域内国家发行不到3个月的时候，美军就迫不及待地带领北约国家在科索沃点燃了战火，对南联盟的军事目标和基础设施进行了连续78天的轰炸，给南联盟造成了重大财产损失和环境破坏。美国为了进一步向世界立威,顺手还把中国驻南联盟的大使馆给炸了。这还了得,滞留在欧洲的资本,惊恐之下,迅速地向远离战火的美国转移,不久欧元对美元开始大幅贬值,信用严重受损。经此一役,中东产油国暂时放弃了用欧元结算的念头,欧洲人在美国人的带领下打完胜仗,回家才发现上了美国人的当。因为打的是别人,伤的却是自己,但为时已晚,只待他日另图良机再求欧元走强了。

四年后的2003年,美国又以伊拉克藏有大规模杀伤性武器为由,对伊拉克发动了战争。其实,这背后的深层次原因还是为了剪除影响美元霸权的欧元问题。因为自2000年起,欧元对美元升值,伊拉克为了获得更好的经济效益,开始以欧元进行石油贸易的结算。由于伊拉克的带头示范效应,海湾的其他国家也蠢蠢欲动。加之,经过几年的发展,欧元区经济复苏势头明显,而美国经济却增长乏力,美元的霸权地位被一步步地逼到了悬崖边,于是美国又一次祭出了屡试不爽的"杀手锏"——战争,用以应急。对美国来说,打击伊拉克,并颠覆萨达姆政权,可谓一举两得,既可以把在欧洲的资本打到美国,还能对其他产油国起到杀鸡儆猴的作用。但是,吃一堑长一智的欧洲人,此次并不愿重蹈覆辙,再替美国人作嫁衣,于是欧元区的两个核心国家法国和德国,联合了与美国宿有利益纠葛的俄罗斯,在对伊之战上,采取了非常"不配合"的政策。巧合的是,当时欧元区的12个国家都没有参战,尽管如此,美国还是纠集几个非欧元区国家参战,其中最铁的兄弟当属英国,其次还有澳大利亚、波兰和丹麦。此役的效果和科索战争一样,美元又一次成功地捍卫了它的世界霸权地位,而欧元要想问鼎成功,还需修炼时日!

不仅如此,美国为保住美元的霸权地位,甚至还对其盟友发起攻击。美国在亚太地区最强盟友当属日本,但日本的计划只要触动美元的霸权地位,同样会胎死腹中。日本银行和中国人民银行于2002年首次签署货币互换协议,根据该协议,日本银行和中国人民银行将在必要时向对方提供规模为30亿美元的货币互换安排。以此为契机,日本银行开设了北京事务所,给中日金融合作开了先河。2007年,中国人民银行又宣布中日双方续签了协议。2012年6月,日元与人民币实现直接兑换。货币绕开美元直接兑换可不行,美国看着自己的马前卒日本做出如此悖逆的行为，甚为不满，于是挑动起钓鱼岛争端，中日两国关系急转直下，货币互换协议也于 2013 年 9 月失效。人民币的这次突围行动宣告失败！显然，美国人在二战后，对钓鱼岛的争议性安排，就是为了防止中日两国接近。至于欧洲的希腊，由于其债务危机引发退出欧元区的问题，这背后有无美国人的黑手，就见仁见智了。

可见，美国人在美元霸权这个不容挑战的问题上，是遇神杀神、遇佛弑佛！美国拥有摧毁世界好几遍的核武器，当然不会主动放下屠刀，立地成佛，拱手让出美元的霸权地位的。这就好比联合国安理会五个常任理事国，谁都不愿主动放弃这个身份一样，并且还会在某些事关本国核心利益的表决中，"不管不顾"地行使一票否决权。这就是既得利益，在这个问题上，当事方都不会妥协！因此，毫无疑问，任何试图挑战美元霸权的图谋，都会受到美国全力的阻击。美元之所以能称霸世界这么多年，是因为美国有强大的经济、科技和军事势力作后盾，而非靠完美的制度设计出来的。所以，如果没有绝对领先于美国的军事优势，仅靠与一些国家间的贸易来实现对美元的突围，是几乎不可能的，毕竟再多的经济实惠也不能与国家的生死存亡相提并论。也就是俗话说的"要钱，还是要命"的问题。因为一旦某种货币成为国际结算和储备货币，就相当于对世界上的其他国家实施了货币殖民，它就可以印钞购买世界资产，在看似公平的贸易中悄然地掠夺了他国的财富，而深受殖民迫害的国家要想推翻这种殖民霸权，不通过战争的手段是极难实现的。

俱往矣，随着英国在 2017 年启动脱欧程序，以及整个欧洲开始蔓延的民粹保守思潮的影响，退出欧盟或欧元区的国家会逐渐增多，加之一些欧洲国家的部分地区还在闹独立，如英国的苏格兰和北爱尔兰、西班牙的加泰罗尼亚、意大利的米兰和威尼斯等，所以说欧元已是"泥菩萨过河——自身难保"，其对美元已不再是什么威胁。接下来，美元要全面狙击的，只有人民币了。因为中国已成为全球最大的原油买家，并且人民币正在被一些石油出口大国作为国际结算货币，这直接威胁到了美国的美元石油霸权。他们中冲在最前面的是俄罗斯，2014 年俄罗斯就宣布与中国的石油贸易将用人民币作为结算货币，这自然触动了美国的利益，为了应对美元即将发起的货币金融战，

2017年中俄两国货币又建立了PVP（支付对支付）支付系统以抵抗可能的风险。美国人之所以大动肝火，是因为继俄罗斯开先例之后，伊朗、安哥拉、委内瑞拉等国也相继宣布弃用美元，改用人民币作为石油结算货币。自此，中国近三分之二的石油贸易使用了本国货币进行结算，但是OPEC的主导国沙特，这个全球最大的产油国仍然在使用美元结算，这对人民币国际化极为不利。为了给沙特施压，自2015年开始，中国把从俄罗斯的石油进口量提升到38%，将从沙特的石油进口量降低到15%，导致了以石油出口为支柱的沙特经济雪上加霜。尽管如此，在美国重压之下的沙特，相信其短期内还是不敢越雷池一步的。进入2018年，人民币国际化又下一程，1月2日晚巴基斯坦国家银行（央行）发表声明，批准贸易商在与中国的双边贸易中使用人民币作为结算货币。现在放眼全球，敢用非美元进行国际结算的国家，要么是军事势力较强的国家，要么是与美国"水火不容"的国家，而带头示范的中俄两国正好有这样的军事优势和综合国力作为支撑。这就是当下人民币国际化最重要的一步。

除此之外，黄金依旧是美元的最大敌人，因为从长期来看，任何纸币都无法与黄金天然具有的货币信用功能相提并论，即便是坚挺了多年的美元和欧元也是如此，这或许就是德国央行提前三年从美国运回黄金的主要原因。而中国正是看准了问题的要害所在，故而努力把人民币发展成为以黄金背书的货币。目前，中国官方的黄金储备约为1842吨，但民间的存储量却高达2万吨，如此充足的黄金储备让中国有信心和能力在上海推出黄金期货合约。中国之所以这样做，不仅仅是为了降低外汇储备对美元的依赖，更为重要的是以黄金为本国货币背书，可以直接威胁到美元的国际储备货币地位。比如说在大宗商品和战略资源的原油贸易中，产油国要向中国出售原油，先得用人民币进行交易结算，然后相关国家将赚来的人民币直接兑换成黄金，这样美元就被成功"绕过了"。加之，中国于2018年3月26日推出的以人民币计价的原油期货，这种可以转换成黄金的原油期货交易，会让"石油美元"进一步遭受冲击，如若任其发展，"石油人民币"的诞生不是没有可能。

鉴于人民币国际化的路子越来越清晰，尤其是随着中国"一带一路"、亚投行等具有全球性战略的项目相继启动，美国人已经看到了人民币大踏步国际化的身影，所以他们绝不会坐视不管，听之任之。因此，美国人会对中国双管齐下，同时采取经济与军事手段向中国施压，以确保美元霸权万无一失。中国想要稳定发展的国际国内环境，美国则要设法制造障碍，不让中国轻易得逞，所以在美国的盘算中，相信早已设计了如何让中国经济崩溃的方案，关键是看何时放出大招才最具杀伤力而已。如加息、缩表、减税就是美国人的一套极具杀伤力的经济组合拳。所谓加息，就是提高美元汇率，美元升值，那么人民币就变相贬值了；缩表的原理也很相似，就是美联储要收回市场上过多的美元，让原本就非常强势的美元变得更强，客观上也对人民币造成了贬值压力；减税就更直接了，它能驱使美国在海外的留存利润大规模回流到国内，刺激美国企业撤离中国市场，对中国的国际收支、外汇储备、人民币汇率等都会产生较大的潜在冲击。至于军事手段，由于中国是军事大国，所以美国与中国面对面，短兵相接地发生肉搏战的可能性不大，但是在中国东北边境的朝鲜策动战争的概率却是非常大的，并且还师出有名：一是朝鲜拥有核武器，且包括中俄在内的联合国各主要成员国已经达成了制裁朝鲜的决议；二是美日韩以军演的方式向朝鲜施压，而朝鲜当政者为了其在国内的统治地位更加稳固，自然会在民众中刻意渲染和放大这种紧张气氛，不时放出狠话誓与美日韩拼个你死我活，还动辄试射导弹，这就使得东北亚局势轮番升级，一步步逼向了死局。如此一来，内外因素一结合，完全占据主动地位的美国，在其认为合适的时候，出兵朝鲜半岛就顺理成章了。其实，这也是美国在朝核问题上不愿重返"六方会谈"的深层次原因，当然就算美国人愿意坐下来谈，也是不可能谈出什么结果来的，因为让朝鲜半岛保持高压紧张态势符合美国利益，这便于他们牵制中俄日韩，掌控整个东北亚局势，并且在必要时还可以对朝发动战争，以殃及中国。

因此，只要通过全世界都能达成共识的朝鲜半岛去核化战争，让徘徊在中国的资本逃到世界上最安全的美国，中国的经济自然就好不了，经济一差，各方面都缺钱，"一带一路"、亚投行等伟大战略自然就会土崩瓦解，人民币成为国际结算货币的梦想就会化为泡影。如此，美国根本用不着对中国这个同样拥有核武器和航空母舰的庞然大物大动干戈，就能实现美元继续"领导世界一百年"的梦想。加之，美国在奥巴马总统任期内，虽然指使过越南、菲律宾等东南亚国家搅动南海局势，但却一直成不了气候，即使后来美国亲自赤膊上阵也难有大的作为，所以美国暂时会减弱对中国南海的围堵，转而在与中国有共识的朝鲜半岛无核化问题上大做文章。美国若在朝鲜挑起战端，就相当于在北京郊外开战一样，资本感受到的安全威胁更大，逃得也更快。故，美军到朝鲜半岛故地重游是很难避免的大概率事件，或早或晚，这就要看人民币国际化的路子走得快与慢了。好比当年欧元横空出世时，美国发动科索沃战争一样，目的就是把滞留在欧洲的资本打到美国去，把欧元的势头压下来，以确保美元继续称霸世界。所以，包括人民币、欧元在内的其他主要货币，要想突破美元的严密封锁线，不动用军事手段或者说不凭借超强的军事势力作为后盾，是很难有大的作为的。

三、"四战之地"的中国地缘政治

白云悠悠，物换星移。由于交通闭塞，信息不畅，包括古代中国在内的大多数国家，几乎都是一个与世隔绝的封闭体系、独立王国。古代中国经汉武帝刘彻向西拓展，才有了沟通中西文明的"丝绸之路"，由此中西方思想碰撞、文化交流、贸易往来；中间历经三国两晋南北朝几百年的动荡分裂，随后进入隋唐一统的盛世，在这期间中西方交流再度活跃起来，中国疆域也空前辽阔，但盛极而衰，治乱循环，几百年后中国又回到了"五代十国"的诸侯割据、军阀混战、民不聊生的境地，中西方交流又受到冲击；及至宋朝，半壁河山，夹缝求生，每年向辽、金进"岁币"，向西夏付"岁赐"，地缘政治空前紧张。公元1271年，蒙古人建立元朝，这是中国历史上第一个由少数民族建立的大一统王朝，武力强盛，远征海外；疆域之辽阔，北逾阴山、西及流沙、东尽辽左、南越海表，西藏和台湾也第一次被纳入中国版图。

由上可知，古代中国一路走来都是战乱频仍、兵革不断的，神州大地上，历经江山易主、分分合合，有看不尽的盛世荣光，更有听不完的亡国悲音。为何胜地不常，盛筵难在，繁华落尽，烽火连天？汉儒董仲舒说这是有道伐无道的结果。不管怎么解释，总的说来，这些问题主要还是中华民族的内部矛盾，几乎都未涉及国际地缘政治的问题。虽然与蒙元相邻的异域藩邦众多，但皆因势力太过弱小，都不能与之争锋，故而也不存在外部环境紧张的问题；不过自明朝以降，就出现了他国入侵中华之先例，先有葡萄牙人"强租"澳门，随后荷兰人攻占台湾以及东洋的倭寇犯边等。到清朝中后期，外敌侵略已成不可遏阻之势，血染中华大地，蔓延长城内外。1840～1842年的鸦片战争后，英、法、美、日、德相继从海上入侵中国，成为中国的主要威胁。原本弱小的朝鲜是中国在东北的屏障，却先后变成了日本、美国进犯和威胁中国的跳板；沿海的屏障——台湾及其海峡也一度丢失，后虽短暂回归，却又再次为敌对势力所控制；南方的越南、老挝是中国西南的重要屏障，但也失陷于法国；缅甸是西南的后背，先为英国控制，后又被日本作为包抄进攻西南大后方的基地。印度也成为英国人威胁中国西藏的前进基地。

可见，明、清两朝是中国的地缘政治关系发生质变的时期，标志着千百年来，一直只需担心北方草原上的游牧民族侵扰的中国，其赖以作为稳定的战略后方的东南部海洋不再是安全的后防，即将变成争斗激烈的前沿战场，这就是中国地缘政治关系的根本性变化。清初，签订《尼布楚议界条约》稳定了东北边疆，继而又收复台湾，使中国周边的战略态势一度改观。但这只是病入膏肓前的自我麻痹，暂时掩盖了恶化的病情而已。由于清政府未从病根上着手解决治本的问题，以致恶化了病情、延误了治疗，最后回天乏术也就在情理之中了。后期所谓的"同治中兴"，不过是回光返照罢了。清王朝在第一次鸦片战争中一败涂地，其根本原因是清政府在战略思想上毫无海防意识，战术上也陈旧落后，武器装备低劣，士兵的战斗意志几近沦丧，有国无防，以致战后不得不与英国侵略者签订丧权辱国的《南京条约》，被迫割地赔款。英国据此强占了香港，中国领土的完整性遭到破坏，丧失了独立自主的大国地位。但是，清王朝并没有就此汲取教训，仍然浑浑噩噩地过日子，以致1856年10月至1860年10月发生了第二次鸦片战争，而且这一次更惨，连首都北京都被攻破了，被誉为"万园之园"的圆明园也被劫掠烧毁。战争中，沙俄出兵后以"调停有功"自居，胁迫清政府割让了150多万平方公里的领土至今，从而成为最大的赢家。从此，原本独占东北亚北部的中国失去了东北亚的出海口，东北地区陷入战略上被半包围的态势。

在随后的二十年里中国的地缘战略空间不断地被压缩，沙俄频频从东北和西北两个方向进行袭扰，还试图策动新疆、西藏的独立。英国占据香港后，继续扩大占领区，其在占据上海的租借地后，又以此为基地，沿长江溯流而上，影响整个长江中下游；但是，英国人的胃口还远不止于此，他们在占领了印度和缅甸后，又开始渗透中国的西南边疆。法国攻击越南和我国台湾地区，清政府在中法战争后放弃越南，使自己的南方的战略空间和地缘战略屏障完全丧失。中国已经陷入了列强的战略包围之中，这也是中国有史以来第一次出现如此复杂的战略态势。

在西方国家不断入侵中国的同时，"卧榻之侧"的日本也虎视眈眈地筹划着侵占中国，为此还建立了一套体系完备的理论——大陆政策。日本自明治维新后，"不甘处岛国之境"，立足于用战争手段侵略和吞并中国、朝鲜等周边大陆国家的对外扩张政策。早在1868年日本明治维新一开始，明治天皇就确定了用武力征服世界的方针。1868年3月，明治天皇睦仁颁布"继承列祖列宗伟业……宣布国威于四方"的《御笔信》，成为日本军国主义和日本大陆政策的思想理论基础。日本认为，要征服中国，先要征服满蒙；要征服世界，先要征服中国。六年后，日本正是按照这个时间表和路线图发动了中日甲午战争，且几乎达到了全部目的。甲午战争以北洋水师全军覆没，中国战败告终。中国清朝政府迫于日本军国主义的军事压力，签订了丧权辱国的《马关条约》。条约规定：清政府从朝鲜半岛撤军并承认朝鲜的"自主独立"，清政府不再是朝鲜的宗主国；清政府割让台湾岛及所有附属岛屿、澎湖列岛和辽东半岛给日本；清政府赔偿日本军费两亿两等。日本精心撰写的这一条约，为其日后侵略朝鲜埋下了伏笔。

甲午战争的结果让日本的原始积累更加厚实，并借此得以跻身世界列强行列。这场战争也是日本近代产业发展的转折点，其依靠在中国开设工厂、企业及其他商业的特权和战争赔款，使其工业、交通运输、银行、贸易等出现了惊人的发展，大大加速了其工业化、资本化的进程，为其接下来全面侵华做好了充分的物资准备。日本对清王朝的这次侵略战争,在一定程度上得到了西方列强的支持,因为他们都各自打着自己的小算盘:美国希望日本成为其侵略中国和朝鲜的马前卒;英国企图利用日本牵制俄国在远东的势力;德国和法国为了趁日本侵华之机夺取新的利益,也支持日本侵略中国;俄国虽然对中国东北和朝鲜怀有极大的野心,但尚未准备就绪,因此对日本采取不干涉政策。正是列强们默许或纵容的态度,为日本实施侵华战略创造了有利的国际条件。

虽然甲午战争后的日本从中国攫取了大量的非法利益,但其野心却是实施以中国、朝鲜为侵略对象的"大陆政策"。为此,日本于1937年精心策划了"七七事变",随即爆发全面侵华战争。中国人民经历了多年的抗日战争,终于1945年将日本驱逐出中国,但此时的中国国弱民贫、百废待兴,地缘政治之复杂与清末乱象不相上下。北方的苏联成了一个潜在的威胁;南亚的印度虽然宣布了独立,但却继承了印英当局的政策,且属英联邦成员国之一;法国也恢复了在东南亚的殖民统治;亚太地区的日本新败,海上成了美国人横行的天下;朝鲜半岛的朝韩对峙,战争一触即发。

抗日战争胜利之后,中国的国共两党间又发生了内战。经过三年多的战争,中国终于完成了大陆的统一。但统一后的中国依然面对着一个复杂的地缘政治环境,北面的苏联虽同为共产党执政的国家,但斯大林却从未放弃过对中国的野心;东北亚的朝鲜金日成政权也对中共政权难吐心扉;沿海的蒋军还不断骚扰,美军控制的韩国和日本也均是敌对势力;南方的越、柬、老还处于法国的实际掌控之下;缅甸相对友好,但也只能说相安无事;在解放军与印度军队发生直接接触前,印度也还算友好;西部边界的巴基斯坦和阿富汗也能与之维持稳定的外部关系。由于当时的历史条件决定,新生的共和国奉行了"另起炉灶、打扫干净屋子再请客、一边倒"的外交政策,与西方的资本主义国家从意识形态上划清界限。但这并未使得中国的国际战略态势有多大改善,较之晚清与民国时期,甚至还有所恶化。夹在美苏两强之间,周边的邻邦(韩、日)已成为美国的仆从,而盘踞台湾的蒋军还不断地袭扰叫嚣着"反攻大陆"。海、空军力量薄弱,难以对抗海上来犯之敌,由于意识形态的接近,中共选择了完全倒向以苏联为首的社会主义阵营的外交政策,这一方面使北部的安全暂时得到了保障,但另一方面也就意味着与资本主义阵营的集体交恶,使自己没有强大海防的沿海地区要时时面临着来自海上的威胁。朝鲜战争的爆发就更加加剧了这一困境,虽说入朝作战部队的名称用的是"志愿军"而非"解放军",但实质却是一样的,中美成为直接的敌对双方已经不可避免。

新中国成立之初的朝鲜战争,对于中国的意义就在于,只有稳定的地缘政治环境,东北的重工业基地才能有一个相对安全的生产环境。由于当时的苏联还处于二战后的恢复期,直接与美国交手怕再次引起世界大战,而这一地区又事关中国的地缘政治安全,所以刚刚成立的新中国主动承担起维护地区战略平衡的责任,以巨大的牺牲维护了地缘战略环境的稳定。经过三年的战争,战局重新回到原来的平衡点,这也就意味着新生的中国以自己的实力取得了与美国在这一地区相当的地缘战略地位。朝鲜战争,也让世人明白,朝鲜半岛已是"世界火药桶",亟需建立一套安全机制,以有效管束朝韩两国的极端行为,避免大国被轻易拖下水,继而引爆世界性的战争。但是,很遗憾,这么多年来,理想的安全管束机制非但没能建立,反而让朝鲜客观上成了拥核国家,这直接刺激了日本和韩国的神经,对于这两个国家来说,发展核武器只是时间问题,而非技术问题。一旦日、韩也拥核,那么中国就成了唯一被核武器包围的国家,即东边有朝韩日,西南方向有印度和巴基斯坦,北边又是俄罗斯。可以说,这将是比所谓的"第一岛链"还危险百倍的"核导链"。并且,自从朝鲜拥核之后,其言行也日趋出格,动辄以核武威胁半岛及周边国家安全,中国对其的影响力日渐衰微,中朝关系已渐行渐远;加之韩国已经部署了萨德反导系统,美日韩三国军事同盟初露端倪,半岛安全的不确定性进一步加剧,世界级军事冲突的因子正在滋长。因此,如何积极主动强势地处理朝核问题,已成为中国崛起路上必须直面的一道难题。

再把话说回来,20世纪50年代末到60年代初,随着中苏关系的破裂,中国北部边境的战略态势逐渐恶化。俗话说,福无双至,祸不单行。与此同时,中国西南边境的战略态势也在急剧恶化,由于西藏叛乱势力外逃印度,中印边境冲突升级，直至爆发边境战争，此时的中国处于苏印的南北夹击中。虽然中国和印度的敌对国家巴基斯坦建立了良好的合作关系，但印巴势力悬殊，难以解决中国大的战略困境。所以，在整个20世纪60年代中国几乎处于四面受敌的境地，到60年代末还与苏联直接在东北边境的珍宝岛兵戎相见。随着苏联的全球扩张，其态势咄咄逼人，加之美国因为越南战争的失败也处于战略困难期，在中美独面苏联均感吃力的大背景下，出现了小球转动大球的"乒乓外交"系列活动，最终促成了1972年美国总统尼克松访华，由此中美基本实现了战略和解，使中国的东部沿海威胁得以缓解。由于苏联穷兵黩武，深陷争霸困局，终究还是在20世纪90年代初解体，这使得中国的北部战略态势大大改善。但正是苏联的解体，也使得美国对中国的战略需求大大降低，并把中国视为潜在对手加以遏制，双方由合作转向敌视。

美国为彰显其世界霸主的地位，也为试探中国的底线，在1999年科索沃战争时，"误炸"了中国驻南联盟大使馆；2000年后，小布什上台，又出现南海撞机事件。这些都是美方步步进逼，中方被动抗争的事件。所以，自苏联解体以来的十几年间，中美态势始终处于美方主动进攻，中方被动防御的状态。使这一态势得以缓和的是2001年"9·11"事件的出现，因为美国忙于反恐战争，从阿富汗、伊拉克、利比亚，再到叙利亚，一场接一场的所谓"反恐战争"，让美国无暇东顾。与此同时，美国还在欧洲推行"北约东扩"的战略，不断压缩俄罗斯的地缘空间，把导弹防御系统装到了俄罗斯的家门口，促使俄罗斯被迫还以颜色。加之朝核、伊核问题不时冒出，让美国不得不去灭火。由于这些棘手问题层出不穷，美国疲于奔命，这就给中国留出了足够的发展良机。回顾这20年，从某种程度上说，这是美国国际战略的误判，没有分清矛盾的主次，以致让中国初现"和平崛起"的苗头。但是，这样的太平日子恐怕今后会越来越少了。2017年1月20日上任的第45任美国总统特朗普，这位精明的商人早已弄懂了美国当前的"心腹大患"是谁。2017年12月19日，美国总统特朗普发布《国家安全战略报告》，该报告将中国和俄罗斯视为"战略竞争对手"，称中俄挑战了美国的实力、影响力和利益，是两个意图侵蚀美国安全和繁荣的"修正主义国家"。这份安全战略报告还指责中国寻求"取代"美国在亚洲的地位,称"中国在扩张自己实力的同时不惜以别国的主权为代价"。无独有偶,就在一个多月后的2018年2月2日,美国国防部发布的新版《核态势评估》报告又指出,希望政府加大更新核武器投入,研发新型核武器,提高核威慑力。此报告同样把俄罗斯和中国视为美国的挑战者。所以,视中国为"经济侵略"性国家和"挑战者"的特朗普,定会全力阻遏中国的发展,美国对华立场必将比以往更为激进。

其实,美国对中国的战略就是联合中国周边国家形成一个包围圈,使中国疲于应付周边的各种矛盾,而无力挑战它的世界霸权。为此美国在若干年前就开始了谋篇布局,其核心就是以领土争端设障于中国与相邻国家,并在必要的时候启用这些"棋子"以折腾中国。如中日钓鱼岛争议,缘起美国一方面对钓鱼岛的主权不持立场,另一方面却承认日本对钓鱼岛的行政管理权,看似自相矛盾的态度,其实质就是为了让中日在领土问题上互不相让、永世不睦,美国好坐山观虎斗,收取渔翁之利。正是美国的干预,才使得中国与周边国家和地区纠葛不断,才有诸如台湾问题、南海争端、中越边界争端、中印边界争端等复杂的地缘问题,并且美国还会加大对印度的支持,以借印度之手对抗中国。2017年10月,美国国务卿蒂勒森阐述了一个宏伟的战略愿景,那就是要与印度发展持续100年的更紧密的军事、经贸和外交伙伴关系,以作为抵御中国的堡垒。在此后不久,"印太战略"又出炉。2017年11月,美国、印度、日本和澳大利亚四国外交部门的官员在越南APEC领导人非正式会议期间举行了正式会议,会议讨论的主题是"对于在一个自由而开放的印度洋—太平洋地区提升繁荣与安全的共同的愿景"。

可见,中国的地缘政治错综复杂,不仅是因为与太多的强国相邻存在领土纷争的问题,还有被美国遥控指挥的众多国家要与中国分庭抗礼的原因,所以在纵横交错、利益纠葛的国际关系中,中国这盘棋是最难下的。从中国的地理位置来看,确实是"四战之地",中国处于东亚大陆的中心位置,东北面和北面是俄罗斯,西面是一直要与中国争个高下的印度,南面有对中国的崛起深感忧惧的东盟,特别是素有排华传统的印度尼西亚。另外,中国60%的能源补给来自中东,80%的石油进口经过马六甲海峡,而能源运输的咽喉要道——马六甲海峡却掌握在美国盟友新加坡手中。为破解"马六甲困局",中国这些年一直都在有所为。其中援建的巴基斯坦瓜达尔港,以及正在商建中的泰国克拉运河就是最好的例证。瓜达尔港距全球石油运输主要通道霍尔木兹海峡只有约400公里,利用中亚与该港口相连的公路与铁路,中国开辟了一条往新疆等西部地区输送能源的通道。除此之外,若克拉运河开通,太平洋与印度洋之间的航程至少缩短约1200公里,大型轮船可节省2~5天时间,每趟航程预计可节省近30万美元。这对航运严重依赖马六甲海峡的中国来说,无疑是重大利好。

今天的中国要想彻底突破美国设置的"第一岛链",由近海驶向深蓝,拥有强大的地区话语权,就必须排除美国在这个地区的霸权,而美国要想继续领导世界一百年,也必须对崛起中的中国施以重手,否则其世界霸权难以为继。因此,从特朗普执政开始,中美关系会受到前所未有的挑战,因为美国绝不会允许中国实现"和平崛起",更不会同意中国与之分庭抗礼。或许你会认为,这是杞人忧天,美国早干吗去了,为何现在才做打算呢?其实不然,美国过去未真刀真枪地阻止中国发展,那是因为在他们眼里,中国的经济军事势力还差得远,无法与之抗衡,加之中国这个庞大的市场也让美国从中获得了巨大的经济利益,所以过去几届美国政府与中国打交道奉行的是"遏制"加"交往"的政策。

随着中国的"一带一路"的铺设,亚投行的顺利组建以及"金砖+"的雏形初露,美国知道中国不仅想用人民币取代美元的国际货币结算地位,还想与美国争夺通往欧亚大陆的陆权和海权,这无疑就触动了美国最核心的利益,美国必须强力应对。众所周知,对手的对手就是合作伙伴,所以为了能让中国腹背受敌,美国必将在适当的时候拉拢俄罗斯,以俄制华,而俄罗斯也想与西方和解,且俄罗斯也不希望看到一个快速崛起的中国太过强大,毕竟手里还攥着从中国劫来的150多万平方公里的领土。所以,尽管美俄各怀鬼胎,中间还夹杂着诸如"北约东扩""克里米亚入俄"等难以化解的结构性矛盾,以及"特朗普通俄门"的持续发酵等不利因素,但从各自国家的现实利益考量,在某个恰当的时机,比如说普京卸任之后或中国GDP世界排名第一前后,二者确有合作一把的可能。

从鸦片战争延续至今的近180年时间里,中国由于自身实力的原因和世界格局的困扰,一直被强敌环伺,始终不能破局,东方这头睡狮虽然已经醒来,但从醒来到站立,再到四下活动,还面临着诸多问题。毫无疑问,首先就是来自美国的全方位挤压,这是中国当下面临的最迫切问题。前面已经分析了,美国也不想与中国直接动武,所以他们会先从经济上给中国施压,力争从经济上打垮中国,让人口众多的中国在经济崩溃之时,失业率高起,当吃饭都成问题时,中国必乱。美国人研究了中国这么多年,已经深知,仅靠输入所谓的西方主流价值观,使用在他国屡试不爽的"和平演变"套路,并不能破坏中国的稳定。因为这个被儒家文化影响了两千多年的国度,其国民早已把"规矩与服从"融入血液深入骨髓,所以只有让中国老百姓没饭吃,他们才会被迫发出最后的吼声,不战自乱。因此,美国会与中国先打一场釜底抽薪式的经济大战,快速释放利好经济政策,如缩表、加息、减税等,力图在短期内把积压在中国的资本迅速吸纳到美国。

就在2017年还剩下不到一个月之时,美国连发大招,打出了一套组合拳来对付中国。先是说朝鲜是"支恐国家",继而让三个航母战斗群扎堆驶入西太平洋,拉开一副立马就要干仗的架势。可别小看了这个举动,这会让投资人不敢继续往与朝鲜仅一江之隔的中国加注投资,甚至已有的投资也会开始考虑撤资计划。与此同时美国还宣布不承认中国的市场经济地位,准备对华开展反倾销调查,征收高额反倾销税,以削弱中国产品在美国市场上的竞争力。这还不算完,2017年12月20日,美国国会参众两院通过了自1986年以来美国最大规模的税改法案。该法案在送交总统特朗普签署生效后,于2018年1月开始实施。这是美国税法30多年以来最大的一次调整,这无疑会吸引更多资金回流美国,并刺激新的投资。显然,美国人的这套组合拳就是要给各路资本以超强诱惑与极度恐吓,其要向世界传递的强烈信号就是:资本只有到美国才是安全的,并且还能获得暴利。

根据阴阳理论,彼长则此消,所以美国的这系列行为必将削弱中国经济的增长动力,甚至可能让靠房地产刺激起来的中国经济,突然因为资金链的断裂而出现雪崩式的坍塌,把正处在艰难转型期的中国经济逼入墙角。无独有偶,就在特朗普税改法案刚刚获得通过之际,日本也准备减税至20%左右,并且西欧各大国也会有类似动作跟进。所以,在世界主要经济大国都相继减税的大背景下,如果中国无动于衷,逐利的资本君自然会直接作出选择,即便中国严格限制内资外投,但却无法阻挡外企撤走。一句话,中国必须严防资本外流,同时也要从供给侧结构性改革的高度来减免企业必要的税费,并给予最大的政策支持,以免内外交困,失业高起。

除此之外,自2018年3月以来,美国还对华启动了多年来屡试不爽的"301调查",对中国大打贸易战,对中国出口产品加征高额关税。在其"301调查报告"中,中国在各个领域的有较强国际竞争力的跨国企业纷纷被"点名",包括美的集团、中国化工、中国商飞、中航工业、清华紫光集团、华大基因等6家企业,成为美国证明自己如何在"不公平"竞争下吃亏的例证。按照美国的话说,这6家中企已经对美国的国家安全购成了"最大威胁",必须采取措施限制中国企业的"扩张"。所以全方位阻遏中国各个前沿领域的技术进步,是美国当前的"头等大事"。美国贸易代表莱特希泽在参议院作证时竟直言不讳地称,"中国制造2025"的十大关键领域,都将被列为关税"重点关照"的对象。

当然,如果这场没有硝烟的经济贸易战还达不到美国的预期目标,美国必然会对中国旁敲侧击,动用军事力量向朝鲜发动战争,相关理由前文已述。因为美国不可能让美军只是在中国家门口走秀,美军必须为本国的全球战略服务,当此战略受到极限挑战时,美军出场就是顺理成章的事了。

综上所述,中国正在走近世界舞台的中央,欲用"王道"式的全球化,改变美国主导的"霸道"式全球化,自然要面对前所未有的猜忌和提防。错综复杂的地缘政治问题,会让中国在问鼎的路上困难重重,要想和平崛起,要想近悦远来,就需要中国的军事实力能在短期内对美国形成压倒性的优势,让其知难而退。中国近一两年来一改过去那种"犹抱琵琶半遮面"的作风,不断主动曝光国产先进武器,其用意就在于此。但愿,这种含蓄的"中国式肌肉秀"能收到不战而屈人之兵的功效。《周易·系辞下》中说:"君子安而不忘危,存而不忘亡,治而不忘乱,是以身安而国家可保也。"面对波谲云诡的国际形势、复杂敏感的周边环境,中国既要对事业发展充满信心,又要对问题风险保持警觉,审时度势、顺势而为、化危为机、稳中求进、行稳致远。

第九章
资本君、国家和国民的"铁三角"

一、资本君是神一样的存在

(一)谁才是国家秩序的主导者

关于国家的起源,历史上学说纷纭,莫衷一是。有自然说、契约说、武力说、私有制说、氏族说等。其中,最具有代表性的就是社会契约论。卢梭在《社会契约论》中的观点是:"一切社会之中最古老的而又唯一自然的社会,就是家庭。"各个家庭成员,一经成年脱离家庭依附关系后,为了维护各自生来具有的自由和平等,确保自身生存的利益,理智地于社会生活中发生一种互相约束。当社会发展需要人们共同协作,"以全部共同的力量来保障结合者的人身和财富时","每个结合者及其自身的一切权利转让给整个集体",原来的约束就转化成了"社会契约"。结合行为产生的道德与集体之共同体,"过去称为城邦,它的成员称它为国家,当它是主动时,就称它为主权者"。

也就是说,国家是在私有观念下,一定地域空间内的人群,基于集体生存繁衍所形成的社会共同体形式,国家政权是国家的具体化身。国家政权是作为社会规则的守护者和执行者而出现的,是国家观念的现实存在,体现这个人群的意志。国家是经济上占据统治地位的阶级进行阶级统治的工具;国家是具有一定的地理区域管理范围,固定的社会人群,拥有完整的政府管理机构、军队、独立的元首;国家是一个成长于社会之中而又凌驾于社会之上的、以暴力或合法性为基础的、带有相当抽象性的权力机构。

第九章 资本君、国家和国民的"铁三角"

在国家出现之前，人类社会处于原始社会状态。恩格斯认为，国家的出现是人类社会发展的必然结果。人类社会始终存在着两种生产，即物质资料的生产（衣、食、住、行及生产工具的生产）和人类自身的生产（人类的繁衍及婚姻家庭形式的发展）。社会制度受这两种生产的制约。在物质资料生产水平低下时，以血缘关系为纽带的氏族制度，成为国家产生以前对社会进行管理的基本社会制度。随着物质资料生产的发展，人们在物质资料生产过程中结成的生产关系逐渐代替了血缘关系，使社会结构发生了根本变化。新的社会制度取代了由血缘关系决定的氏族制度，这就是具有公共权力的国家制度。恩格斯曾强调国家是阶级矛盾不可调和的产物，指出原始社会制度瓦解是个逐渐的过程，物质资料生产的发展，家庭私有制的出现和奴隶阶级的形成是国家产生的前提。

随着物质资料生产的发达以及资本对市场和经济活动的主导，资本一方面通过价格投机不断地自我积累，另一方面则通过市场体系和广泛发生的商品交易活动传播资本特有的价值观。随着国家范围内统一市场的形成，资本通过掌控国家权力，获得对社会的彻底控制也就不可避免。资本通过传输有利于其追逐利润的理念，从而塑造市场价值和影响参与到市场中的群体行为和个人行为，建立市场机制；同时通过这个机制，又反过来对社会观念和社会行为进行影响。作为资本的价值观的各种道德约束和法律制度，由垄断资本势力集团假手于获得政治权力的代理人，通过国家和政府的名义得以形成，以致这些行为规范无不渗透着资本的灵魂和意志。

资本为了使符合自己发展的经济制度能长久地执行，甚至深入人心，需要对世人进行"洗脑"，用自己的价值观来影响整个社会。在这方面最具代表性的，莫过于前面我们多次提到过的亚当·斯密的《国富论》。这本书奠定了现代的经济学学科，也提供了现代自由贸易、资本主义和自由意志主义的理论基础。据未考证过的网络信息的介绍，亚当·斯密在1766~1776年创作《国富论》期间得到了著名的犹太财团——罗斯柴尔德家族的资助。罗斯柴尔德家族基于自身利益的需要，竭力鼓吹放弃政府监管，建立没有任何政府管理的"自由经济体系"，但需要找一个人加以"理论"包装，这位被选中的

"枪手"就是亚当·斯密。经过亚当·斯密的努力，罗斯柴尔德家族需要的经济政策，被包装成普世性的"经济原理"，写进了《国民财富的性质和原因的研究》（后来简称"国富论"）。这样一本背景复杂，甚至威胁英国主权的书籍，被跨国金融资本圈养的西方学术界吹捧了几百年，被奉为"世界经济学的圣经"。

以《国富论》为起点，随着亚当·斯密、大卫·李嘉图、凯恩斯等一大批经济学家的著作以教科书的方式从欧美被推向世界，向人们灌输这些理论，资本价值观对人们的生活和社会组织方式进行改造和重塑，不断将人纳入以市场为中心的资本的社会运动体系中，资本价值观从而逐渐成为一种普遍的价值观并横行于世，也就是所谓的"普世价值观"。而美国最近几十年倡导新自由主义的"华盛顿共识"，就是这一价值观的新发展，其核心就是要求各国的金融自由化，以便美国适时对他国"剪羊毛"。这些思想和理论建立于资本与市场的基础之上，既极力证明资本对人的统治的正当性、合理性与科学性，又鲜明地反映了资本在市场中的种种要求和特点。作为全球资本中心的美国，其意在借助经济全球化浪潮，以推进垄断资本全球化、资本主义市场一体化和资本主义生产方式制度化为途径，谋求实现资本主义制度的全球化，通过扩展美国价值观和干涉别国内政的方式，图谋建立同质性的全球政治性霸权体系。再通过垄断资本的金融联合，美国与发达资本主义国家结成新型霸权主义的政治联盟，达成对世界的共同控制。由此形成了以新经济殖民主义、新干涉主义、新炮舰政策和新型霸权主义政治联合为主要内容的新霸权主义。因此，资本与政治密切相关，互为存在的条件。

可见，通过资本称霸全球是美国政策的根本动机，作为当今世界最大的资本主义国家，资本对该国的作用又到底有多大呢？美国前总统罗斯福曾这样感叹："影响美国经济的只有200多家企业，而操纵这些企业的只有六七个犹太人。"美国《福布斯》杂志2012年美国富豪排行榜显示，前40名富豪中有21名是犹太人。因此，在美国流传着一个笑话：犹太人不仅"控制"着华尔街，"统治"着好莱坞，还"操纵"着美国的新闻媒介，甚至美国总统也是犹太人选出来的。根据美国媒体对美国各个领域的影响力进行的排名，占美国人口仅为3%的犹太人操纵着美国70%以上的财富,其在美国经济、金融、政治、外交等方面有重大影响,是美国最强大的少数族裔。犹太垄断财阀是美国的主宰力量,其通过市场化将资本循环与运动扩展到经济、政治、司法、军工、科技、教育、媒体等所有的社会领域,操纵控制着美国政府,进而以市场全球化为手段,通过美国政府间接地操纵他国的经济、政治、军事、文化。在美国的资本市场,到处弥漫着犹太人的味道。高盛、雷曼兄弟、所罗门兄弟等著名金融公司都是犹太人创建的。在华尔街,金融精英中有50%是犹太人。《中国经济周刊》曾刊文《奥巴马的心病:600万犹太人的财团统治美国》,此文报道在美国总统大选中,奥巴马曾就连任一事忧心犹太人的支持率低,恐怕无法连任进行了系统分析。因为奥巴马第一次参选时,美国78%的犹太人都投票给了奥巴马,最终奥巴马如愿登上总统宝座。

所以,在美国已经可以说是资本在控制国家了。其实在以私有制为主体的资本主义国家,几乎都是这种模式,相互间的区别并不大。而中国现有的模式却与美国等资本主义国家不同,其采取的是国家控制资本模式,因为公有制经济占主体,国有企业是国民经济的支柱,主要资本都是被国家掌控的,加之政府的超级强势,所以资本还远远达不到控制国家的地步。不过,需要认清的是,缺乏货币霸权与国际资本市场控制权的国家,一旦出现"资本控制国家"的局面,就很容易沦为货币霸权国家的资本狩猎场,过去几十年拉美地区国家被美元洗劫就是前车之鉴。

美国这样的西方资本主义国家,其政治权力体系被占有生产资料的极少部分人掌控,这同历史上的王朝并无本质的区别,都是以国王、君主为代表的贵族集团掌控着国家政治权力和主要的财富。中国清朝时期的满洲八旗,相当于前面所说的美国的犹太财阀,他们在经济军事上掌握着绝对的话语权,为了更好地管理社会,从中选出政治代理人来掌握最高权力,而八旗的旗主又由皇帝、诸王、贝勒控制。清王朝入关前的"八旗议政"就是一个贵族共和制度,即由八个旗主共同商议军国大事,包括商议新君人选等。在当今资本为王的国家,当面临国家最高权力的角逐时,各垄断势力资本也会存在一定程度的民主共和,在相互妥协中达成共识,以确保最高权力的运转。在资本与政治权力的控制与被控制中，体现了中国道家哲学的阴阳平衡。一方面，作为资本载体的企业与国王君主都在形式上，被国家政治权力体系所约束；另一方面，国家政治权力同样也被控制垄断资本的少数人或者君主与贵族集团所掌控，他们都是国家的话事人。

由上观之，在资本主义国家的运转中，资本的基因无处不在，甚至左右着国家政权的更迭和发展方向，反过来，国家对资本的价值又如何体现呢？作为资本的政治代理人，其在掌握了权力，并利用这个权力在为垄断资本实力集团谋取利益的同时，也在为自己谋取私利，这就是公器私用、权力寻租，具体是指政府官员，利用自己手中的权力或影响力为他人获取不正当利益的非法行为。这种权力寻租行为在任何形式的国家都存在，包括以公有制为主体的中国。为打击此类犯罪，在《中华人民共和国刑法》中与权力寻租相关的罪名有滥用职权罪、徇私枉法罪、受贿罪等。权力寻租意味着政治代理人或者官员，将法律赋予自己的政治权力当成了私有之物，出租给某个垄断资本势力使用，自己也从中捞取好处的腐败行为。

在资本控制国家机器运转的情况下，因为垄断资本势力集团的利益优先于普通公民的公共利益，加之政治代理人的私欲难填，其个人利益同样优先于普通公众的利益，政治腐败也就成为必然现象。当然，如果相关监督机制设计合理，管控得当，那么贪腐行为会有所节制，但不可能杜绝。

总之，政府作为全社会行为规则的制定者和守护者，其为全体公民和社会组织划出了红线，规定了哪些可以做，哪些不可以做，违反将会受到什么惩罚等事项。而这些规矩不过是垄断资本价值观的具体化罢了，让全体公民和社会组织遵规守矩，必然是符合垄断资本核心利益的。在资本主导的市场体系中，因为垄断资本势力集团对国家及其政权进行控制，政府又成为资本向一个国家中全体公民贯彻其价值观的手段和途径，将资本认可的社会价值与规则，通过国家法律法规加以体现，从而对全体公民的行为进行约束和规范。因此，在政府归谁控制的终极意义上，作为一个社会组织的政府的言行，其渗透和贯彻了资本的意志，进而约束和规范全体公民的行为，并对他们之间的关系进行调整，维护和巩固了资本赖以循环和运转的市场体系，或者说它也是资本价值观的工具。

(二) 资本君助力大国崛起

公元1500年前后的地理大发现，拉开了不同国家相互对话和相互竞争的历史大幕，由此，大国崛起的道路有了全球坐标。五百年来，在人类现代化进程的大舞台上，先后出现了九个世界性的大国，它们是：葡萄牙、西班牙、荷兰、英国、法国、德国、日本、俄罗斯和美国。大国兴衰更替的故事，留下了各具特色的发展道路和经验教训，启迪着今天，也影响着未来[1]。

1. 葡萄牙、西班牙、荷兰崛起。①葡萄牙崛起的关键因素在于有统一强大的民族国家政权、重视科学。葡萄牙以国家名义实施航海战略，在国家财力、物力、人才的支持下，科研与实践的积累使得葡萄牙人最早称霸海洋，并最早开始瓜分世界，从而获得了丰厚的原始积累资本。西班牙与葡萄牙类似，抓住历史的机遇，把航海作为国家战略，最终成为海洋大国并开始海外殖民。②荷兰崛起。地处西北欧、面积只相当于两个半北京的小国荷兰，在海潮出没的湿地和湖泊上，以捕捞鲱鱼起家从事转口贸易，他们设计了造价更为低廉的船只，依靠有利的地理位置和良好的商业信誉，逐渐从中间商变成远洋航行的斗士。他们成立了世界上最早的联合股份公司——东印度公司，垄断了当时全球贸易的一半；他们建起了世界上第一个股票交易所，资本市场就此诞生；他们率先创办现代银行，发明了沿用至今的信用体系。凭借一系列现代金融和商业制度的创立，17世纪成为荷兰的世纪。

2. 英、法、德崛起。①英国崛起。英国从英西大海战胜利开始，在16、17世纪率先启动工业化进程，在科学理论与工程实践上均取得了重大突破，率先完成了工业革命，国力迅速壮大。瓦特改进并制造蒸汽机，由此推动人类第一次工业革命。英国在世界范围内率先保护发明创造，激活民间智慧。英国于1624年制定的垄断法，是被世界公认的第一部完整的专利法，也是世界各国现行专利法基本条款的雏形，英国是最早实行现代专利制度的国家。专利发明与资本的结合，让英国发明创造领先世界。同样在亚当·斯密《国

---

[1] 摘自CCTV纪录片《大国崛起》。

富论》的经济理论指导下的资本主义社会实践也在18、19世纪取得了丰硕成果,英国用"看不见的手"建立了看得见的自由贸易政策和经济模式,成为世界工厂。凭借现代工商业制度和国家制度的优势,以及与其国际地位相匹配的军事实力,英国称霸全球,主导近代世界格局。18世纪至20世纪初期英国统治的领土跨越全球七大洲,是当时世界上最强大的国家,号称"日不落帝国"。②法国崛起。从16世纪起,法国资本主义生产关系开始萌芽和发展。新航路的开辟使法国对外贸易的重点从地中海转到大西洋,从17世纪起法国向北美、中美、非洲、印度扩张殖民地。③德国崛起。1871年德意志在"铁血宰相"俾斯麦的领导下,完成了以普鲁士为主体的统一。在德国实现统一的过程中,李斯特被认为是最活跃和最具影响力的人物。李斯特认为德国只有实现政治上的统一,才能够与英国和法国相抗衡,而这种统一又必须先实现德国经济上的联盟。从经济统一走向政治统一,这既是一个经济学家的独到眼光,更是一个大胆的构想。提出这个构想的现实原因是:德意志的经济发展受阻于分裂,极不利于国家的长期发展。除了要统一经济之外,德国还高度重视国民教育和学术自由,以致德国的崛起被世人认为"早就在小学教师的讲台上决定了"。俾斯麦所创造的相对和平的国际环境,为统一后的德国赢得了宝贵的发展机遇,只用了40年,德国工业总量就超过当时欧洲所有国家的总和。德国产生了众多的科学家、哲学家,智力成为这个国家最重要的资源。虽然第二次工业革命起源于英国,但德国却是此次工业革命的世界中心。1866年德国人西门子制造出发电机,它由蒸汽或水力带动,就能把机械能变为电能。与此同时,能把电能转化为机械能的电动机也被发明出来,电力开始用于带动机器,成为补充和取代蒸汽动力的新能源。从此,人类历史从蒸汽时代跨入了电气时代。

3. 日本崛起。日本在历史上,长期是中国的学生,1868年日本又向欧美列强学习,进行明治维新,迅速跻身资本主义列强行列,对外逐步走上侵略扩张的军国主义道路,曾多次侵略中国、朝鲜等亚洲国家。在从零开始、全盘西化的过程中,日本面临着全方位巨大的社会文化、经济、政治制度转型的阵痛。伊藤博文通过《大日本帝国宪法》,以法律形式化解了矛盾,承认民权的同时也赋予了天皇（象征着传统文化）无上的权力，中西方文化因此在日本得以很好地整合。二战日本投降后，美国派军队占领日本。1947年，颁布新宪法，由天皇制国家变为以天皇为国家象征的议会内阁制国家。日本战后奉行"重经济、轻军备"路线，于20世纪60年代末一跃成为远东第一大经济强国。在日本崛起过程中，侵华战争起到了资本原始积累的作用。通过甲午战争，日本实现了其资本的原始积累。在第二次世界大战中，日本战败，整个国家几乎成为一片废墟。但此时日本已完成现代化并积累了雄厚的软实力和人才，故而在战后不久便迅速恢复了大国地位。

4. 俄罗斯崛起。俄罗斯现代化进程由彼得大帝以一人之力野蛮粗暴地推进，完全打断了本国文化演变的进程。雄才大略的彼得大帝死后40年，由叶卡捷琳娜继承其未竟事业。与彼得大帝不同，她以女性特有的细致，发展教育、培育启蒙思想，给予贵族自由。通过对内专制、对外扩张，叶卡捷琳娜成就了军事强大的沙俄帝国，但没有改变俄罗斯社会的实质。之后，列宁开辟的以俄罗斯为主体的苏维埃社会主义共和国联盟，只用了20年的时间就完成工业化进程。这个按共产主义思想打造的联邦国家，实行高度集中的计划经济模式，在初期极大地激发了民众建设国家的热情，当资本主义世界深陷经济危机的时候，苏联这边却风景独好。当时，在世界经济发展的基本模式上，完全政府干预的计划经济模式和完全自由开放的市场经济模式形成鲜明对比，同样形成鲜明对比的还有意识形态和民生领域。不过，苏联这种"国进民退"的发展模式，却让其民生难有改善，直至斯大林去世，人均粮食、肉类的产量还不如沙皇时代。

5. 美国崛起。美国从最初诞生起，就像一个人类文明的实验田。没有历史包袱的美国，其自由、民主、法治思想与生俱来。美国的成立与发展史就是法律不断完善的历史，从独立宣言、第一部宪法，到专利法、宅地法，从法律程序到法律实体都对应着普世价值观。进入20世纪，正是这些价值观推动了社会进步运动，诞生了"凯恩斯主义"，给野蛮生成的自由经济安上政府干预的笼头。罗斯福的新政通过社会保障体系、最低工资法律、福利法律、政府雇用以及其他措施，承担起保障美国人民经济安全的责任，支持人们获得经济上的自由，使公民享有了"免于匮乏的自由"。罗斯福实践了凯恩斯的理论，修正了自由经济的缺陷。美国用看得见的手和看不见的手，引导着自由的人民创造着巨大的物质财富和精神财富。作为当今世界第一强国，美国正引导着第三次浪潮，人类生产生活方式正在迅速地转型。

由上观之，过去五百年，九个世界性大国先后逐鹿争雄，都成了称霸一时占据世界舞台中央的主角。虽然各国崛起的原因各有不同，但主要都与其经济实力、科技实力、军事实力的绝对领先有着必然的联系，尤其是简单粗暴、直截了当的军事扩张，是相关国家在短期内迅速成就大国地位的有效手段之一。虽说军事战争对于各大国在历史上的崛起起到了助推作用，但俗话说"兵马未动，粮草先行"，所以争霸称雄的战争背后必然是强大的经济与科技实力的支撑。尽管战争是当时大国打破世界格局和秩序的必由之路，但是靠战争获取利益的国家往往都不能长久，最终都会事与愿违，如法国的拿破仑、德国的希特勒、日本的裕仁天皇。这些侵略者的事例说明了同一个问题：靠武力是不能征服世界的，更不可能长久地在殖民地实施有效统治。

《司马法》有言："国虽大，好战必亡；天下虽安，忘战必危。"从这些大国的崛起之路来看，几乎都伴有军事扩张的身影，包含着"铁血"的基因，但靠这样崛起的大国地位是不可能长久维持的。老子在《道德经》中说道："夫兵者，不祥之器，物或恶之，故有道者不处。君子居则贵左，用兵则贵右。兵者不祥之器，非君子之器，不得已而用之，恬淡为上，胜而不美，而美之者，是乐杀人。夫乐杀人者，则不可得志于天下矣。"意思是说，兵器是不祥的东西，人们都厌恶它，所以有"道"的人不使用它。君子平时居处就以左边为贵而用兵打仗时就以右边为贵。兵器这个不祥的东西，不是君子所使用的东西，万不得已而使用它，最好淡然处之，胜利了也不要自鸣得意，如果自以为了不起，那就是喜欢杀人。凡是喜欢杀人的人，就不可能得志于天下。因此，军事实力再强大的国家，也不可能仅凭一时之武力优势就能征服世界，只有内修文德外治武备的国家，才能赢得近悦远来的国际地位。

二、国家与国民的友情岁月

（一）国家崛起中的人才基因

历史告诉我们，没有永远称雄的国家，再强大的世界霸主也有被新兴大国取代的时候，这是亘古不变的历史法则。正所谓"是非成败转头空，青山依旧在，几度夕阳红"。五百年来的世界争霸史一去不复返，但争霸却还在继续，只是霸主在不断易位而已。在历史的时针转到 21 世纪的今天，无论是已经立威于世的守成大国，还是渴望强大的开创力量，都必须拥有能够引领时代的本事，否则连昙花一现的机会也没有。那大国崛起的背后到底是什么在支撑呢？

兴亡谁人定，盛衰岂无凭？当我们回顾过去五百年波澜壮阔的历史时，有太多的值得深思的地方。大国之所以能崛起成为大国，当然是其综合国力的外在延伸，各种因素的综合，才能筑造大国的崛起。在不同的历史时期，只有那些根据自身的国情和时代的需要，作出了正确战略判断，并在第一时间拥有该时期核心竞争力的国家，才能崛起于世界。过去靠军事力量和经济势力作为大国崛起的杠杆，而今天则是以综合国力作为崛起的标志，要的是市场，靠的是资本，而能占据市场，则需要拥有这个时代最具核心的竞争力——科技创新能力。因为靠生产低附加值的廉价商品，靠商品数量堆积获利的粗放型生产模式是可不能成为真正的强国的。当今世界强国的最显著标志就是完全自主掌握时代核心科技，拥有强大的人力资源优势，并具备可持续发展的能力。当今世界的唯一超级大国美国，其在科学技术方面的投资就是世界上最高的，是其他七个西方最发达国家的总和，美国拥有世界最完善的大学体系，有一大批科学尖子在辛勤工作，这是美国在信息时代的核心竞争力的根本保障。

众所周知，一个国家要想成为世界性的强国，必须在世界经济中占有重要的地位，因为脆弱的经济是不可能成为强国的。但是，成为一个强国，仅仅物质力量强大还远远不够，它还应该具有较强的软实力、过硬的军事实力、强大的内部凝聚力和健全的国家制度。现在，各国历史学家和政治精英普遍认同"思想文化对大国崛起的影响力",认为这才是大国崛起的根本保障,而教育又是其中最基础的。大国无一例外地重视教育,无一例外地建立了宽松的思想文化氛围,都做到了"百花齐放,百家争鸣",而不是全社会只有一种声音,否则这个国家就危险了。因为只有思想自由的民众,才能在国家宏伟的战略指引下,释放出澎湃的激情与能量,从而创造出充盈的财富和丰富多彩的文化。

其实,关于教育和国民素质在国家崛起中的作用,古人早已有言在先,中国晚清重臣曾国藩就曾说:"凡国之强,必须得贤臣工;家之强,必须多出贤子弟。此亦关乎天命,不尽由于人谋。"《礼记·大学》也有言:"古之欲明明德于天下者,先治其国;欲治其国者,先齐其家;欲齐其家者,先修其身;欲修其身者,先正其心;欲正其心者,先诚其意;欲诚其意者,先致其知,致知在格物。物格而后知至,知至而后意诚,意诚而后心正,心正而后身修,身修而后家齐,家齐而后国治,国治而后天下平。"至于近代,依靠教育强国的最好实例当然就是德国和日本了。德国和日本在二战后,作为战败国,背负巨额的债务,情况极其糟糕,但它们能在短短几十年时间里迅速崛起,成为仅次于美国的经济大国,主要得益于它们良好的国民素质。因此,任何国家要想崛起,首先要做的就是发展教育,提高国民素质,只有人的素质上去了,国家才会有希望。以色列著名作家索尔·辛格在接受《中国经济周刊》采访时说到,犹太人之所以能"帮上帝理财",是因为从传统上来看,犹太人非常重视教育。他说:"以色列有句名言'生存从娃娃开始',这点和中国人的很像,因此在美国教育界,犹太裔学生占全国学生总人数高达20%以上,教授比例也是最高的,约占1/5。"

邓小平曾说:"百年大计,教育为本",还说"教育要从娃娃抓起"。所以教育是民族振兴、社会进步的基石,是提高国民素质的根本途径。当今世界,人才成为国家竞争力的核心,教育成为国家竞争力的基础。在人类社会的进程中,教育发挥着举足轻重的作用。教育兴,则民族兴;教育强,则国家强。任何国家的崛起,归根结底取决于教育。

教育虽然重要,但教育的方式更重要,不能为了教育而教育。不能搞单纯的应试教育、通才教育，没有人可以做到全面发展。到目前为止，即使是诺贝尔奖的获得者，也不能做到全面发展，20世纪最伟大的科学家之一、相对论的提出者爱因斯坦"经常连回家的路都找不到"，所以人能有一技之长就不错了，切忌贪多求大，以免最后成为门门都懂一点，却样样都不精的人。社会和学校应该摒弃全才式教育，因材施教，有教无类，着重培养学生某方面的专长，让其得到充分发挥。否则学生可能花了大量的精力在学一些将来用不上的东西（如非外语专业学习外语等），而本专业的课程又没精力学习，最后沦为社会不需要的"人才"，毕业就失业。因此，那种纯粹为了应试而学习的教学模式是不可取的，真正的教育应该是向学生"传道、授业、解惑"，而首当其冲的"道"就是要开启学生的智慧，培养学生"独立之精神，自由之思想"。

关于"什么样的教育模式才是适合当今社会的正确教育模式"这个问题，见仁见智。因研发蓝光LED而获得2014年度诺贝尔物理学奖的中村修二，就批评过日本的专利制度和整个东亚的教育体系。他抨击了日本的教育制度，称大学入学考试制度非常糟糕，中国和韩国也都如此，所有高中生的教育目标都是考入名牌大学。他认为亚洲的教育制度是浪费时间，年轻人应该学习不同的事情。东亚国家的大学入学考试，总是会和他们历史上的科举传统混在一起。但是因为古代社会对创造力没有那么大的需求，所以科举是个很好的制度，以最小的冲突完成了社会管理者的选拔，并建立了一个以智力取代门阀的选才标准。

据2009年发布的《中日韩美四国高中生权益状况比较研究报告》显示：78.3%的中国普通高中学生平时（不包括周末和节假日）每天在校学习时间在8小时以上，韩国为57.2%，而日本和美国几乎不存在这样的情况。中国学生每日学习的时间最长。各国学生所学内容的多少相差不会太大，那么如果学习时间过长，意味着什么？意味着复习时间所占比重过大。这是扼杀学生想象力、创造力的最大手段。说起复习的重要性，人们经常会引用"学而时习之"，这个"习"就是复习。但是，孔子时代与今天社会有个巨大差异，就是学习的内容。孔子时代的主要学习内容是"礼"，唯反复演练才可达到效果。但是，人类的社会生活演化到近现代，学习的主要内容由"礼"转变为认知。认知是拓展和变化的，其本质是创造或学习新的东西。如果教育过度强化复习，是产生不出创新人才的。正如保罗葛兰素所说："即使在最好的高中里学到的知识，和大学相比也是微不足道的。"以文科为例，那几本高中需要反复诵读的历史课本上的知识，和随便几本大学历史系必读书目比起来如何？至于数学呢，即使中学数学都掌握得很好了，也还不懂17世纪就出现的微积分。这几年有个流行的1万小时理论，对反复练习好像是个理论上的支持。但是，这种论述多体现在"认知复杂性"较低的活动上，如象棋、钢琴、篮球、驾驶、拼写等。但是，对于"认知复杂性"较高的活动，如创作、管理等的作用就很难找到足够的证据。其实，这一点反而可以用来说明，为什么钢琴、小提琴这类技艺的训练在西方业已式微，而在东亚国家却大为兴盛。

很多对联考的辩解都是在说，虽然联考不尽如人意，但是是最公平的。这是受儒家传统上"不患寡而患不均"思想的影响。公平并没有错，但是如果为了公平，就一刀切式地压制了不同类型的人才发展途径，那就很可悲了。东亚国家的人口基数那么大，这种人才浪费的机会成本也是高得难以估量。这就像彼得·蒂尔、布莱克·马斯特斯在《从0到1：开启商业与未来的秘密》中举的商业上的例子那样，表面上完全竞争好像比较公平，实际上参加这样竞争的企业利润会变得像刀刃一样薄，朝不保夕，只能顾着眼前利益，不可能对未来做长远规划。而类似谷歌这样的垄断企业，因为不用记挂着和其他企业竞争，反而可以有更大的自主权关心自己的产品和做各种长远得简直不靠谱的计划。所以学生如果长期处在考试的竞争压力下，自然也就不可能有长远的自我成长计划，而只能把心思集中在"将会决定自己命运"的一次次考试上。

中村修二认为，东亚的教育体制，一方面，养活了庞大的低效率又思想陈旧的各类公私教育机构（这一点类似苏联工业集团）；另一方面，通过对学历的看重，占据社会中高阶层的，多半都是最适应这个体制者，而作为既得利益者的这个阶层又通过在应试教育上的更多支出，保证自己的下一代在这个考试体系中也能脱颖而出，从而把自己在社会地位上的优势又传承给了下一代（这一点又有点像种姓制度）。

其实，国家要想真正的强大，除了要正确地教书育人之外，还必须懂得如何量才用人，要不拘一格降人才，不能搞论资排辈、任人唯亲。董仲舒在《天人三策》中谈到选贤任能时说，"古所谓功者，以任官称职为差，非谓积日累久也。故小才虽累日，不离于小官；贤才虽未久，不害为辅佐"，意思是说，选拔任用官员，主要看能否胜任岗位需要，而不能只讲年头、论资排辈。在董仲舒看来，有的人属于"小才"，尽管积日累久，也只适合于当"小官"；而有的"贤才"尽管任官时间不长，却不影响他们成为担当大任的人选。论资排辈会消磨人才的锐气和斗志，会扼杀许多有真才实学之人，助长不正之风，让学者不是在研究专业发展，而是在研究领导个人喜好，最后会不自觉地异化成为国家崛起的障碍。

总之，21世纪最重要的是人才，而人才的出现是与正确的教育事业密不可分的。教育是提高一个国家创新能力的基础，教育水平的高低决定着人才培养的数量和质量，决定着一个国家的科技发展水平和创新能力，最终决定着一个国家和民族的兴衰成败。只有把教育搞上去，才能从根本上提高国民的整体素质，增强国家的综合国力，也才能在激烈的国际竞争中取得战略主动地位。

（二）国家肩负的民生使命

民生问题是一个历久弥新的问题，不论经济社会发展到什么程度，这个问题始终都存在，因为民众对美好生活的需要是与时俱进的，或体现为生活环境的改善，或体现为自我价值的实现，或者是国家和民族尊严的获得感等深层次的需求。正是民众对美好生活的需要与不平衡不充分发展之间存在矛盾，所以带领民众创造美好生活，努力改善民生问题，是一个国家始终不渝的奋斗目标。

尽管前面我们探讨了资本与国家的关系甚为紧密、相互作用，并且在这个过程中还会掺杂不少垄断资本家及其政治代理人的私人利益等问题，但不可否认的是，这些人与普通民众一样都希望国家能长治久安、国强民富，乃至成就太平盛世，因为这与他们的私人利益是不冲突的，所以他们也会关注国家在发展过程中肩负的历史使命。中国东汉唯物主义哲学家王充在其著作《论衡》中说，知屋漏者在宇下，知政失者在草野，知经误者在诸子。意思是知道房屋漏雨的人在房屋下，知道政治有过失的人在民间，知道经书有错误的人在诸子，故施政的核心就是为民，为民的核心就是解决民生问题。民生问题解决得好不好，关系社会和谐稳定、国家长治久安，决定人心向背。

民生，包括所辖民众的日常生活事项，如衣、食、住、行、就业、家庭等生存问题。在过去物资匮乏的年代，民生问题主要停留在这些最基本的需求层面上，而今，民生更多地意味着生活品质的全面升级，这当中不仅包括收入的稳步提升、优质医疗服务的便捷提供，还包括民众精神生活和幸福指数的丰富和提升。

国计与民生，自古以来就是相提并论的，指国家经济和人民生活，但历史上真正重视民生的时期并不多见。重视民生则与民休息，民富国强，反之则轻视民生，社会动乱。中国西汉初年奉行黄老之道，关注民生，宽刑简政、轻徭薄赋、与民休息等政策的实施，使汉初社会经济迅速得到复苏与发展，粮多得没地方放，铜钱多得没线穿。司马迁在《史记·律书》中毫不掩饰地称赞说："故百姓无内外之徭，得息肩于田亩，天下殷富，粟至十余钱，鸣鸡吠狗，烟火万里，可谓和乐者乎。"《汉书·食货志》也夸曰："国家亡事，非遇水旱，则民人给家足，都鄙廪庾尽满，而府库余财，京师之钱累百巨万，贯朽而不可校。太仓之粟陈相因，充溢露积于外，腐败不可食。"可见，民富国强与国家发展过程的民生政策是息息相关的，正所谓"得民心者得天下"。因此，保障和改善民生是亘古为政的第一要务。虽说时移世易，民生诉求也在不断地发展变化之中，但是准确把握时代脉搏，保障和改善民生却是国家发展的永恒使命。

老子在《道德经》中说道："甘其食，美其服，安其居，乐其俗；邻国相望，鸡犬之声相闻，民至老死，不相往来。"《汉书·货殖列传》中也说道："各安其居而乐其业，甘其食而美其服。"因此，中国历史上的先哲们的普遍观点是：民生最好的状态就是安居乐业，国家要做的事就是穷尽一切办法，让民众实现安居乐业。其实大家都明白，当今世界各国，占人口绝大多数的

第九章 资本君、国家和国民的"铁三角"

普通民众并不太关心一些政治概念，如阶级、统治、剥削之类的事情，他们更关心自己的人身安全能否得到保障，生活水平有没提高，房价跌不跌，物价降没降，贫富差距如何缩小，言论是否自由等，这当中安全又是第一位的。拿普通的企业主（非垄断资本家）来说，如果他们感受不到国家法制本该赋予他们的安全保障，就很难大手笔地投资创业，更不会耗费巨资在周期长、风险大的科研创新项目上，他们只想投机取巧，短平快地挣钱，在这种短期逐利心态的驱使下，就难免会滋生官商勾结、行贿受贿的腐败现象，如此恶性循环，挣到钱的企业主都会担心夜长梦多、朝不保夕，以致携款移民成了他们唯一的选择。因此，民众关心什么，国家的工作重心就应该在哪里，当民众缺乏安全感时就给予其安全感，当民众忧心高物价时就平抑物价，当民众发展空间受限时就为其拓展空间，因为为民众谋福祉是国家存在和发展的使命。当然，也不否认在历史上的各个时期，都有一些损害民众利益的当权者，但是请注意这里说的是国家的某些当权者，而非国家管理机构，因为国家管理机构的使命是不应因时代的变迁而有任何改变的，它的宗旨始终如一，那就是坚定不移地维护所辖民众的根本利益。之所以这么说，是因为不论在原始氏族社会、奴隶社会、封建社会、资本主义社会，还是社会主义社会，虽然它们的社会形态和体制各有所不同，但作为组织管理机构，都应该去实现所辖民众的福祉，保障他们安居乐业。不过，很遗憾，在前述各种社会形态中都有些违法犯罪的组织管理者，他们眼中只有自己的利益，视民众的生命如草芥，见到财色如蝇逐臭、如蚊嗜血。所以，要想让民众安居乐业，任何形态的社会管理机构，都应该建立起对管理者自己，尤其是拥有最高权力的关键少数人，进行有效约束的机制，真正把权力关进制度的笼子，否则权力有多大，腐败就有多深。

可见，国家发展与民生问题息息相关，正所谓"家是最小国，国是千万家"，但是，恩格斯在研究国家问题时，却更多地在关注国家基因中的"暴力与压迫"，几乎未谈及国家发展的民生使命。恩格斯说，"国家无非是一个阶级镇压另一个阶级的机器"。恩格斯认为："由于国家是从控制阶级对立的需要中产生的，由于它同时又是在这些阶级的冲突中产生的，所以，它照例是最强大的、在经济上占统治地位的阶级的国家,这个阶级借助于国家而在政治上也成为占统治地位的阶级,因而获得了镇压和剥削被压迫阶级的新手段。"不过,他在作出这个判断的同时还说:"但也例外地有这样的时期,那时互相斗争的各阶级达到了这样势均力敌的地步,以致国家权力作为表面上的调停人而暂时得到了对于两个阶级的某种独立性。17世纪和18世纪的专制君主制,就是这样,它使贵族和市民等级彼此保持平衡;法兰西第一帝国特别是第二帝国的波拿巴主义,也是这样,它唆使无产阶级去反对资产阶级,又唆使资产阶级来反对无产阶级。"

恩格斯关于国家的前述观点有其阶段性的适用性,但是随着时间的推移,国家的角色也处在不断演进中,公益服务的职能越来越明显。第二次世界大战以来,当代西方发达资本主义国家,在国家职能方面的最大变化是将福利保障纳入国家职能范畴,为全体国民提供"从摇篮到坟墓的保障",即所谓的"福利国家制度",政府着力于建设"服务型政府"。《中华人民共和国宪法》序言写道,在中国"生产资料私有制的社会主义改造已经完成,人剥削人的制度已经消灭,社会主义制度已经确立"。这意味着中国的国家权力不再是用于阶级压迫和剥削的,而是为实现民生使命服务的,这也符合恩格斯关于国家并非在所有时期都是进行阶级压迫的工具的认识。

既然国家的根本使命是维护民众的利益,让他们安居乐业,那么当民众利益受损时就必须有适当的机构对违法犯罪行为进行必要的处置,以确保民众人身财产安全无虞。因此自从有国家以来,各国都设置了诸如军队、警察、法庭、监狱等类似的机构,以有效地捍卫民众的合法权益。不能因为这些机构带有一定的暴力色彩,就简单地视其为一个阶级对另一个阶级的压迫。因为如果没有这些机构的存在,外敌入侵时就难以保家卫国,内部骚乱时也无法即时平息事态,民众的生命财产安全也就无从保障,那还谈什么安居乐业,毕竟"安"是第一位的。当然最理想的状态是不让暴力机构发挥其作用,就能收到对内不怒自威,对外不战而屈人之兵的效果。国家设立警察、法庭、监狱也是这个道理,既要对民众之间的矛盾纠葛即时定纷止争、案结事了,也要对那些损害民众权益的违法犯罪行为进行打击,否则贼盗猖獗,民不聊生。

其实，国家管理机构除了前述暴力组织外，还有很多非暴力组织，如负责卫生、环保、工商、质监、建设、劳动社保的机构等，这些机构的存在主要是为了有效地管理民众日常的生产生活秩序，以期民众生活更安全健康，市场更加合法有序、公平合理；至于劳动社保机构，这就是充分协调企业与劳动者关系的组织机构，以保障劳动者就业获酬，老有所养等最基本的民生问题。民政优抚机构也不属于暴力压迫机构，其一般负责婚姻登记、救灾救济、优抚安置、拥政爱民、区划地名、老龄工作、低保、福利、慈善、殡葬、救助等事务。

另外，国家公益诉讼也是一种惠民举措。过去，由于人们对工业高度发达的负面影响始料未及，眼中只有增长的 GDP 数据，缺乏环保意识，不明白"绿水青山就是金山银山"的道理，导致了大面积的环境污染和生态破坏等问题。遇到这种涉及面广、受害者众多的环保案件，单个的公民一般都不愿自费钱财进行维权诉讼，这在客观上也"助长"了污染者的行为，即使有少数人愿意站出来捍卫环境权益，但是不管从精力和能力来讲都显得太过薄弱，所以这个时候就需要国家机构的介入。如中国就有针对此类事件的环境公益诉讼制度，让国家检察机关以公诉方的形式介入到民事诉讼中去保护环境。因为环境损害的认定具有很强的技术性，而公民个人作为原告，其获取的信息有限且不具备必要的专业知识与技能，所以由检察机关介入到这种影响面大的环境诉讼案件中是非常有必要的。随着国家公益诉讼制度的进一步发展，未来还会涉及民众生活的更多方面，以期更好地履行国家肩负的民生使命。

国家除了前述内政和国防的职能之外，还有外交的职能，也就是专司国与国之间的外事关系，代表国家对外维护国家的主权、安全和利益，就对外贸易、经济合作、对外援助、文化、军援、军贸、侨务、教育、科技、外宣等重大问题，负责与有关单位协调；在当今全球合作的时代，外交部门还要负责处理联合国等多边领域中有关全球和地区安全以及政治、经济、人权、社会、难民等外交事务。外交部门的工作核心，就是要给本国营造一个和平的外部环境和对外通商的便利条件，避免国与国之间发生冲突，甚至引发战争，同时也可以扩大本国商品的海外销售市场，赚取外汇等，这些就属于外围性质的民生工作。

总之，国家机构中有很多是非暴力压迫性的机器，它们的存在都是在为社会安定、民生幸福履行着自己的职责，都是在尽力实现国家肩负的民生使命。恩格斯主要分析国家的暴力压迫性质，而未对国家的民生使命进行着墨，这的确存在一定缺憾。因此，对内确保民众安居乐业，尔后对外争取屹立于世界民族之林，拥有崛起的国际地位，这是一个国家践行民生使命的先后顺序与层次递进。

三、活在无国界星球上的人们

（一）资本君与国家都消失后的人类

按中国道家学说的观点，道教学道修道，其目的就是要通过自身的修行和修炼，使生命返复到初始的状态，道教称之为"返璞归真"。道教认为，人原初的本性是淳朴和纯真的，是近于"道"的本性的。所以人们常说儿童天真无邪。但随着年龄的增长，思虑欲念不断萌生，再加上社会环境的影响和情色财货的诱惑，不断地消耗掉人原有的生命元真，迷失了本初的纯朴天性，若再进一步嗜欲无度，将严重损害自己的心性和生命健康，从此背道而驰。而学道修道，就是要使心性和生命返到纯朴纯真的状态。

在道家来看，天和人都是自然的一部分。因此庄子说："有人，天也；有天，亦天也。"天人本是合一的。但由于人设立了各种管理人的组织机构，制定了名目繁多的规章制度，用条条款款把自己困住了，使人丧失了原来的自然本性，变得与自然不再和谐。人类行为的目的，便是"绝圣弃智"，打碎这些加于人身的藩篱，将人性解放出来，复归于自然，达至"天人合一"的境界。"天人合一"是中国哲学史上一个重要命题，众说纷纭，莫衷一是。前面我们已经说过，中国著名的国学家季羡林曾说，天人合一论，是中华文化对人类最大的贡献；天人合一就是人与大自然要合一，要和平共处，不要讲征服与被征服。国学大师饶宗颐进一步表示，人类要从古人文化里学习智慧，不要"天人互害"，而要造成"天人互益"的环境，朝"天人互惠"方向努力才是人间正道。

其实,人类社会的发展就是在走一条"返璞归真""天人合一"的道路。其发展脉络是这样的:人类先从原始社会的随性状态出发,然后经历了漫长的高度束缚的社会发展后,最终复归于"天人合一"的本初状态。

在原始社会,人类经历了原始组群和血缘家庭等发展阶段后,进入了第一种社会形态——氏族社会,氏族社会是以氏族为单位生活的,氏族是由具有同一母系血缘的人构成的组织,氏族内部禁止婚配。两个或两个以上的氏族构成一个部落。氏族社会实行群婚制,每个氏族的全体男子都是另一个氏族全体女子的配偶,子女"只知其母,不知其父"。

由于氏族社会生产工具落后,社会生产力极低,面对恶劣的自然环境,单个人无法生存,所以只能一起合作,共谋生计,并以狩猎和采集等方式获取生活资料。由于生活资料极少,饿死任何一个成员,都会对全员合作的谋生手段造成损失,所以只能按照每个人的最低生存需要进行分配,采用氏族内部直接生产、直接分配的形式,所以并不存在商品交换。男性一般从事狩猎和制造打猎工具的工作,女性一般负责采集和家务劳动,但总的来说并没有固定的分工。由于狩猎的来源并不稳定,所以采集是主要的食物来源。在新石器时代,出现了原始农业和原始畜牧业,氏族全体成员共同占有土地等生产资料,人类由迁徙生活改为季节性定居。婚姻的形式也由群婚制变为对偶制家庭。对偶制家庭由一男一女构成,但这种家庭是一种非常松散的同居方式,可以由任何一方随时提出分手。他们的氏族首领由氏族大会定期选举产生,受全体氏族成员监督,可以随时撤换。氏族首领担任一般的协调和领导工作,没有任何特殊的权力。大家对于氏族首领的尊重是发自内心的,不是靠任何强制力维持的。部落的组织管理则是由每个氏族的首领共同组成的部落议事会,但是最重要的决策都是由全体部落成员共同参与决定的。

随着社会生产力的发展、家庭私有制的出现和奴隶阶级的形成,原始社会氏族制度逐渐瓦解,这就为国家的出现打下了基础。新的社会制度取代了由血缘关系决定的氏族制度,这就是具有公共权力的国家制度,国家由此而诞生。

自"国家"这种社会管理组织诞生至今,绝大多数人都认为,这是人类迄今为止最完善的、最不可能被取代的自我管理形式了。但是,佛家却认为,万物众象起于缘,就会灭于缘。此话用于国家与生产力的关系之中,也有其相通之处,因为国家因生产力的发展而诞生,也将因生产力的极致发展而归于寂灭。"国家"这个专司社会管理的机构,其发展轨迹也是从无到有,再从有复归于无的过程,这与道家"返璞归真"的思想是完全契合的。也许有人会问,为什么生产力发展到极致,国家就会消失,而非管理越发完善呢?这是因为,在未来,人类社会的生产力会高度发达,社会的生产发展将不再需要人类的劳动参与,完全由机器人代替,其中包括机器人自身的研发生产和维护等工作(本书第十章对此有深入分析)。届时,人类的生活资料将实行按需分配,人与人之间将不再有穷人富人之分,更不会有阶级等差之别;人们之间不再有生存发展的利益冲突;人类社会高度文明,更不会发生违法犯罪之事。也就是说,到那时,社会管理机构已经没有了存在的任何价值,国家这种社会管理组织终将消亡。

其实,关于国家在未来将消亡的判断,古已有之。据传中国唐代道士李淳风和袁天罡共著的号称"中华第一预言书"的《推背图》第五十九象谶曰,"无城无府,无尔无我,天下一家,治臻大化";颂曰,"一人为大世界福,手执签筒拔去竹,红黄黑白不分明,东南西北尽和睦",其大意就是人类历史最终将走向人不分黑白、地不分南北、无城无府、无尔无我、天下一家、万教归一的大同世界。

这看上去这很难让现在的我们接受,大家都会觉得没有了国家,没有了社会管理机构,肯定会天下大乱。其实不然,因为人类的祖先就在这种没有国家管理的状态下自由地生活过,并且是人与自然的和谐共处。正如恩格斯在其著作《家庭、私有制和国家的起源》一书中所说:"由于国家是从控制阶级对立的需要中产生的,同时又是在这些阶级的冲突中产生的。"他还说:"所以,国家并不是从来就有的。曾经有过不需要国家,而且根本不知道国家和国家权力为何物的社会。在经济发展到一定阶段而必然使社会分裂为阶级时,国家就由于这种分裂而成为必要了。现在我们正在以迅速的步伐走向这样的生产发展阶段，在这个阶段上这些阶级的存在不仅不再必要，而且成了生产发展的直接障碍，阶级不可避免地要消灭，正如他们从前不可避免地产生一样。随着阶级的消失，国家也不可避免地要消失。"其实，说来道理也很简单，因为既然国家的产生与生产资料私有制密切相关，那么当社会发展到生产生活资料按需分配的状态时，社会产品极大丰富，既不存在贫富差距，也不存在阶级等差，自然就不再需要"国家"来维护民众的安全和利益了，且全世界将在这种生产力发展基础之上融为一体。因此，当国家赖以生存的"属阳"的经济基础不存在之时，作为上层建筑的"属阴"的国家机构自然就会归于消亡。这正是道家所谓的"孤阴不生，独阳不长"之理。

纵观人类社会发展史，在原始社会时期，人类只需向大自然直接索取生活资料就可以生存，那时的社会对人类无管理、无束缚，完全是一幅人与自然和谐共处的生活图景。之后，随着社会生产力的发展，人类经过不断的摸索、发现、创造、改革，衣食住行相对原始社会有了长足的进步，但这也是人类逐步脱离大自然的过程，因为人类为了更安全地生存生活，建立了自己的家庭、族群、国家。随之而来的当然就是"束缚"。这些组织为了更好地管理人们，也为了发展壮大自己的圈子，建立了一整套如何有效管理人们的家规、族规、法规，把原本自由无羁的人给约束起来了。事实证明，管理起来并不能使大家相安无事，与世无争。由于各个生活圈子，包括氏族部落和之后建立的国家，他们之间为了争夺资源或拓展领地等都可能会引发一系列无休无止的冲突和战争；通过战争中残酷的杀戮，建立了新的圈子和秩序，部落和国家也就出现了大小强弱之分，大圈子为了巩固自己的霸主地位，势必通过各种手段打压崛起中的小圈子，可谓无所不用其极；而小圈子为了争取更大的话语权也会众志成城，奋力一搏。在这"打压"与"力搏"之中自然会矛盾纷争不断，有阳谋有阴谋，有发展有扼制，有谈判有战争。

不可否认，在人类的这些矛盾冲突中，形成了你追我赶之势，社会生产力得到了极大的发展，科技水平日新月异，物质生产与时俱进。但是，由于人类的本性决定了他们欲壑难填，他们相信心有多远就能走多远，所以在这个矛盾的大千世界里，他们必然会创造出惊世骇俗的奇迹。这个奇迹就是，机器人将全面取代人类自身的劳动，创造出足够多的生活资料来满足人类的各种需求，社会的发展将不再需要人类的劳动，过去关于生产、流通、交换、分配的一切秩序都将不复存在，货币与资本也没有了生存的空间。由于国家是社会矛盾不可调和的产物，当人们都不再因为最重要的生存发展问题而起纷争之时，国家作为矛盾的调停者也就失去了存在的价值。

届时，人类又会回到无管理、无束缚、无为而治的"原始社会"，这种原始存在，就是"天人合一"，就是人与自然的最完美结合。人类经历了这么漫长的摸索，苦苦追寻的结果竟是再回到从前。如果用佛家的观点表达，这就是因果轮回；用道家的观点表达就是返璞归真；用儒家的观点表达则是原始反终。

（二）重归母系社会的两性生活

上文已经简要介绍了，由于未来科技高度发达，机器人全面代替人类劳动，社会生产已经不再需要人类的劳动参与，而生产生活资料又十分充盈，人类将实行按需分配。但是，这些只是解决了劳动与生活资料等物质的问题，而人类自身的再生产问题还得自己解决；或许那时的人类再生产，很大一部分已通过比现在的人工授精、试管婴儿更先进的技术来完成了。即便如此，人类的两性生活仍然是广泛存在的现象。

中国传统婚姻家庭观认为，女人出嫁主要是出于生计的考虑，正所谓"嫁汉嫁汉，穿衣吃饭"；而在"男大当婚"的观念下产生的"不孝有三，无后为大"思想，则认为男人结婚是为了传宗接代，延绵子嗣，香火不断。当未来科技高度发达，物质极大丰富，任何人从生到死的衣食住行等问题都解决了的情况下，也就不存在"嫁汉吃饭""养儿防老"之说了，何况现在已经出现了很多不要孩子的"丁克家庭"。届时，人们的思维方式和对人生的态度也会与现在完全不一样，所以，有理由相信，现有的婚姻家庭制度会被彻底瓦解。那现在的一夫一妻制会否因此而消亡呢？

先看看一夫一妻制的发展历程吧。据史料记载，人类两性的婚姻家庭组合，经历了群婚、杂婚、普那路亚婚（不同部落的一群兄弟和一群姐妹之间的通婚）、一妻多夫、一夫多妻等家庭形式，后来才发展成为一夫一妻制的家庭形式。恩格斯曾说:"一夫一妻制是不以自然条件为基础,而以经济条件为基础,即以私有制对原始的自然长成的公有制的胜利为基础的第一个家庭形式。"私有制产生之后,需要明确财产继承的问题,原始社会的公有制瓦解,是一夫一妻制家庭产生的根本原因。所以,婚姻家庭形式是由社会生产方式的变化所决定的。但是,现在的问题是未来科技高度发达,社会生产发展到不再需要人类劳动,也就不存在因为人类劳动而产生的剩余财产和由此而建立的私有制,即一夫一妻制赖以建立的经济基础将不复存在应了那句古话"皮之不存,毛将焉附",因此仅从这个层面来看,一夫一妻制是会消亡的。其实,结合生活现状可以分析,现在离婚率越来越高,家庭暴力(含冷暴力)又无法制止,婚姻幸福指数普遍不高,单身俱乐部越来越多,独身主义已然抬头。加之,在未来,维系婚姻最重要的经济基础又不复存在,可以说现在的一夫一妻的婚姻家庭制度消亡是完全可以预期的。

那么问题来了,当一夫一妻的婚姻家庭制度消亡之后,人们的性生活如何解决呢?因为家庭和制度都可以消逝,但人类原始本能的动物属性却无法根除。所以如何解决未来人们的性生活,还真是个问题。其实也不必太过于担心,因为这不是在人类婚姻家庭消失之后,才开始着手想办法解决的问题。而是刚好相反,是因为那时人们的两性生活也已经解决得很好很和谐,在大家都觉得婚姻家庭是包袱累赘,是没有必要的存在时,婚姻家庭和一夫一妻制度,才会自然而然地消失。那么,具体是如何解决的呢?到那一天,人们过的将是男女松散结合型的"婚姻生活",是自由开放的,类似原始母系社会的状态,但这并非柏拉图在《理想国》中借苏格拉底之口所说的"公妻制",即"这些女人应该归这些男人共有,任何人都不得与任何人组成一夫一妻的小家庭"。

提起原始母系社会,这我们得好好地说道说道。在氏族社会的早、中期为母系氏族,即建立在母系血缘关系上的社会组织,是按母系计算世系血统和继承财产的氏族制度,是氏族社会的第一阶段。母系氏族实行族外群婚,禁止氏族内部通婚。群婚有不同形式。澳大利亚土著居民的等级婚是低级形式,夏威夷人的普那路亚婚是高级形式。群婚实行集团外通婚,排除了姊妹和兄弟之间通婚的可能,这与血缘婚的同辈之间即兄弟姊妹通婚相比,是一个很大的进步。氏族就是从群婚直接产生的。群婚进一步发展,转变为对偶婚。群婚时代,从其社会形态来看,是属于"民知有母而不知有父"的母系氏族时代。秦国吕不韦编纂的《吕氏春秋》中记载:"其民,聚生群处,知母不知其父。"《诗经·商颂》中有:"天命玄鸟降而生商。"恩格斯在《家庭、私有制和国家的起源》中说:"原始社会群婚制发展经过了几个阶段:杂婚式的群居生活、同辈性行为群居、非血缘关系群居。"

母系社会还有一种"走婚"的风俗,这是真正自由的婚姻,男女的结合纯粹以感情为基础,与金钱名利没有关系,是两性婚姻的彻底解放。婚姻形式是男方到女方家走访、住宿,第二天早晨回到自己家中,因为是由男方的"走"而实现的婚姻,所以当地人又称这种关系为"走婚"。双方所生子女属于女方,采用母亲的姓氏,男方一般不承担抚养的责任。一个男子或一个女子的情人数目有多有少,且双方的情人关系不是固定不变的。在这里,男女性爱关系与经济实力牵扯不大,结合是自由的,两相情愿的,离异也不会发生任何纠纷。男女双方都有主动权,社会和家庭都不会干预,即使发生纠纷,双方母亲、舅舅们也会妥善处理。结合不以谋生为目的,离异也不会危及谁的生存条件;经济条件再好,也不会为彼此结合构筑可靠的基础。

"走婚"是中国云南省少数民族摩梭人至今保持的民俗,摩梭人中,除了少数因为要增加家庭劳动人口而娶妻或招婿外,基本上没有结婚制度。"走婚"是情投意合的男女通过男到女家"走婚",维持感情与生养下一代的方式。由于母系社会中由女性当家,因此所生下的小孩归女方家抚养,生父会在满月时公开举办宴席,承认彼此的血缘关系,避免发生同父乱伦。男性称女情人为"阿夏",女性称男情人为"阿注"。"走婚"的男女,维系关系的纽带是爱情,而非经济条件,一旦双方感情转淡或发现性格不合,随时可以切断关系,因此这种感情的自由度较高,婚姻关系更纯粹,但也因此使得男女关系较为松散,这与其他民族的婚姻中牵涉到极为复杂的经济社会问题有很大的不同。在这里,不存在"第三者",也不存在"父母之命,媒妁之言"的封建规矩,更不存在"嫁鸡随鸡,嫁狗随狗"的说法。男女双方各住各的家，你不靠我养，我不靠你活。在性生活方面女方占主要地位。摩梭人根本不存在离婚、寡妇、子女无人抚养、财产继承、流浪儿等社会问题，一旦女方关门拒绝，或者男人喜新厌旧，往日情意便烟消云散，洒脱至极。

母系社会的婚姻习俗也有多种形式，并非都采用摩梭人的"走婚"习俗。在我国台湾地区立雾溪以南的东台纵谷和东海岸平原一带，生活着一个独特的少数民族——阿美族（古称"阿眉族"），是高山族中人口最多的一个族群，有13万多人，正是处于母系社会的一个独特族群。阿美族妇女往往是家庭中最重要的人物，在亲族社会中占绝对优势地位。家中的重大决定均由母亲作出，家中的土地和财产均由女性去继承。结婚时采取招赘方式，男子始终处于从属地位，即男方到女方家，嫁给女的。其实，这与主流的父系社会相差无几，只是男女调换了个位置罢了，婚姻与金钱名利还是有很大的关系。

可见，母系社会还是存在婚姻形式的，只是与父系社会有很大的不同而已。那大家有没想过，在未来，婚姻家庭是否会彻底消失呢？其实，这不是今天才有的问题，因为空想过"天下无家，两性无婚"的先贤早已有之，中国晚清著名的思想家，资产阶级改良派代表人物康有为，就畅想了一个天下大同的局面，他设想男女之间不再有婚姻家庭。他在《大同书》中说道："大同无邦国故无有军法之重律，无君主则无有犯上作乱之悖事，无夫妇则无有色欲之争，奸淫之防……无宗亲兄弟则无有望养、责善、争分之狱，无爵位则无有恃威、估力……佞谄之事，无私产则无有田宅、工商、产业之讼……"但是，毛泽东对此的评价却是："康有为写了《大同书》，他没有也不可能找到一条到达大同的路。"

虽然康有为找不到到达《大同书》空想世界的路，他畅想的男女两性不再有婚姻家庭的社会也仅限于空想，但是在物质生产资料高度发达的未来社会，不再需要劳动的人类，却是可以逐步摆脱现在主流的婚姻家庭制度束缚的。因为，那时的人们不会再有生存生活的压力，每个人的经济条件都一样，都是按需分配的受益者，婚姻家族不再有"门当户对"的顾虑，现有的婚姻家庭制度必将崩塌，一夫一妻婚姻制度也会消亡。届时，男女两性之间的生活方式，最有可能被母系社会的"走婚"制度所代替，因为这是不掺杂金钱名利的依据纯感情结合的婚姻，是男女双方真正实现自由平等的婚姻，更符合未来物质高度发达的按需分配的社会状况。虽然让大家现在就接受"未来的人类会'走婚'"的观点还很有难度，但是世间万物都是可以改变的，少的可以变多，小的可以变大，星星之火可以燎原嘛。正如老子在《道德经》中所言，"大小多少，报怨以德。图难于其易，为大于其细。天下难事必作于易，天下大事必于细"。意思是说天下的难事都是从容易的时候发展起来的，天下的大事都是从细小的地方一步步形成的。诚然如是，摩梭人的"走婚"习俗或许就是人类两性生活方式的原始基因种子，终将会有开花结果的一天。让人类再度回归原始本初的生活方式，这也符合道家返朴归真的哲学。人类转了一大圈后终究要回到"原始"的自然状态，只不过那时已是升级后的"原始"自然状态，是科技高度发达，物质十分充盈，人性得到彻底解放的"原始社会"。正所谓"夫物芸芸，各复归其根"，万物众象，各返其所始也！

第十章
人类的未来简史

一、我们和人工智能有个约会

当我们谈及人工智能时,大致就分为两个阵营,正方对未来充满期待,对"人工智能将极大地提高社会生产力,不断地改善人类的生活品质"的观点表现出正面积极的态度;而反方则对其表示担忧,认为如果任由人工智能发展,人类社会将失控,拥有了自主意识的人工智能,将会统治人类。

人工智能(Artificial Intelligence),英文缩写为 AI。它是研究、开发用于模拟、延伸和扩展人的智能的技术科学。人工智能不是一种特定的技术,它是应用于不同任务的技术集合。人工智能可以对人的意识、思维的信息过程进行模拟,虽然它不是人的智能,但它能像人那样思考,甚至超过人的智能。

鉴于人工智能存在的种种可能性,关于人类与机器的"对决"一直都备受大家的关注。先说说国际象棋之"人机系列赛"。此赛事于 1996 年和 1997 年分别举行,共进行了两场比赛。在当时引起世界广泛关注和讨论,代表人类出战的是加里·卡斯帕罗夫,他是俄罗斯国际象棋棋手、国际象棋特级大师,而代表机器出战的是由美国 IBM 公司研制的超级电脑"深蓝"。在 1996 年,卡斯帕罗夫以 4:2 的战绩获胜。1997 年卡斯帕罗夫与经过改进的"深蓝"对垒,结果以 2.5:3.5 的比分败北。再看看代表人类最高智慧的围棋赛事,这场"人机大战"也得到了世界范围内的高度关注。先介绍下参赛的双方选手,代表人类出战的是韩国围棋国手李世石九段,而人工智能一方则是阿尔法围棋（AlphaGo）。它是一款围棋人工智能程序，由位于英国伦敦的谷歌（Google）旗下 DeepMind 公司的戴维·西尔弗、艾佳·黄和戴密斯·哈萨比斯与他们的团队开发，这个程序利用"价值网络"去计算局面，用"策略网络"去选择下子。双方的博弈于 2016 年 3 月 9 日在韩国首尔举行，最终比分被定格为 1:4，五盘棋最终以"AlphaGo"完胜而告终。但是，游戏还没结束，2017 年的 10 月 19 日，谷歌人工智能公司 DeepMind 团队又公布了升级版的 AlphaGo，代号 AlphaGo Zero。此次的亮点在于，AlphaGo Zero 可以彻底摆脱人类的知识"自学成才"，无需人类指导就能让自己成为自己的老师。对此，当今世界围棋第一人，中国围棋国手柯洁更是直言，这样的 AlphaGo 是最强的，对于 AlphaGo 的自我进步来讲，人类太多余了。在 Deepmind 团队于国际学术期刊《自然》（Nature）上发表的一篇研究论文中，Deepmind 讲述了新版程序 AlphaGo Zero 的优势：从空白状态学起，在无任何人类输入的条件下，它能够迅速自学围棋，并以 100:0 的战绩击败"前辈"。世界顶尖棋手的养成，动辄需要数十年的训练、磨砺。但 AlphaGo Zero 创造了一个纪录：三天。仅三天时间，AlphaGo Zero 自行掌握了围棋的下法，还发明了更好的棋步。这期间，除了被告知围棋的基本规则，它不依赖于人为的大数据，未获得人类帮助或人类棋谱。可见，这二十年来，人工智能发展在不断的提速，并且具备自学能力的机器已经出现。

  这下人类有点坐不住了。当初"深蓝"战胜国际象棋顶级高手卡斯帕罗夫时，我们并不是十分吃惊，因为大家都知道"深蓝"是靠背棋谱战胜卡斯帕罗夫的，所以大家都没把这当回事儿。后来，AlphaGo 战胜韩国围棋国手李世石九段，却让我们大吃了一惊。二者有什么不一样吗？因为象棋的算法太过简单，国际象棋最多只有 2155 种局面，而被誉为"人类智慧最后的堡垒"的围棋，最多却有 3361 种局面；围棋的最难之处在于，它的估值函数非常不平滑，差一个子，盘面就可能天翻地覆。AlphaGo 要战胜对手，就必须进行十分复杂的判断和选择，这不只是一步步简单计算的累积，而是一个质的飞跃。更让人吃惊的是，现在升级版的 AlphaGo 已经能够自学了，拥有了我们人类一直以来都引以为傲的学习能力，已经初具高级智慧生物的特征了。

既然人类大脑干不过人工智能，那大家发挥一下想象，如果在大脑中植入人类智慧结晶的芯片，人类是不是就能与机器继续"战斗"呢？这个设想，比起前面所说的人机大战结果更让人吃惊，看起来似乎有点遥远。不过在美国硅谷，已经有企业开始动手了。一家名叫 Kernel 的公司，正在开发一款可以植入大脑的芯片，用来增强人类的智力、记忆力及其他认知能力，以帮助一些神经受到伤害的人，如患上阿尔茨海默病和脑震荡的人。这种植入式设备可以模拟人脑细胞彼此沟通的方式。例如，当你与人谈话时，健康的大脑会发射一系列电信号，将对话从短期记忆转化为长期记忆。信号的编码因人而异，十分独特，和软件指令有点相似。如果患上脑疾病，大脑就会忽视这些信号编码。而植入芯片可以增强脑细胞的通信，因为它可以预测健康编码，然后按健康模式发送信号。

此外，同样是在大脑中植入芯片，美国俄亥俄州立大学的研究计划将目标放在了肢体瘫痪者身上，这项技术绕开脊髓损伤，直接将思维意识传递到手部肌肉。相关研究已发表在科学杂志《自然》上。据媒体报道，美国患者伊恩·伯克哈特因一场车祸而导致全身从肩部以下瘫痪。不过其在接受了大脑芯片植入手术后，又能自由控制右手臂和右手腕了，这是全球首例通过大脑芯片植入"复活"瘫痪肢体的人。植入伊恩·伯克哈特大脑中的芯片，使用的是一种叫"神经桥"（Neurobridge）的技术。"神经桥"是一种用于脊髓损伤病人的电子神经支路，就像一种高清晰的肌肉刺激"管套"，将病人的大脑和肌肉直接相连，让他们能按自己的意愿实现对自身肢体的功能性控制。这很像心脏搭桥，但不是血管支路，而是脑电信号支路。"神经桥"结合了学习算法和脑活动解码，能转译脑部发出的神经脉冲，并把新信号传给瘫痪肢体。该芯片工作时，能翻译脑信号并将其输入计算机，计算机将信号重新编码后传给高清晰电极刺激管套，管套能刺激恰当的肌肉来执行所希望的运动。在 0.1 秒内，就能将伯克哈特的思想转化为行动。

在人类大脑中植入芯片，是不少科幻电影中最为观众所熟悉的桥段。不过现在问题来了：如果芯片被攻击，被植入病毒，人类是否会被控制？芯片也存在代差和升级的问题，穷人与富人都能植入相同的芯片吗？植入芯片后的人类智慧都一样,区别就在于谁的版本更高,高版本者会奴役低版本者吗?人类的身体和大脑会严重退化吗?当大家的思维判断都一样时,人与人如何相处,社会秩序和国家管理又当如何?所以,现在往大脑里面加载一块特殊的芯片是有相当多的疑问的,这面临着诸多的风险,人类还没有准备好。

所以要回答前面关于"植入芯片后的人脑能否战胜机器"的问题,我们思考了很多。其实,这个问题倒也不难,因为植入芯片后的人脑智商,已经不是人类的智商了,此时谁胜谁负,比拼的是芯片与电脑谁的运算能力更强大,与人类的肉身载体关系已经不大了。所以,答案不言自明。人类这种对人工智能既好奇又担心的矛盾心理,决定了在人工智能这条路上,只能审慎地往前推进。

2016年10月,美国白宫发布了《为未来人工智能做好准备》和《美国国家人工智能研究与发展策略规划》两份重磅报告,详细阐述了美国未来的人工智能发展规划以及人工智能给政府工作带来的挑战与机遇。同年12月,白宫又跟进发布了一份《人工智能、自动化与经济》报告,谈到了智能技术和自动化技术对经济的影响以及可能的应对策略,他们认为,在未来20年内,虽然机器不太可能展现出与人类相当或超过人类可广泛应用的智能,但预计机器将在越来越多的任务中继续达到或超越人类的表现。

美国政府发布的上述报告,还只是对人工智能在未来20年以内的预判,就已经预测到了人工智能会在越来越多的方面会达到或超越人类的表现。但是,时间不会停止,科研不会止步,50年以后会怎么样呢?100年后又会怎么样呢?我们是时候该好好思考一下"如何面对这个约会对象"的问题了。我们要重新思考每一个行业,因为每一个行业都有可能受到人工智能的影响,甚至被彻底颠覆。无人驾驶的汽车已经在路上了,离我们越来越近了。无人驾驶的电动汽车可能将中国16万亿产值的汽车业,包括周边产业,彻底颠覆掉。当然,人工智能也有可能颠覆医疗和健康产业,也有可能颠覆教育产业。身处每个行业的人都要思考,人工智能将如何冲击自己的行业?是否会颠覆自己的行业?因此,如何以一种全新的模式来重构各自行业,是我们现在要思考的。此外,还要重新思考人与机器未来的互动,未来怎样互动,人机接口到底是怎样等问题。尽管人工智能还处于初级阶段，但是它作为一个通用技术，对于各个企业、各个行业所带来的冲击将是巨大的，需要我们在各个方面进行重新思考。

目前，美国人坐的是世界 AI 研发的头把交椅，但中国人也没闲着。中国方面，"计算机和思想奖"的获得者吴恩达主导的"百度大脑"引起了世界同行重视，百度也力图在无人驾驶领域领导世界，百度还将 AI 引入金融圈；语音学习识别方面，科大讯飞已经是行业翘楚。可以说，人工智能和其他技术的结合，已经临近了突破点。人工智能将成为科技领域的一场重要技术革命，无论是在智能硬件、O2O，还是机器人、无人机、工业 4.0 等备受市场关注的领域，人工智能未来都将迎来无法想象的空间。

2017 年 3 月 5 日，在中国"两会"上，政府工作报告提出："全面实施战略性新兴产业发展规划，加快新材料、人工智能、集成电路、生物制药、第五代移动通信等技术研发和转化。"这是人工智能首次进入政府工作报告。不同于国外科技巨头微软、Facebook 等主要聚焦自家产品，构建自家的封闭生态的方式，中国的人工智能更多立足于社会全产业的发展和进步，似乎正在打破生态壁垒，直接树立起一个更大、更开阔的立足于国家乃至社会层面的人工智能生态。中国在这一轮科技变革的浪潮中已经抓住了浪潮之巅。人工智能的浪潮甚至可能会让中国的科技创新实现全面弯道超车。正如第一次工业革命之中英国独领风骚，而在第二次工业革命之中美国、德国这样的后来者，借助电气化的力量超越英国直接引领世界经济大势一样，人工智能在今天恰恰是中国科技创新的最好机会。

总之，尽管我们对"人工智能"这个约会对象还有诸多疑问，也深知它潜藏若干风险，尤其是实现意识功能后的不可控制风险，但是人类科技发展到今天，直面人工智能，用好人工智能才是我们当下首先要做的事情。

二、全面机器人时代的按需分配

大家应该都注意到了一个现象，现在的年轻人中"低头族"越来越多。低头族，是指无论何时何地，个个都低头看屏幕，有的看手机，有的看平板电脑或用笔记本电脑上网、玩游戏、看视频，想通过盯住屏幕的方式，把零碎的时间填满的人。都低着头是他们的一个共同的特征，他们的视线和智能机器，难分难解，这背后当然有其深层次的原因。加拿大著名传播学家、文学学者、媒介环境学的开山祖师麦克卢汉在《理解媒介——论人的延伸》一书中分析认为：现实社会中的一切大众传播媒介都可以被认为是人类感官的延伸；如弓箭是手臂的延伸，轮子是腿脚的延伸，电子媒介是大脑的延伸，网络是大脑的延伸，如此等等。按此观点，我们可以更精准地说，汽车、互联网、手机实质上已经成为人体的一部分。换句话说，现在的人类已经不是纯粹生物学上的人，而是与技术、互联网、智能设备共生的人。现在的人类，是"人+机器""人+设备""人+互联网"的半生物半物理物种。从这个角度理解，机器设备越来越人性化，人越来越物理化。机器设备越来越人性化，比如：智能手机，可穿戴设备，智能家居……人越来越物理化，比如：血液透析，人造血管，义肢，试管婴儿……

正因为人类越来越物理化，所以我们原来拥有的一些技能也在慢慢地被机器所取代。您有没发现自己的心算能力下降了？有没发现经常会提笔忘字了？有没发现方向感大不如前了？答案是肯定的，因为随着计算器、电脑、卫星导航的生活应用，我们原本的很多能力都托付给了它们，所以这方面的能力自然就下降了。可以说，这些都是科技对我们人体机能的"侵略"而导致的。电脑和机器人这类自动化技术，不断地深入到我们生产生活的方方面面，把人类从具体的物质生产劳动中解放出来，用比过去更少的人手在更短的时间里，生产出了更多的生活资料，满足了更多人的物质需要，这就是对"科学技术是第一生产力"论断最好的实践检验。毫无疑问，这样的结果势必导致在整个社会的生产发展中，对体力劳动的需求会越来越小，而与之相反的却是脑力劳动的作用会更加凸显。人类沿此路径向前发展，科技对社会生产发展的贡献率会越来越高，人工智能在社会生产发展中将起到不可替代的作用。

如果说人类物理化的过程还行进得比较缓慢的话，那么机器人性化却在大踏步地向我们走来。随着"德国工业4.0"与"中国制造2025"对接框架协议的签订，中国制造 2025 开始从概念进入实操。按照德国工业 4.0 的描述，未来的智能工厂中，有一个关键要素不能缺少，那就是"机器人"。随着中国经济转型，人口老龄化问题凸显以及人力成本的提升，机器人在中国制造中的作用越来越明显。根据工业 4.0 的理念，未来工厂中，机器将变得智能，并且能与人类互联互通。在过去几十年的工业制造中，机器人与人类的工作范围相对独立。但这样的局面，在未来工厂中将得到改变。据澎湃新闻报道，机器人已经在半导体、汽车等传统行业中应用。ABB 集团过程自动化业务部总裁白天恩表示，奥迪长春工厂的喷涂和上胶的生产线上已经用上 ABB 机器人，在运用机器人之后，整个喷涂效率提高了 20%，可以满足年产 20 万辆新车的高强度生产需求。

除了传统的汽车装配领域，机器人逐渐进入到 3C、医药和食品领域。富士康、华为等公司都已经出现"黑灯"工厂，即完全由机器人来代替人工进行手机组装加工。珠海格力电器股份有限公司董事长董明珠在接受采访时表示，未来格力电器除了继续做大做强空调主业，还将大力发展装备制造业，争取"到 2020 年，可以全面实现无人化生产"。2015 年，格力就已将工业机器人和高档数控机床，作为该公司未来的两大研究领域来规划布局，格力不仅要自己完成以机器换人，还要帮助别人以机器换人，开辟家电制造以外的第二条跑道。

看来机器人快速布局工业领域的势头已经不可阻挡。正如汽车代替骡马、电脑代替打字机、互联网替代传统交流方式一样，工业生产中机器人代替人工劳动力这一趋势很快就会到来。中国电子学会发布的《中国机器人产业发展报告（2017 年）》预计，2017 年中国机器人市场规模将达到 62.8 亿美元，2012~2017 年的平均增长率达 28%；2017 年全球机器人市场规模将达 232 亿美元，2012~2017 年的平均增长率接近 17%。另据中国机器人产业联盟统计：2013 年中国工业机器人销量达到 36 860 台，同比增长 41%，已超越日本成为全球第一大机器人市场。其中自主品牌企业在中国销售工业机器人总量超过 9500 台，占全国工业机器人销量的比重达到 1/4。预计本体产值约 90 亿元，本体加集成市场规模约 270 亿元。2014 年中国市场共销售工业机器人

57 000台，较上年增长55%，约占全球市场总销量的1/4，中国已连续两年成为全球第一大工业机器人市场。从2011年的2.2万台的销量，到2013年的3.6万台的销量，短短3年时间，中国从全球第四大机器人市场跃升为全球第一大机器人市场。在中国人口红利减弱的背景下，随着产业转型升级的不断深入，机器人应用范围将越来越广。对此，工业和信息化部副部长苏波在接受《经济日报》记者采访时表示，机器人时代已经来临！未来10年，工业机器人将创造价值数万亿美元的利润，已成为世界各国争相发展的主要目标。

中国之所以热衷于用机器代替人工，原因主要有两个：一是低端劳动力供给不足。80、90后已经成为目前劳动力市场的主力，相比60、70后，他们诉求较多，其中的显著变化之一是越来越少的人愿意从事工资低、单调重复繁重、环境差的工作，导致低端劳动力供给不足，每到岁末年初，这种"民工荒"现象在沿海地区表现尤为明显，用人单位越来越倾向于用机器人替代人工，从事这类工作。加之，工业机器人替代人工劳动的经济性不断提升，一方面，劳动力工资全面上涨；另一方面，机器人技术越来越成熟，其成本价格不断下降。机器人价格下降不仅是因为国际趋势，而且还因为主要国际巨头纷纷在中国设组装线，降低了本体成本和价格。继ABB之后，安川和库卡也开始在中国建设组装线，并于2013年投产，两家在中国最终年产量将合计达11 000台，相当于2011年我国工业机器人需求的近一半。川崎于2012年12月24日也发布消息要在中国建组装线。前述两项因素，导致工业机器人替代人工的经济性不断提升，工业机器人投资回收期越来越短，有的甚至两年就可以回本。二是产业升级。传统重化工制造业在经济总量中的占比逐渐萎缩，产业内重组与整合明显加强，高附加值、技术密集型的新兴产业规模迅速扩大，机械化、自动化及智能化设备的大规模普及导致企业生产效率和竞争力大幅提升，服务业占比上升与消费升级并存。

在这样强大的驱动之下，机器人市场空前繁荣也不足为奇了。根据国际机器人协会（IFR）的统计，2014年全球工业机器人销量增长27%，销量为22.5万台左右，主要是受到汽车及电子行业，特别是中国和韩国该行业需求的带动。该协会称，随着中国在追赶工业化国家竞争对手，中国市场的工业机器人销量增长54%，达到5.6万台左右。中国已经成了全球工业机器人的最大市场。目前全球工业机器人年销售额约为95亿美元。

在这个机器人时代即将到来的大背景之下，各国先后出台的扶持政策呈现你追我赶之势。其中，中国政府对于工业机器人的各项扶持政策就不亚于当年的日本和韩国。因此，媒体分析，中国最快有望用15~20年的时间就能普及工业机器人。工业机器人的普及将为企业员工带来工作方式和环境的全新变化，全新的智能自动化生产工作方式，使得工作不再被工厂等地理位置所限制，转为虚拟的、地域灵活的远程方式开展，员工将拥有高度的管理自主权，随时调整并切换工作和生活状态。

前面我们已经用大量的数据，分析了工业机器人正以排山倒海之势，雷霆万钧之力布局于各个工业领域的趋势，与此同时，也会有越来越多的机器介入到我们的私人生活中来，打理原本应由我们人类自己做的事情。试想一下，会否有一天，机器人全面取代人类工作，包括机器人本身的研发与维护等工作，即机器人实现意识功能。倘若如此，那么社会的生产发展将不再需要人类劳动，人类在这个地球上将变得有些"多余"。这绝不是危言耸听！实际上，机器人带来的是另一场工业革命，即"工业4.0"，"智能工厂"将不会再制造统一的、毫无差别的产品，而是在同一条流水线上，生产千万种定制化的产品。流水线上也是机器人，人工工作将不再被需要。

"你的工作将在20年内不复存在：到2036年，机器人和人工智能将'淘汰'所有人类工人。"这是美国斯坦福大学研究员、世界级人工智能专家维威克·沃德瓦的一个论断。世界经济论坛发布的报告也显示，提高自动化程度和在劳动力队伍中引入人工智能，未来5年，将会有15个主要经济体失去710万个就业岗位，而同期技术进步将仅带来200万个新工作岗位。工业机器人时代也将使社会面临更多挑战，技术性失业的情况将异常严峻。据《中国机械网》报道，预计机器人全面应用后中国将释放就业人口超过2.4亿，以受过初等教育的成熟生产性劳动力为主，这其中有多大比例的人能被迫转型为技术人员或转投服务等行业乃至创业自谋出路，其对中国乃至全世界的影响都需要时间来证明。

如果把人类的职业技能按功能划分，可分为四种：操作、索引、创新和管理流通。操作类的工作如司机、工人、售票员、清洁工等。索引类的工作就是把学习并储存在大脑里的知识，在需要的时候搬出来运用，如教师、咨询师、裁判、顾问。还有一些是索引和操作共同使用的，如手术医生、动画师、诉讼律师等。创新类的工作如发明家、产品经理、编剧和作家、艺术家、设计师等。管理流通类的工作是政府和企业的管理者、立法者、商人等。其中最易被取代的操作类工作中，根据被机器人取代的概率，牛津大学做了一个数据分析：①农民被取代的概率是98%。②快餐店加工员为86%。③服装销售为80%。④超市工作人员为76%。⑤开大卡车的人为82%。⑥操作农用机械的人为96%。⑦电子产品生产线员工为94%。⑧低技术含量实验室工作为99%。⑨信贷员为98%。⑩前台接待员和信息类人员、导购为96%。⑪法律助理和初级律师为94%。⑫零售行业导购员为92%。⑬出租车司机、专职司机为89%。⑭保安为84%。⑮厨师和快餐业者为81%。⑯酒吧服务生为77%。⑰快递员为90%。⑱保险人员为90%。⑲狱警为80%。⑳士兵为82%。㉑家政保洁为93%。㉒收银员为99%。㉓演员和时装模特为82%。

看到这里或许大家都已经惊出了一身冷汗，刚还在设想机器人取代人类工作的可能性，转瞬间就已经这么具体，迫在眉睫。是的，以上数据还只是基于目前的社会生产技术条件进行的预测分析，如果再过10年、20年，想必很多数据已经变成了100%，即使暂时没那么容易被取代的索引、创新、管理流通类工作或许那时已经全面进入被机器人取代的议事日程之中了。

当机器人高度发达到不再需要人类的参与，就可以很好地完成本该由人类完成的工作之时，各位，难道你还不觉得自己在这个地球上有些"多余"吗？或许此时我们更应该思考的是，那时的人类该做什么了？难道就是吃喝玩乐，悟道人生？或许还真是这样的，那时的人们已经完全退出了劳动领域，要吃什么、要用什么，完全是根据自己的需要向社会索取即可；未来不再需要劳动的人类，与现在靠劳动维持生计的人类会有很大的不同，届时人不再有能力大小之分，更不存在穷人富人之别，真正实现美国《独立宣言》中所说的"人人生而平等"的理想状态。也许您会认为这个设想，不就是马克思、恩格斯所说的"共产主义社会的按需分配"吗？是的，但又有很大不同，因为对于我们以前所了解的"按需分配"，我们或许会有诸多理由去怀疑其可行性，觉得难以理解；可是，如果机器人高度发达到不再需要人类劳动的状态，也许我们就不会这么认为了，反而觉得顺理成章。

马克思、恩格斯创立的共产主义学说中所描述的共产主义社会是指在高度发达的社会生产力和最广大共识范围的基础上，实行各尽所能、按需分配原则的劳动者有序自由联合的社会经济形态。他们二位所说的"按需分配"，描述的是共产主义社会的分配方式，完整地讲应该是"各尽所能各取所需"，同时，"劳动成为人的第一需要"。用通俗的说法就是：每个人尽责任地劳动，然后按自己的需要索取生活资料。列宁在所著的《国家与革命》中就论述了《共产主义社会的高级阶段》这一节，引用了马克思对共产主义的论述："在共产主义的高级阶段，在迫使人们奴隶般地服从分工的情形已经消失之后，当脑力劳动和体力劳动的对立也随之消失的时候；当劳动不仅仅是谋生的手段，而且成为生活的第一需要时候；当随着个人的全面发展生产力也随着增长起来，而社会财富的一切源泉都充分涌流的时候，——只有在这个时候，才能完全超出资本主义法权的狭隘眼界，社会才能在自己的旗帜上写上：各尽所能，按需分配。"

两相对比之后我们会发现，马克思、列宁所说的"按需分配"的前提条件太多，并且还是离不开人类的劳动；他们更多地把"按需分配"寄希望于未来人类思想境界的全面提升，会把劳动变成一种主动的需求，而非现在我们所理解的，劳动是为了谋生，以致不得不出卖自己劳动力的工作过程。正因为大家对劳动的这种被动式接受的态度，以至于很多人难以理解，劳动怎么会成为人的主动需求呢？并且还是第一需求，竟然排在了衣食住行之前！这种要把人性基因里的自私、贪婪、惰性都彻底颠覆才能实现的"按需分配"，确实让人难以理解。

本书所说的"按需分配"是建立在人类的生产力高度发达的基础上，机器人完全取代了人类的工作，包括机器人本身的研发与维护工作也在其中，那时已经不再需要人类劳动。或许你会认为，完全由机器人来从事劳动生产，并且生产出人类所需的各种生活资料，人类按自己的需求来消费生活资料倒是容易接受。那你现在是不是不再担心机器人取代人类的工作了，反而很关心机器人能不能早点取代人类的工作了呢？这样两种截然不同的心态都很正常，正如本书第二章分析的那样，这是人的本性所决定的。

在按需分配社会里，物质财富的所有权或者说所有制已不再具有意义。因为那时的人们是要什么生活资料，就从"社会仓库"里索取即可，就像呼吸空气一样自由免费；我们也不用担心"浪费"这种社会陋习，那时的人们精神文明程度会相当高，人与人之间只有关爱和帮助，不存在缺衣少食社会才有的尔虞我诈、勾心斗角。当然管理这个"社会仓库"的也是机器人，不会存在亲疏有别的问题。也许有人会觉得作者前后矛盾，前面刚说人性基因里的自私、贪婪、惰性难以改变，以致马克思说的"按需分配"很难理解；现在又说未来人类精神文明程度会相当高，人与人之间只有关爱和互助，其实这一点也不矛盾。因为马克思所说的"按需分配"的实现前提之一，就是在人类精神文明程度相当高，把劳动作为第一需要的基础上实现的，这是意识对物质的决定和影响；而本书所说的未来人类精神文明程度高，是建立在机器人全面取代人类劳动，物质生活资料丰富到"按需分配"的程度上实现的，是物质对意识的决定和影响。正如中国春秋时期法家代表人物管仲所说，"仓廪实而知礼节，衣食足而知荣辱"，由物质来决定和影响精神，这才是一个自然而然的过程。

在按需分配的社会里，社会分工与商品交换都会消失，商品变成产品，完全回归它的自然属性，只有使用价值，不再包含社会劳动这一社会属性。一切因经济行为而产生的社会现象，如货币、交易、市场等一个都不会留下。阶级关系将不复存在，不再有阶级差别，人人生而平等。因追求物质利益而产生的犯罪现象也必然会消失，就像现在没有人会因为您呼吸了多少空气而与您起纠纷一样，没人会在乎物质，社会矛盾主要存在于精神生活领域。

要实现机器人时代的"按需分配"，其前提只有一个，那就是机器人全面取代人类的劳动，并可以生产出足够充盈的生活资料满足人们的各种需要。它的实现与社会形态的更迭无关，也不需要铁与血的争斗，物质问题交给物质来解决，无须人类在这里面绞尽脑汁，苦心经营。世界原本就是这么简单，只是因为人类的贪嗔痴把它搞得复杂罢了！

总之，面对即将到来的全面机器人的时代，我们有很多的畅想，也有各种的疑虑，但出于降低用工成本的考虑和获取最大商业利益的驱使，人工智能技术必定会一天天地向前推进。正如人类此前告别铅与火，迎来光与电一样，这是科技发展的必然，大势所趋，不可阻挡！

三、敢问路在何方

"科学技术是生产力"，这是马克思主义的基本原理。马克思曾指出："生产力中也包括科学"，并且说："固定资本的发展表明，一般社会知识，已经在多么大的程度上变成了直接的生产力。"随着现代科学技术的发展，科技与生产力的关系越来越密切，作用也越来越大，科技已经成为"第一生产力"。现代科学技术广泛渗透到经济活动中，参与到社会生产的各个环节，这是使它成为推动经济发展的决定性因素。科学技术不只是使经济在量，即在规模和速度上迅速增长，也使经济发生了质的飞跃，即在经济结构、劳动结构、产业结构、经营方式等方面发生了变革。

众所周知，构成生产力的基本要素包括劳动对象、劳动资料和劳动者。其中，劳动资料中最重要的是生产工具，它是生产力发展水平的客观尺度，是划分经济时代的物质标志。显然，科学技术被劳动者掌握，便成为劳动的生产力；科学技术物化为生产工具和劳动对象，就成为物质的生产力。另外，科学化管理也是生产力，因为科学可以为生产管理提供新的理论、方法和手段，使生产力的诸要素更有效地组成一个整体，从而使其最高效、最大限度地发挥作用。所以有关专家认为，根据当代科学技术与生产力之间的作用机制，可以将科学技术同生产力各要素的关系，用下列公式表示：生产力 = 科学技术 × （劳动力 + 劳动工具 + 劳动对象 + 生产管理）。此公式表明，科学技术不仅是现实的直接生产力，而且在生产力诸要素中具有特殊地位。科学技术的乘法效应，有力地表达了其在生产力中的首要地位和作用。

回顾人类社会的发展历程，先后经历了农业革命、工业革命、信息革命三次重大的技术革命,也先后出现了原始文明、农业文明和工业文明三个发展阶段。从本质上看,每一次文明的更迭,都是一次生产力的飞跃,而每一次生产力的飞跃,又都源于一场深刻的技术革命。每一次新技术革命的发生,都是建立在人类文明创造的发展成果基础之上的,都是对前一次技术革命的升华。正所谓"长江后浪推前浪,一代更比一代强"。

自工业文明以来,人类极大地促进了生产力的迅速发展,创造出了以前无法比拟的物质财富;工业革命广泛地推动了机器工厂的建立,排挤和取代了以前的家庭手工作坊和手工工场,促使社会生产从手工业工场过渡到机器大工业大工厂。人类对宇宙探索的触角已经达到外太空,现代科技每前进一步,都会引起社会生产力的深刻变革,特别是20世纪以来,量子力学、相对论等具有划时代意义的科学成果,以信息技术和生命科学为核心的当代科技突飞猛进,使世界生产力的发展发生了革命性的变化。可以说,科学技术是当之无愧的第一生产力,其地位相当于中国道家哲学所言的"道生一,一生二,二生三,三生万物"中的"一"。

但是,科学技术却像一把双刃剑,它在给我们人类带来福音的同时,也埋下了祸根,所以人类在发展科技的时候应充分衡量其利弊得失,不能顾此失彼,得不偿失。其实,关于科技异化的问题早已不是什么新鲜话题,这方面的分析讨论已经很多,可以说已经形成了初步的共识:科技成果应用不当,就会异化为一种破坏人类生活,违背人类的本意,制约人压迫人的"异己"力量。大量事实也已经告诉我们,不少所谓杰出的发明,从对人类生命的终极关怀和对地球生态保护的角度来评判,无异于打开一个潘多拉魔盒,由此把人类引向了一条不归之路,开启了死亡之门!我们可以简单地统计一下,人类科技制造的"祸端"都有哪些,看看哪个的恐怖指数更高。

第一位,核爆炸。原子物理理论的发展使人类掌握了核能技术,人类第一次具有了自己毁灭自己的能力,目前人类掌握的核武器可以毁灭地球几十次,日本广岛和长崎的核爆炸已经显现出其巨大的破坏力。广岛人口为34万多人,靠近爆炸中心的人大部分死亡,当日死者8.8万余人,负伤和失踪的为5.1万余人,以上数字不含军人(据估计军人伤亡在4万人左右);全市

7.6万幢建筑物全被毁坏的有4.8万幢,严重毁坏的有2.2万幢。原子弹爆炸的强烈光波,使成千上万人双目失明;10亿度的高温,把一切都化为灰烬;放射雨使一些人在以后20年中缓慢地走向死亡;冲击波形成的狂风,又把所有的建筑物摧毁殆尽。处在爆心极点影响下的人和物,像原子分离那样分崩离析。而轰炸长崎的核弹"胖子"爆炸当量比"小男孩"还要大,但因长崎地形三面环山,所以损失小于广岛。据日方统计死亡近7万人,伤6万余人。除了军事用的核爆炸外,还有民用核事故造成的核灾难,这当中又以苏联的切尔诺贝利核泄漏最为惨重。

1986年4月26日凌晨,乌克兰普里皮亚季邻近的切尔诺贝利核电厂的第四号反应堆发生了爆炸。这次灾难所释放出的辐射线剂量是二战时期爆炸于广岛的原子弹的400倍以上,其对人类和环境的摧毁烈度之强可见一斑。相对于1%（或许更低）概率的核泄漏,100%存在的放射性污染可达十万甚至百万年的致命核废料,才是核电站安全的"阿喀琉斯之踵"。切尔诺贝利不是唯一造成惨烈后果的核事故,核电站也不是唯一可能造成毁灭后果的科技。

第二位,生化武器。各种新兴病菌不断出现,很多病菌的杀伤力已经远远超过以前病菌的破坏力,大有"青出于蓝而胜于蓝"的赶超之势。这是由于医药科技的迅速发展,加快了病毒的变种,以至于科技的发展速度已经跟不上病毒的变种速度。或许有一天人类会灭亡于某一场大的瘟疫。目前随着生物技术的迅猛发展,生物安全问题已经成为影响整个国家、整个世界政治、经济、安全与和平的大命题。近年来,特别是美国"炭疽感染事件"后,生物安全问题备受国内外关注,生物安全术语也经常见诸政府或非政府组织文件之中,见诸各类媒体的报道中。SARS的全球流行无疑会使全世界各国更加关注生物安全问题,并将其作为国家安全的组成部分。

第三位,转基因技术。关于转基因食品可能产生对人类的危害,理论界和实务界都有不同的观点,争议很大,至少目前还没有定论。因转基因食品的安全性尚存争议,笔者也代理过几起消费者要求商家显著标示其商品含转基因成分的案件,并且要求商家以标识、店堂告示的方式标明"本品含转基因成分,安全性尚存争议",类似香烟公然大胆地标注"吸烟有害健康"一样，虽然仅标注"转基因"三个字，还不足以让普通消费者知晓该商品对人体的利害，其知情权也未真正得到保障，这样的标注行为更像是在走过场、搞形式。但是，很遗憾，受案法院并未判准消费者的诉求，作者认为此判决未尊重消费者的知情权。尽管我们现在还无法预测转基因技术在未来会给人类带来什么，但我们清楚，一旦成为灾难，结果将是不可逆的。2012年1月18日新华网报道，目前有大部分人还不愿意吃转基因食品，但转基因食品已无处不在。长期以来，转基因工程一直被"神化"，宣扬为农业发展的新革命，而对它的负面危害却很少谈及。特别是各国政府的高层决策者很难听到转基因生物有什么危害。长此以往，肯定会对人类的未来发展产生致命的误导。目前，墨西哥禁止种植转基因玉米；欧盟暂缓进口转基因食品；日本、澳大利亚、新西兰等国家都要求在转基因食品上明确贴上标签，说明转基因成分的含量；英国的许多大超市禁止使用转基因生物作为原料生产食品。1998年8月，英国教授普兹泰发现，老鼠食用了转基因土豆之后免疫系统遭到破坏；美国也有一些害虫的天敌因吃转基因植物致死的报道；2005年5月22日，英国《独立报》又披露了知名生物技术公司"孟山都"的一份报告，报告中揭示了以转基因食品喂养的老鼠出现器官变异和血液成分改变的现象。这些消息在带给全世界震惊的同时，也使更多的人怀疑食用转基因原料制成食品的安全性。

  2012年人民网曾报道，中国"杂交水稻之父"袁隆平说："转基因或影响生育，人民不是小白鼠"；但2014年中国经济网又报道："袁隆平谈转基因食品：不能一概而论，不能谈转色变"。同一位科学家的观点都可能前后不一，更何况整个科学界了，所以说转基因食品的安全性的确是存在争议的。中国食品安全专家叶永茂认为："转基因食品在理论上至少存在五大潜在危险：产生毒素，引起人类致癌致畸或基因突变，导致人体产生过敏反应，引起食物营养结构失衡，使人体产生抗药性，使自然和生态环境失衡，现在欧洲许多国家因此抵制转基因食品上市。"

  另外，在百度经验上的《转基因食品的危害》一文中，列出了四种主要危害：①转基因食品在种植、生长过程中，与非转基因作物还是有很多区别的，对土壤和周边的生态环境会造成一定的影响，且这种影响也不一定是正面的。②转基因食品本身就还有灭杀害虫的基因，但是害虫可以依靠淘汰、进化，对这种特征产生更高的抵御性，造成农药也无法灭杀的可能。③转基因作物便宜、好种、产量大，因此，许多农户都乐于种植转基因作物，像传统的非转基因大豆产地东北，本地大豆逐年减少种植，取而代之的是转基因大豆，这种情况很有可能造成非转基因作物种子的停产和灭绝。④对小白鼠做过的关于转基因食品喂食的实验表明，转基因食品会对小白鼠的繁殖和生育能力产生严重的影响，一般3～4代以后，将出现繁育困难的可能。因此，对人类而言，转基因食品也可能存在同一问题。

第四位，毒品危害。人类的其他发明主要是从利的角度出发而研制的，结果是利弊均占，但是唯有毒品的发明有点另类，它的发明就是奔着害来的。可以想见它对人类的负面影响有多大。①对家庭的危害：家庭中一旦出现了吸毒者，家便不成其为家了。吸毒者在自我毁灭的同时，也破害自己的家庭，使家庭陷入经济破产、亲属离散、甚至家破人亡的困难境地。②对社会生产力的巨大破坏：吸毒首先导致身体疾病，影响生产，然后是造成社会财富的巨大损失和浪费，同时制造毒品的活动还造成环境恶化，缩小了人类的生存空间。③毒品活动扰乱社会治安：毒品活动加剧诱发了各种违法犯罪活动，扰乱了社会治安，给社会安定带来巨大威胁。无论用什么方式吸毒，对人类的身体都会造成极大的损害。

第五位，人工智能。前面我们分析了人工智能太多太多美好的一面，于是我们不禁要问了，难道它就没有瑕疵，没有致命缺陷吗？答案当然是否定的。特斯拉CEO伊隆·马斯克曾表示："借助人工智能，我们将召唤出恶魔。你们都知道这样的故事，有人拿着五芒星和圣水，并肯定他能控制住恶魔，但实际上不行。"马斯克认为，"人工智能可能比核技术更危险"。因为马斯克等人的呼吁，联合国于2017年11月13日开始了为期5天的"杀人机器人危机研讨会"，就"未来机器人是否对人类产生越来越大的威胁"的问题展开讨论。目前，杀人机器人被认为是美国最先研发，也被称为"致命性自主机器人"，属于无人武器，是一种用于替代士兵的全自动智能机器人。这种机器人可以在无人操控的情况下自动进行攻击目标决定，因此，可能无法辨识伤员和俘虏、平民与士兵，被认为更具战争危害性。一旦其真正诞生并被投入使用，战争形态大变的时代或将到来。据《每日邮报》报道，除美国和韩国外，俄罗斯、英国、德国、加拿大、日本等国都已相继推出各自的机器人战士。世界或许正面临一场"自动杀人机器人"研发的军备竞赛。其实，除了马斯克外，还有不少大咖也对人工智能深表担忧，微软创始人比尔·盖茨就说："如果我们能够很好地驾驭机器人，机器能够为人类造福，但如果若干年后机器发展得超过人类的智能，那么它们就将成为人类的心头大患。"英国理论物理学家斯蒂芬·霍金在接受采访时也说过："人工智能将依靠自身快速发展，并以不断增长的速度重新设计自己。而人类受到缓慢的生物进化的限制，不能与之竞争，或将最终被取代。制造能够思考的机器无疑是对人类自身存在的巨大威胁，当人工智能发展完全，就将是人类的末日。"看来，人工智能最大的风险就在于实现意识功能后的不可预测性，对此有人把它比喻为打桌球开局那一杆，打出去后，你不知道最后的结局如何。人们现在的普遍共识是，人类对它或将完全失控，并且人类也会被它控制。这样的后果，简直不堪设想！

其实要列举出科技发明带来的负面影响，还有太多太多，再长的篇幅也写不完，可谓不胜枚举，罄竹难书，字字见血！科技的发展是以破坏为前提的，正所谓不破不立，"破"就是在改变既有的秩序和状态，而"立"却又制造了更多的麻烦。放眼整个历史长河，这"破与立"对人类的负面影响，将随着科技的发展而与日俱增！这正好应验了"全则必缺，物极必反"的道理。老子在其著作《道德经》中说道："祸兮福之所倚，福兮祸之所伏。"意思是祸与福互相依存，可以互相转化。比喻坏事可以引出好的结果，好事也可以引出坏的后果。祸福相依，如阴阳两面，科学技术也是如此，一方面在推动着人类文明跨越式地向前发展，另一方面却伤害着人类本身。

不可否认，工业文明造就了人类征服自然、改造自然的巨大社会生产力，把人类社会从农业时代推进到工业时代，促进了人类社会的进步与发展。"资产阶级在它不到一百年的阶级统治中所创造的生产力，比过去一切时代创造的全部生产力还要多,还要大。"卢梭曾对使工业文明过分膨胀的工具理性、侵蚀人的道德理性、破坏人与自然和谐的可能性和危险性发出警告。马克思、恩格斯也对资本主义工业文明所导致的人与人、人与自然的异化现象,作出过深刻的反思。如恩格斯在《自然辩证法》中所说,我们不要过分陶醉于我们对自然界的胜利。对于每一次这样的胜利,自然界都报复了我们。每一次胜利,在第一步确实都取得了我们预期的结果,但是在第二步和第三步都有了完全不同的、出乎意料的影响,常常把第一个结果又取消了。恩格斯还指出:要实行人与自然关系的协调,仅仅认识是不够的。这还需要对我们迄今为止存在过的生产方式,以及和这种生产方式在一起的我们今天整个社会制度的完全的变革。

尽管科技是第一生产力,但是如果无节制地发展,势必会打破整个社会的均衡,异化为人类无法战胜的强敌。1972年,在罗马俱乐部发表的研究报告《增长的极限》中,就提出了均衡发展的概念。所谓均衡发展,一是要把人类的发展控制在地球承载能力的限度之内;二是要缩小发达国家与发展中国家之间的差距,实现人类的共同发展。这实际上就是可持续发展观的雏形。联合国环境与发展委员会1987年发布的研究报告《我们共同的未来》,是人类建构生态文明的纲领性文件,其核心就是"可持续发展"。因此,发展科技,首先就是研究其可行性,判断其是否具有可持续发展的能力,是否会破坏整个社会的阴阳平衡。

总之,科学技术的进步必然伴随着相应的弊端与危害,今天的人们必须正视这些负面影响,否则人类的未来之路必将被我们自己给毁掉。如果说发展人类不可控的科技是人类生死轮回不可逃遁的劫数,那么这绝不是我们想要的因果循环!所以,要问人类的未来之路在何方,这其实就是在探寻人类的生死存亡问题。《圣经》有言"尘归尘,土归土",意思是说,从哪里来终究会回到哪里去。这与佛教的生死轮回观相同,对佛教来说,生死就是同一个点。佛法有言:此有故彼有,此生故彼生;此无故彼无,此灭故彼灭。因此,大千世界,万物众象,皆因缘聚而生,又因缘散而灭。顺此观点,如果人类科技发展到不可控的地步,那么它与人类的缘分也就尽了,就该散了。

如此复杂的经济社会现象，竟然被佛法轻易给解释了，难怪中国科学技术大学前校长、深耕量子力学的中国科学院院士朱清时说："当科学家千辛万苦爬到山顶时，佛学大师已经在此等候多时了！"